대학연의보【14】大學衍義補

권107~권113

KB194773

대학연의보【14】大學衍義補

1판 1쇄 인쇄   2024년 10월 4일
1판 1쇄 발행   2024년 10월 22일
—

저 자 | 구 준
역주자 | 오항녕
발행인 | 이방원
—

발행처 | 세창출판사
　　　　신고번호·제1990-000013호 | 주소·서울 서대문구 경기대로 58 경기빌딩 602호
　　　　전화·02-723-8660 | 팩스·02-720-4579
　　　　http://www.sechangpub.co.kr | e-mail: edit@sechangpub.co.kr
—

ISBN　979-11-6684-344-0　94150
　　　　979-11-6684-099-9 (세트)
—

· 이 책은 한국연구재단의 지원으로 세창출판사가 출판, 유통합니다.
· 잘못된 책은 구입하신 서점에서 바꾸어 드립니다.
—

이 번역서는 2015년 대한민국 교육부와 한국연구재단의 지원을 받아 수행된 연구임 (NRF-2015S1A5A7016334).

대학연의보 大學衍義補

권107~권113

A Translation of "**Daxue Yanyi Bu**"

【14】

구준邱濬 저

오항녕 역주

세창출판사

구준(邱濬)이 지은 《대학연의보(大學衍義補)》는 일반에게 잘 알려진 책은
아니다. 그러나 정주학(程朱學) 혹은 성리학(性理學)에 관심이 있거나 중국의
경세학(經世學)에 약간의 상식이 있는 사람이라면 이 거대한 저작에 대해
조금이라도 귀동냥을 했을 법한 나름은 유명한 책이기도 하다.

주지하다시피 성리학은 한때 지나친 관념주의로 치부되어 비판받기
도 하였다. 하지만 송대에 주희(朱熹)가 정리한 이래 중국의 역사에서 가
장 핵심적인 사상으로서 기능했으며, 또 현실을 움직였던 학문으로 두루
인정된 것은 또한 사실이다. 특히 주희가 주목한 경전으로서의 《대학》
은 그 분량이 대단히 적음에도 불구하고 이전의 유학과는 다른 신유학의
핵심 경전이다. 그 《대학》의 순서에 따라 역사적 사실을 결합하여 경사
(經史) 일치의 경세학으로서 《대학》과 관련된 여러 저작이 등장하였다.

그 대표적인 것으로 꼽을 수 있는 책이 진덕수(眞德秀)의 《대학연의(大學
衍義)》(43권)와 구준의 《대학연의보》(160권)이다. 남송대와 명대를 대표하
는 이 두 책은 모두 제왕학에 핵심적인 교재로서 원나라 이후에 경연에

서도 읽힐 만큼 경세와 깊은 관련이 있었다. 송나라 후기와 원나라를 거치며, 명과 청 제국에서도 성리학적 사고와 이에 기반한 실천은 중국의 역사를 설명하는 가장 중요한 요소가 되었다.

《대학연의보》는 양명학이 발전한 명에서 주목이 되었던 경세서이다. 주희의 재전(再傳) 제자였던 진덕수는 《대학연의》에서 국가의 통치를 위해서 원칙을 중시하였고, 특히 황제의 개인적인 수양(修養)이 국가의 안녕과 경세의 기초가 됨을 강조하였다. 구준은 여기에 황제 개인의 수양만이 아니라 제도적인 정비와 개선의 노력이 또한 중요함을 《대학연의보》에서 수많은 역사적인 사례를 들어서 설득하려고 시도하였다.

황제 개인에게 권력이 집중됨으로써 황제독재체제를 유지하였던 명조의 상황에서 황제를 향한 이러한 제안은 군주의 마음을 바르게 하는 것에서 출발하여 조정과 백관, 만민과 나아가 사방(세계)을 안정시키는 유일한 경세의 대안이었다. 이전에 군주의 마음 수양에 강조를 두던 경향에 더하여 국가 경영과 민생에 필요한 분야는 모두 망라한 내용은 매우 실용적이고 객관적이며 실천가능한 내용을 포함한 것이었다.

이 때문에 이 책은 성리학으로 국가를 경영하였던 비슷한 처지의 조선에서도 주목이 되었던 것이다. 따라서 《대학연의보》의 번역은 단지 중국의 고전, 경세서로서만이 아니라 많은 문화를 공유하였던 중국과 한국, 특히 명, 청과 조선의 역사와 문화를 이해하는 데에도 매우 큰 시사점을 줄 수 있다.

이 책의 번역은 한국연구재단의 동서양학술명저번역사업의 지원으로 가능하였다. 160권에 달하는 엄청난 분량을 번역하기 위해 고 윤정분 덕성여대 교수를 연구책임자로 번역팀을 구성하여 2015년부터 번역이 시작되었다. 하지만 번역작업을 마쳐 가던 2017년 12월 불의의 사고로 인해 윤 교수님이 유명을 달리하시게 되어서 불가피하게 번역이 지체되어 이제야 간행에 이르게 되었다. 국내에서 《대학연의보》와 명대 정치사의 최고 권위자였던 윤 교수님께서 평생 소원이었던 이 책의 번역과 간행을 미처 보시지 못한 점을 우리 번역팀 모두는 매우 안타깝게 여기면서 윤 교수님의 영전에 이 책을 바친다.

2022년 4월
번역팀 일동

【 차 례 】

일러두기

1. 이 책의 번역 저본은 1506년 명(明) 정덕(正德) 원년(元年)에 주홍모(周洪謨) 등이 교감한 정덕본이다. 소장처는 동경대학 동양문화연구소이다.

2. 1559년 명(明) 가정(嘉靖) 38년(1559) 길징(吉澄) 등이 교감한 가정본, 청의《사고전서》에 수록된 사고전서본을 참고하여 원문을 교감했다.

3. 번역 저본은 주제별로 경전(經傳)과 사서(史書)에서 발췌한 본문, 본문에 대한 여러 학자들의 해설, '신안(臣按)'으로 표시된 구준(邱濬)의 의견으로 구성되어 있다. 본문과 해설, 구준의 의견은 각기 번역문 하단에 원문을 부기하였다.

4. 원문은 읽기 쉽도록 표점하였으며, 한국고전번역원 표점 지침(2014)을 준용했다.

5. 본문을 비롯한 여러 글의 원주(原註)는 번역문의 중간에 【 】로 표시하고 번역했다.

6. 번역은 원주(原註)를 최대한 반영하였으며, 그러므로 현재 통용되는 해석과는 차이가 있을 수 있다.

7. 역자 주는 각주를 원칙으로 하되, 10자 안팎의 간단한 내용이면 본문 속에 한 포인트 작은 글자로 설명하였다.

8. 번역문은 한글 쓰기를 원칙으로 하되, 필요하면 한글(한자)로 병기했다.

9. 책은《 》, 편장은〈 〉으로 표시했다.

10. 책의 이해를 돕기 위하여《대학연의보》1권 앞에 전체 해제를 실었다.

11. 인명·지명·서명·고유명사는 현대 한국어표기법을 따랐다.

대학연의보
大學衍義補

대학연의보
(大學衍義補)

—

권107

치국평천하의 요체[治國平天下之要]

형법을 신중히 함[愼刑憲]

정상을 참작할 죄에 대한 논의[議當原之辟]

《주례(周禮)》에서 말하였다.

소사구(小司寇)는 오형(五刑)으로 만민의 옥송(獄訟)을 청단한다. 명부(命
夫)와 명부(命婦)[1]는 직접 옥송에 나와 앉지 않는다. 왕과 같은 친족은 죄가
있어도 즉각 저자에서 베지 않는다.

> 《周禮》: 小司寇以五刑聽萬民之獄訟, 凡命夫命婦不躬坐獄訟, 凡王之同族
> 有罪不卽市.

---

1 명부(命夫)와 명부(命婦): 봉호(封號)를 받은 남자와 부인을 말한다. 내명부(內命婦)와 외명부
(外命婦)이다. 내명부는 궁궐 안에 거주하는 비(妃)·빈(嬪)·세부(世婦)·여어(女御)를 가리키
고, 외명부는 공(公)·경(卿)·대부(大夫)의 부인을 가리킨다. 《주례(周禮)》〈천관(天官) 내재(內
宰)〉정현(鄭玄)의 주.

정현(鄭玄)이 말하였다.

"명부와 명부는 직접 옥송에 나와 앉지 않는다는 말은, 옥을 다스리는 관리가 높은 사람을 모독하기 때문이다. 직접 나와 앉지 않는 경우는 반드시 속관이나 자제를 시킨다."

鄭玄曰: "凡命夫命婦不躬坐獄訟者, 爲治獄吏褻尊者也, 不躬坐者必使其屬若子弟也."

왕안석(王安石)이 말하였다.

"명부와 명부가 직접 옥송에 나와 앉지 않는다는 것은 귀한 자를 귀하게 대하는 것이다. 왕과 같은 친족은 죄가 있어도 즉각 저자에서 베지 않는다는 것은 친척을 친하게 여기는 것이다. 귀한 자를 귀하게 대하고, 친척을 친하게 여기는 것은 이와 같을 뿐 어찌 고의로 법을 굽히겠는가."

王安石曰: "命夫命婦不躬坐獄訟者, 貴貴也; 王之同族有罪不卽市者, 親親也. 貴貴・親親如此而已, 豈以故撓法哉?"

팔벽(八辟)²【벽은 법(法)이다.】을 나라 법에 부칙으로 하고【려는 걸리다[附]이

---

2 팔벽(八辟): 본문에 열거하였듯이, 죄가 있을 때에 법전에 명시한 처벌을 내리지 않고 특별히 의논하여 죄를 사면하거나 경감하는 여덟 가지 경우가 있다. 왕의 친족, 왕의 옛 친구,

다.】, 형벌에 부칙으로 한다. 첫째, 의친(議親)의 법, 둘째, 의고(議故)의 법, 셋째, 의현(議賢)의 법, 넷째, 의능(議能)의 법, 다섯째, 의공(議功)의 법, 여섯째, 의귀(議貴)의 법, 일곱째, 의근(議勤)의 법, 여덟째, 의빈(議賓)의 법이다.

以八辟【法也】麗【附也】邦法附刑罰, 一曰議親之辟, 二曰議故之辟, 三曰議賢之辟, 四曰議能之辟, 五曰議功之辟, 六曰議貴之辟, 七曰議勤之辟, 八曰議賓之辟.

정현이 말하였다.

"친(親)은 지금 종실(宗室)이 죄가 있으면 먼저 청하는 것이 이것이다. 고(故)는 오래 안 친구이다. 현(賢)은 덕행이 있는 자로, 지금 청렴한 관리가 죄가 있으면 먼저 청하는 것이 이것이다. 능(能)은 재능이 있는 자이다. 공(功)은 큰 공훈을 세운 자이다. 귀(貴)는 지금 검은 인끈을 찬 관리[3]에게 죄가 있으면 먼저 청하는 것이 이것이다. 근(勤)은 초췌해지도록 나라를 섬긴 것을 말한다. 빈(賓)은 신하가 아닌 자로, 3각(三恪) 2대(二代)의 후손[4]이다."

鄭玄曰: "親若今時宗室有罪先請是也, 故謂舊知也, 賢謂有德行者, 若

덕행이 있는 자, 재능이 있는 자, 공로가 있는 신하, 벼슬이 높은 신하, 나랏일에 부지런한 관리, 사방에서 온 빈객을 말한다. 이것을 팔벽이라 하기도 하고 팔의(八議)라 하기도 한다.

3   검은 인끈을 찬 관리: 수령(守令)의 직책이나 신분을 말한다.

4   3각(三恪) 2대(二代)의 후손: 주 무왕(周武王)이 우(虞)·하(夏)·은(殷)의 후손을 진(陳)·기(杞)·송(宋)를 봉한 것을 3각이라고 한다. 2대는 주(周)나라와 진(秦)나라이다.

今廉吏有罪先請是也, 能謂有道藝者, 功謂有大勳力立功者, 貴若今吏墨綬有罪先請是也, 勤謂憔悴以事國, 賓謂所不臣者, 三恪二代之後."

신은 이렇게 생각합니다. 왕의 친족이므로 보통사람들과 동렬에 놓을 수 없고, 죄가 있으면 의논하니, 천하 사람들에게 친족을 사랑하고 옛 친구에게 후하게 하는 것을 가르치는 방법입니다. 나라의 덕행 있고 재능 있는 자를 일반사람과 같은 등급에 놓을 수 없고, 죄가 있으면 의논하니, 천하 사람들에게 덕행을 높이고 재능 있는 자를 높이는 방법입니다. 공이 있는 자는 과실을 깎아 줄 수 있고, 죄가 있을 때 의논한다면, 천하가 위에서 공을 갚는 데 후함을 알고 모두 힘쓸 바를 알 것입니다. 지위가 있는 자를 가벼이 모욕해서는 안 되고, 죄가 있을 때 의논한다면, 위에서 귀한 작위를 무겁게 여기는 것을 알고 모두 공경할 바를 알 것입니다. 근로하는 자를 억압해서는 안 되고, 죄가 있으면 의논하여, 천하로 하여금 위에 있는 사람이 남의 수고를 잊지 않고 있음을 알게 해야 합니다. 나라의 빈객은 의당 우대해야 하니, 죄가 있으면 의논하여, 천하로 하여금 위의 사람이 빈객을 공경하는 예의가 있음을 알게 해야 합니다. 선유가 여덟 가지를 천하의 큰 가르침이고, 천자가 사사로이 친족이나 옛 친구라고 하여 법을 굽히는 것이 아니라고 말했으니, 인륜의 아름다움이 이보다 큰 것은 없습니다.

臣按: 王之親故不可與衆人同例, 有罪議之, 所以敎天下之人愛其親

族·厚其故舊; 國之賢能不可與庸常同科, 有罪議之, 所以敎天下之人
尙乎德行·崇乎道藝; 有功者則可以折過失, 有罪議之則天下知上厚於
報功而皆知所懲; 有位者不可以輕摧辱, 有罪議之則天下知上之重於貴
爵而皆知所敬; 有勤勞者不可以沮抑, 有罪則議之, 使天下知上之人不
忘人之勞; 爲國賓者宜在所優異, 於有罪則議之, 使天下知上之人有敬
客之禮. 先儒謂八者天下之大敎, 非天子私親故而撓其法也, 人倫之美
莫斯爲大.

《주례(周禮)》〈추관(秋官) 사려(司厲)〉에서 말하였다.

무릇 작(爵)이 있는 자와 나이 70세가 된 자와 아직 이(齒)를 갈지 않은
어린이는 다 종이 되지 아니한다.

《司厲》, 凡有爵者與七十者與未齓者皆不爲奴.

정현이 말하였다.

"작이 있다는 것은 명사(命士) 이상을 말한다. 츤(齓)은 이를 가는 것
이다. 남자는 8세, 여자는 7세에 이를 간다."

鄭玄曰: "有爵謂命士以上也. 齓, 毀齒也, 男八歲·女七歲而毀齒."

또 말하였다.

"지금의 노비는 옛날의 죄인이다. 그러므로 《서경(書經)》에 '나는 너희들을 처자식까지 죽이겠다.'라고 하였다.[5]"

> 又曰: "今之奴婢, 古之罪人也, 故《書》曰: '予則孥戮汝.'"

신은 이렇게 생각합니다. 선왕께서 형을 제정할 때, 이렇게 귀한 자를 귀하게 여기고, 노인을 노인으로 대우하며, 어린이를 어린이로 대우하였습니다. 비단 차마 형벌을 가하지 못할 뿐만 아니라 또한 차마 비천하고 욕된 처지에 빠지게 하지 않은 것이니, 인의가 겸하여 다하였습니다.

> 臣按: 先王之制刑, 其貴貴·老老·幼幼有如此者, 非獨不忍加之以刑
> 辟, 而亦不忍致之於卑辱, 仁義兼盡矣.

〈장수(掌囚)〉에서 말하였다.

무릇 죄수는, 왕의 동족은 봉(拳)【봉은 손에 채우는 나무이다.】을 하고, 작위

---

5 《서경(書經)》에 … 하였다: 《서경》〈탕서(湯誓)〉에 "너희들은 부디 나 한 사람을 도와서 하늘의 벌을 이루도록 하라. 내가 너희들에게 크게 상을 내리겠다. 너희들은 불신하지 말라. 짐은 식언하지 않으리라. 너희들이 맹세하는 말을 따르지 않는다면 나는 너희들을 처자식까지 죽여서 용서하지 않겠다.[爾尙輔予一人, 致天之罰, 予其大賚汝. 爾無不信, 朕不食言. 爾不從誓言, 予則孥戮汝, 罔有攸赦.]" 하였다.

가 있는 자는 질(桎)【질은 발에 채우는 나무이다.】을 하여, 단죄를 기다렸다. 형살에 이르면, 왕에게 형을 고하고, 봉을 하여 조정에 보내고, 사(士)가 명곡(明梏)을 채워 저자로 보내 형살한다. 무릇 작위가 있는 자와 왕의 동족은 봉을 하여 전사씨(甸師氏)[6]에게 가서 형살을 기다린다.

〈掌囚〉: 凡囚者, 王之同族奉【木其手】, 有爵者桎【木其足】, 以待弊罪. 及刑殺, 告刑於王, 奉而適朝, 士加明梏, 以適市而刑殺之. 凡有爵者與王之同族, 奉而適甸師氏, 以待刑殺.

　　신은 이렇게 생각합니다. 형벌로 교화를 도우니, 선왕의 형벌에는 교화의 뜻이 깃들지 않음이 없습니다. 죄가 있는 사람은, 옥의 도구를 제작하여 구속하여 가두니 마치 긍휼함이 없는 것처럼 보이지만, 왕의 동족이나 명사(命士) 이상에 대해서는, 비록 죄가 있어도 봉을 하거나 곡을 할 뿐입니다.

　　형벌을 왕에게 고한다 함은, 금일 형을 집행한다는 사실 및 형을 받는 자의 성명을 왕에게 고하는 것입니다. 사죄(死罪)의 경우, 아무개의 죄가 대벽(大辟)에 해당된다거나, 형죄(刑罪)의 경우, 아무개의 죄가 소벽(小辟)에 해당된다고 고합니다. 봉을 하여 조정에 보내는 것은, 중형(重刑)에 대해 왕이 사면해 주기를 바라고 보내는 것입니다.

　　사(士)에게 명곡(明梏)을 채운다는 것은, 곡에 성명 및 그 죄를 적어

6　전사씨(甸師氏): 주(周)나라 때 왕실의 토지를 관장하여 그 수확을 진상하고 왕의 동성 귀족과 작위를 지닌 자의 처벌을 담당한 관리이다. 《주례(周禮)》〈천관(天官) 전사(甸師)〉.

드러내는 것입니다. 후세에 형을 당할 사람에 대해, 그 죄를 적어 초
장(招狀)을 만들어 머리에 게시하는 것이 대개 여기에 근본을 둡니다.

臣按: 刑以弼敎, 先王之刑無不寓敎之意焉. 夫有罪之人制爲獄具以拘
囚之, 宜若無所恤矣, 而於王之同族及命士以上, 雖有罪或奉或桎而已.
告刑於王, 告王以今日當行刑及所刑者姓名也, 其死罪則曰某之罪在大
辟, 其刑罪則曰某之罪在小辟. 奉而適朝者, 重刑爲王欲有所赦, 且當
以付. 士加明桎者, 謂書其姓名及其罪於桎而著之也, 後世刑人書其罪
以爲招狀揭之於其首, 蓋本諸此.

〈장륙(掌戮)〉에서 말하였다.

무릇 사람을 죽인 자는 저자에서 효수(梟首)하고, 사흘 동안 버려두고,
도적을 저자에서 형벌한다. 죄가 법에 걸린 자도 마찬가지이다. 오직 왕
의 동족과 작위가 있는 자는 전사씨에 의해 죽인다.

〈掌戮〉: 凡殺人者踣諸市, 肆之三日, 刑盜於市. 凡罪之麗於法者亦如之,
唯王之同族與有爵者殺之於甸師氏.

이구(李覯)가 말하였다.

"선왕 때, 비록 동족이고 작위가 있더라도 범법하여 형에 처할 때
는 서민(庶民)과 다름이 없었습니다. 법이란, 천자가 천하와 함께하는
것입니다. 만일 동족이 범했다고 형살하지 않는다면, 이는 임금 된

자가 친족을 사사로이 대하는 것입니다. 작위를 가진 자가 범했는데도 형살하지 않는다면, 이는 신하된 자가 그 몸을 사사로이 하는 것입니다. 임금이 그 친족을 사사로이 하고, 신하가 그 몸을 사사로이 하여, 임금과 신하가 모두 사사로우면, 오형(五刑)에 속한 3천 가지가 백성에게만 적용될 것입니다. 상을 경사롭게 여기면 귀한 자가 먼저 얻고, 형벌은 천한 자가 홀로 감당해야 하니, 위에서 아래에 부끄러워하지 않고, 아래에서 위를 공평하게 여기지 않으니, 어찌 통치에 적합한 도리이겠습니까. 그러므로 왕도정치를 하는 자는 친소(親疏)를 나누지 않고 귀천을 다르게 보지 않고, 법에 하나로 적용합니다. 저자에 버려두지 않고 전사씨에게 보내는 까닭은 남에게 부끄럽기 때문에 사람들에게 보게 하지 않으려고 한 것입니다."

李覯曰: "先王之時, 雖同族雖有爵其犯法當刑與庶民無以異也. 法者, 天子與天下共也, 如使同族犯之而不刑殺, 是爲君者私其親也, 有爵者犯之而不刑殺, 是爲臣者私其身也, 君私其親·臣私其身, 君臣皆自私, 則五刑之屬三千止爲民也, 慶賞則貴者先得, 刑罰則賤者獨當, 上不愧於下, 下不平於上, 豈適治之道耶? 故王者不辨親疏, 不異貴賤, 一致於法, 其所以不肆諸市朝而適甸師氏者, 爲其人恥, 毋使人見之也."

신은 이렇게 생각합니다. 왕의 동족과 작위가 있는 자는 전사씨에 의해 죽인다는 것은 이미 〈장수(掌囚)〉에서 말하였는데, 여기서 반복하는 것은, 사람에게 형을 집행할 때는 반드시 저자에서 하는데, 동족 친척이나 작위가 귀한 자는 친한 자를 친하게 여기고 귀한 자는 귀하게 대하는 것입니다. 그러므로 범법이 있는 것은 바로 나라에 덕화가 미덥지 못하고 예교가 행해지지 않는 것이니, 불행하게도 범법자가 친하고 귀한 자 중에서 나올 경우, 그 사람이 비록 밉더라도, 그 미움을 드러내서는 안 되기 때문에 은밀한 곳에서 형을 시행합니다. 성인(聖人)의 처형은, 그 인의를 이렇게 겸하여 다하는 것입니다.

> 臣按: 王之同族者與有爵者殺之甸師氏, 旣言於掌囚, 此復言之者, 蓋以刑人必於市, 惟同族親者也·有爵貴者也, 親親而貴貴, 故有犯者乃國家德化之不孚·禮敎之不行, 不幸犯者出於親貴之中, 其人雖可惡而其惡則不可揚, 故就隱處以施刑焉. 聖人之處刑, 其仁義之兼盡也如此夫!

《예기(禮記)》〈곡례(曲禮)〉에서 말하였다.
형은 대부로 올라가지 않는다.

> 《禮記》〈曲禮〉曰: 刑不上大夫.

진호(陳澔)가 말하였다.
"대부가 혹 죄가 있어 팔의(八議)로 판정하되, 의논이 사면 대상이 아니면 형을 받는다. 《주관(周官)》〈장수(掌囚)〉에 '무릇 작위가 있거나 왕의 동족은 봉(奉)하여 전사씨에게 보낸다.'라고 하고, 여기서 '대부 위로 올라가지 않는다'고 말한 것은, 대부의 형을 제정하지 않는 것은 서인(庶人)의 예법을 제정하지 않는 것과 같다는 말이다."

陳澔曰: "大夫或有罪以八議定之, 議所不赦則受刑. 《周官》掌囚'凡有
爵者與王之同族, 奉而適甸師氏', 而此云不上大夫者, 言不制大夫之刑,
猶不制庶人之禮也."

호인(胡寅)이 말하였다.

"서민은 빈천하여 예를 갖출 수 없기 때문에 예를 행하라고 책할 수가 없다. 대부는 존귀하여 형을 가할 수 없기 때문에 형을 받게 할 수 없다. 일부러 그러는 것이 아니라 형편에 따른 것이다. 가의(賈誼)는 성인(聖人)의 뜻을 알았기 때문에 '쥐에게 던지려고 하나, 그릇을 깰까 꺼려진다'는 논리를 인용하여 문제(文帝)를 경계하였다. 이때부터 한나라는 대신(大臣)에게 형을 가하지 않았고 대신이 죄가 있으면 자살하였는데, 왕안석(王安石)은 이러한 뜻에 반대하여 설명하기를 '예는 서민이 아래에 있다고 해서 실용하지 않아서는 안 되며, 형은 대부가 위에 있다고 해서 시행하지 않아서는 안 된다.'라고 하였다. 그 뜻은 백성들을 교화하고 풍속을 이루어 예교(禮敎)를 흥기하는 것이 아니고, 바로 옛 장로(長老)를 살육하여 자기와 다른 이를 제어하려는 것뿐이니, 어찌 사설(邪說)로 크게 의리를 해치는 것이 아니겠는가."

胡寅曰: "庶人貧賤不能備禮, 故不責以行禮; 大夫尊貴不可加刑, 故不
使之受刑, 非故欲然, 因其勢也. 賈誼得聖人之意, 故引投鼠忌器之論
以警文帝, 自是漢不加刑於大臣, 大臣有罪皆自殺, 而王安石反此義爲

《예기》〈문왕세자(文王世子)〉에서 말하였다.

공족(公族)이 사죄를 지었으면 전인에 의해 경(磬)【경(磬)은 목매달아 죽이는 것이다.】한다. 죄에 대한 형벌은 베는 것【섬(纖)의 음은 잠(箴)이다. 섬은 찌름이 다.】【전(翦)은 베는 것이다.】이고, 전인에게 보낸다【고(告)는 보낸다[鞠]고 읽는다.】. 공족은 궁형(宮刑)이 없고, 옥사가 이루어지면 공(公)에게 옥사를 의논한 다【언(讞)은 옥을 의논하는 것이다.】. 사죄의 경우, '아무개의 죄는 대벽에 해당 한다' 하고, 죄에 대한 형의 경우, '아무개의 죄는 소벽에 해당한다'라고 한다. 공(公)이 '너그럽게 한다'【유(宥)는 너그럽게 하는 것이다.】라고 하고, 유 사(有司)가 또 '벽(辟)'에 해당한다'라고 한다. 공이 또 '너그럽게 한다'라고 하고, 유사가 또 '벽에 해당한다'라고 한다.

세 번 용서하라고 함에 이르러 대답하지 않고 달려 나가 전인(甸人)에 게 형벌을 행하라고 전한다. 공이 또 사람들 시켜 따라가게 하여 '비록 그렇지만 반드시 사면한다'라고 하면, 유사가 대답하기를 '미치지 못합 니다'라고 하고, 공에게 반명(反命)한다. 공은 소복을 입고 성찬을 들지 않 으며 그를 위하여 평소의 예를 바꾼다. 친족의 상처럼 행하되 복은 없고, 직접 곡을 한다.

也】剌【割也】, 亦告【讀爲鞠】於甸人. 公族無宮刑, 獄成有司讞【議獄也】於公, 其
死罪則曰"某之罪在大辟", 其刑罪則曰"某之罪在小辟", 公曰"宥【寬也】之",
有司又曰"在辟", 公又曰"宥之", 有司又曰"在辟", 及三宥, 不對, 走出, 致
刑於甸人. 公又使人追之曰"雖然必赦之", 有司對曰"無及也". 反命於公,
公素服不舉, 爲之變, 如其倫之喪, 無服, 親哭之.

정현(鄭玄)이 말하였다.
"전인은 교외를 관장하는 관원이다. 저자나 조정에서 하지 않는 것
은, 숨기는 것이다."

鄭玄曰: "甸人, 掌郊野之官, 不於市朝者隱之也."

진호(陳澔)가 말하였다.
"옥이 이루어진다는 것은, 범한 사실을 신문하여 이미 실정을 파악
했다는 뜻이다. 희생을 죽여 성찬하는 것을 거(舉)라고 하니, 소복을
입고 성찬을 들지 않으며 그를 위하여 평소의 예를 바꾸는 것은 측은
함을 보이는 것이다. 친소의 윤리가 있는데 조복(弔服)을 입지 않는 것
은 직접 가지 않기 때문이다. 직접 곡하는 경우, 이성(異姓)의 사당에
위패를 만들어 소복을 하고 곡을 한다."

陳澔曰: "獄成謂所犯之事訊問已得情實也. 殺牲盛饌曰舉, 素服不舉,

> 爲之變其常禮, 示憫惻也. 如其親疏之倫而不爲吊服者, 以不親往故也.
> 親哭之者, 爲位於異姓之廟而素服以哭之也."

신은 이렇게 생각합니다. 선왕이 죄가 있는 공족에 대하여, 유사가 '벽에 해당한다'고 세 번 말하고, 공이 '너그럽게 한다'고 세 번 말하니, 신하는 법을 집행하는 뜻을 다하고, 임금은 친족과 화목할 어짊을 보존합니다.

> 臣按: 先王之於公族有罪者, 有司在辟曰三, 公宥之曰三, 臣盡執法之
> 義, 君存睦族之仁.

《대대례(大戴禮)》에서 말하였다.

"'형은 대부로 올라가지 않는다'라는 말은, 옛날 대부 중, 관직에 있는데 청렴하지 않고 탐오하다면 '보궤불칙(簠簋不飭)'[7]이라고 하고, 음란하여 남녀의 구별이 없는 자는 '유박불수(帷薄不修)'[8]라고 하며, 위를 속이고 충성하지 못한 자를 '신절미저(臣節未著)'[9]라고 하고, 능력이 부쳐 임무를 감

---

7 보궤불칙(簠簋不飭): 보궤는 제기(祭器)인데, 옛날에 관리가 청렴하지 못한 것을 곧바로 말하지 않고, '보궤가 경건하지 못하다'라고 하여 은유적으로 표현하였다.

8 유박불수(帷薄不修): 안방의 장막과 발이 정돈되지 못하였다는 뜻인데, 가문에 음행(淫行)이 있는 것을 완곡하게 표현한 말이다.

9 신절미저(臣節未著): 신하의 절개가 드러나지 않았다는 말인데, 불충이라는 말이다.

당하지 못하는 자를 '하관부직(下官不職)'[10]이라고 하며, 나라의 기강을 범했을 경우 '행사불청(行事不請)'[11]이라고 하였으니, 이 다섯 가지는 대부의 죄명을 정한 것이다. 차마 지척하여 바로 부르지 못한 것이다. 이런 까닭에 대부의 죄 가운데 5형(五刑)의 범주에 속하는 경우, 견책 소식을 듣게 되면 흰 관에 들소의 털로 만든 갓끈을 달아 상복 차림을 하고, 쟁반에 물을 담고 그 위에 칼을 얹어 청실에 나아가 그 죄를 청하고, 임금은 유사로 하여금 잡아 와서 결박하지 않는다. 죄가 있는 자가 명을 들으면, 북면하여 무릎을 꿇고 스스로 결단하며, 임금이 남들로 하여금 끌어와 형벌로 죽이게 하지 않으며, '그대 대부는 스스로 목숨을 끊을지어다. 내가 그대를 예의로 대우하리라.'라고 하니, 이것이 '형은 대부로 올라가지 않는다'라는 말이다."

《大戴禮》曰: 刑不上大夫者, 古之大夫有坐不廉汙穢者則曰簠簋不飭, 淫亂男女無別者則曰帷薄不修, 罔上不忠者則曰臣節未著, 罷軟不勝任者則曰下官不職, 幹國之紀則曰行事不請. 此五者大夫定罪名矣, 不忍斥然以正呼, 是故大夫之罪其在五刑之域者, 聞有譴發則白冠釐纓·盤水加劍, 造乎闕而自請罪, 君不使有司執縛牽而加之也; 其有罪者聞命則北面跪而自裁, 君不使人捽引而刑殺之也, 曰: "子大夫自取之耳, 吾遇子有禮矣." 是曰刑不上大夫.

---

10 하관부직(下官不職): 부하 직원이 직무를 제대로 수행하지 못했다는 뜻인데, 무능하거나 불성실한 관원이라는 말이다.

11 행사불청(行事不請): 기강을 어긴 신하에 대해, 일을 하면서 허락을 받지 않는다고 완곡하게 표현한 것이다.

신은 이렇게 생각합니다. 《대대례》의 대목은 가의(賈誼)의 상소와 같습니다.[12] 대개 옛날에 이런 제도가 있었는데, 가의가 상소를 만들어 문제(文帝)에게 아뢴 것입니다. 대덕(戴德)이 예에 대한 기록을 모아 이 편을 만들었는데, 그 동생 대성(戴聖)이 또 산삭하여 단지 그 앞의 구절을 남긴 것일 뿐입니다.[13] 임금이 이 책을 보면 신하를 대하는 예의를 알 수 있을 것이고, 신하가 이 책을 보면 죄가 있는 자도 스스로 취할 바를 알 것입니다.

> 臣按:《大戴禮》此段與賈誼疏同, 蓋古有此制, 誼疏之以告文帝, 戴德集禮記以爲此篇, 其弟聖又刪去之止存其首句耳. 人君觀此可以得待臣之禮, 而人臣觀此其有罪者亦知所以自取也.

《춘추좌씨전(春秋左氏傳)》에서 말하였다.

무릇 나라를 위해 계획을 세우되 잘못이 적고, 사람들에게 가르침을 베풀되 게을리하지 않는 것은 숙향(叔向)만이 그럴 수 있으니, 장차 10대 후손이 죄를 지어도 너그럽게 하고 유능한 이를 권면해야 한다. 지금 당대에 그 몸조차 사면하지 않고 사직을 버리니, 또한 미혹이 아니겠는가.

---

12 《대대례》의 … 같습니다:《한서(漢書)》권48 〈가의전(賈誼傳)〉에 나오는 상소와 같다는 말이다.

13 대덕(戴德)이 … 뿐입니다:《대대례》는 한(漢)나라 때 금문 경학가(今文經學家)인 대덕(戴德)이 지었다고 하는 예서(禮書)이다. 대덕이 그의 조카인 대성(戴聖)과 함께 후창(后蒼)에게 예(禮)를 배웠는데, 뒤에 대덕이 전한 《예기(禮記)》85편을 《대대례》라 하고, 대성이 전한 《예기》49편을 《소대례(小戴禮)》라 하였다.

　　신은 이렇게 생각합니다. 이는 곧 《주례(周禮)》 팔벽(八辟) 가운데 유능한 자의 죄를 의논하는 것입니다. 이로써 보건대, 세상에 이익이 있거나 나라에 공이 있는 자는, 그 사람의 자식이나 손자 및 증손, 현손 등 모두 10대까지 너그럽게 하였으며, 그 한 몸만 사면하는 데 그치지 않았던 것입니다..

　　한 효제(漢孝惠)가 즉위한 뒤, 관작 5대부, 관리 6백 석 이상 및 관직이 있어 황제가 이름을 아는 자【지명(地名)이란 관직이 있어 황제가 그의 이름을 안다는 말이다.】 가운데 도계(盜械)【도(盜)는 도(逃)이다.】[14]에 해당하는 죄가 있는 자는 모두 수갑을 채우지 않는다【송(頌)은 음이 송(鬆)이다.】. 백성 가운데 나이 70세 이상 및 10세가 안 되는 사람은, 죄가 형에 해당하는 경우 모두 사면한다.

---

14 도계(盜械): 두 손을 뒤로 젖히고 묶는 것이다.

漢孝惠卽位, 制爵五大夫·吏六百石以上及宦皇帝而知名者【謂仕宦而皇帝知其名】, 有罪當盜【逃也】械者皆頌【音鬆】繫; 民年七十以上若不滿十歲, 有罪當刑者皆免之.

마정란(馬廷鸞)[15]이 말하였다.

"옛날에 '형은 대부 위로 올라가지 않는다.'라고 하였다. 한나라에서 공경과 대부를 대하는 것이 사(士), 서인(庶人)과 등급이 없었으니, 모두 진(秦)나라의 기상을 익힌 것이다. 소하(蕭何)와 조참(曹參)[16]이 진나라 관리로, 익숙하게 본 것을 고칠 줄 몰랐고, 소하 또한 스스로 직섭 남낭했다. 혜제(惠帝)가 비록 약간의 조례를 만들었으나, 단지 은혜로 생각했고 법령으로 드러내지 않았다. 문제(文帝) 때 강후(絳侯)가 하옥되고,[17] 가생(賈生)이 극언으로 간하였으나,[18] 끝내 변화할 수 없었다."

---

15 마정란(馬廷鸞, 1222~1289): 송나라 때 재상이었다. 《문헌통고(文獻通考)》를 편찬했던 마단림(馬端臨)의 아버지이다. 《宋史 卷414 馬廷鸞列傳》.

16 소하(蕭何)와 조참(曹參): 한(漢)나라의 개국 공신으로, 잇따라 재상의 중책을 담당한 명신이다. 전한(前漢) 고조(高朝) 때에 소하와 조참이 서로 뒤를 이어 승상(丞相)이 되었는데, 소하가 규모(規模)를 만들고 조참이 이것을 지켰다고 평가한다.

17 강후(絳侯)가 하옥되고: 강후(絳侯) 주발(周勃)이 모반죄(謀反罪)로 고발당해 하옥된 일을 말한다. 《사기(史記)》 권57 〈강후주발세가(絳侯周勃世家)〉.

18 가생(賈生)이 극언으로 간하였으나: 한 문제(漢文帝) 때의 장사왕 태부(長沙王太傅)를 지낸 가의(賈誼)가 강후 주발이 하옥되자 대신을 예우로 대하라고 하면서 앞서 나온 《대대례》의 사례를 들어 올린 상소를 말한다. 《한서(漢書)》 권48 〈가의전(賈誼傳)〉 극언 내용은 본문 아래에도 보인다.

馬廷鸞曰: "古者刑不上大夫, 漢之待公卿‧大夫與士庶無等級, 皆習秦
氣象, 蕭‧曹秦吏, 習見不知改而何亦身自當之. 惠帝雖差立條式然, 特
以爲恩惠, 不著法令. 文帝時絳侯下獄, 賈生極言以諫, 然終不能變也."

문제(文帝) 때 가의가 상소하였다.

"염치와 예절로 군자를 다스리기 때문에, 사사(賜死)할 때도 욕보이지
않았으므로, 경비(黥劓)[19]의 죄를 대부에 미치지 않았으니, 주상(主上)과 멀
리 떨어져 있지 않기 때문입니다. 지금 왕후, 삼공의 고귀함에 대해 모두
천자가 태도를 바꾸어 예우하는데, 서인(庶人)들과 마찬가지로 경비(黥劓),
곤월(髡刖),[20] 태형 등을 가하여 저자에 버리는 법을 명한다면, 주륙당하는
사람이 너무 각박하지 않겠습니까. 일찍이 귀하고 총애받는 지위에 있다
가, 지금 잘못이 있으니, 폐할 수도 있고, 물러나게 할 수도 있고, 사사해
도 되고, 멸망시켜도 되지만, 묶고 차꼬를 채워 사구(司寇)에게 보내 도관
(徒官)에 편재해 놓고, 사구의 낮은 관리가 욕하고 때리게 하는 것은, 평민
들에게 보게 해서는 안 될 것입니다."

文帝時賈誼上疏曰: "廉恥節禮以治君子, 故有賜死而無戮辱, 是以黥劓之
罪不及大夫, 以其離主上不遠也. 今自王侯三公之貴皆天子改容而禮之也,

---

19 경비(黥劓): 경(黥)은 죄인의 이마나 팔뚝 따위에 먹물로 죄명을 써 넣던 형벌이고, 의(劓)는
코를 베는 형벌이다.
20 곤월(髡刖): 머리를 깎게 하고, 발뒤꿈치를 베는 형벌이다.

而命與衆庶同黥劓髡刖笞罵棄市之法, 被戮辱者不泰迫乎? 夫嘗已在貴寵
之位, 今而有過, 廢之可也, 退之可也, 賜之死可也, 滅之可也, 若夫束縛
之‧係縲之, 輸之司寇, 編之徒官, 司寇小吏詈罵而笞笞之, 殆非所以令衆
庶見也."

신은 이렇게 생각합니다. 당시 승상 주발(周勃)이 면직되고 옥에 갇혔
는데, 모반했다고 고발하는 자가 있어 체포되어 장안(長安)의 옥에 갇
힌 것입니다. 두려워 말을 하지 못하니, 옥리가 점점 욕을 보였습니
다. 주발이 천금(千金)을 옥리에게 주니, 옥리가 문서 뒷면에 '공주를
증거로 대라'고 써 주었습니다. 주발의 아들이 공주와 혼인하였기 때
문에 옥리가 증인으로 삼으라고 알려 주었던 것인데, 마침내 무사할
수 있었습니다. 그러므로 가의가 이 일을 가지고 문제에게 간한 것입
니다. 문제가 그 말을 깊이 받아들이고, 신하들을 기를 때 절도가 있
었습니다. 이 뒤로 대신이 죄가 있으면 모두 자살하고 형을 받지 않
았습니다. 무제(武帝) 때 차츰 다시 옥에 가두는 일이 영성(寧成)[21]에서
부터 시작되었습니다.

臣按: 是時丞相勃免就獄, 人有告謀反者, 逮係長安獄, 恐不知置辭, 吏

---

21 영성(寧成): 한(漢)나라 때 남양(南陽) 사람이다. 그는 하관으로 있으면서도 상관을 능멸하였
고, 제남도위(濟南都尉)‧관도위(關都尉)‧내사(內史) 등을 역임하는 동안 "차라리 유호(乳虎: 새
끼 난 범)를 만날지언정, 영성의 노여움은 만나지 않았으면 좋겠다"라고 당시 사람들이 평
할 정도로 포악한 옥사를 하였다. 《사기(史記)》 권122 〈혹리열전(酷吏列傳)〉.

稍辱侵之, 勃以千金與獄吏, 吏書牘背示曰"以公主爲證", 勃子尙公主, 故吏教以爲證, 卒無事. 故誼以此譏上, 文帝深納其言, 養臣下有節, 是後大臣有罪皆自殺不受刑, 至武帝時稍復入獄, 自寧成始.

선제(宣帝) 지절(地節) 4년(기원전 66), 조칙을 내렸다.

"부자(父子)의 친함과 부부(夫婦)의 도는 천성(天性)이다. 비록 화란이 있어 죽음을 당하더라도 남는 것이니, 진실로 사랑이 마음에 맺히는 것이 지극한 인후함이다. 오늘부터 자신이 부모를 숨기거나, 아내가 남편을 숨기거나, 손자가 조부모를 숨긴 경우는 모두 연좌하지 말라. 부모가 자식을 숨기거나, 남편이 아내를 숨기거나, 조부모가 손자를 숨긴 죄는, 사형수의 경우 위에 보고하여 청하되, 정위가 보고하라."

宣帝地節四年, 詔曰: "父子之親‧夫婦之道, 天性也, 雖有禍亂蒙死而存之, 誠愛結於心, 仁厚之至也. 自今子有匿父母‧妻匿夫‧孫匿大父母皆勿坐, 其父母匿子‧夫匿婦‧大父母匿孫罪殊死上以請, 廷尉以聞."

신은 이렇게 생각합니다. 법률 조문에, 친속은 서로 숨겨 주는 것을 용납하는 것이 여기서 시작되었습니다. 그렇지만 선제(宣帝)의 조칙에서 숨겨 주는 대상을 단지 부자, 부부, 조손에 그치고, 형제나, 대를 이은 아버지나 계부에 대해 후사인 아들의 경우에 대해서는 빠져 있습니다. 반드시 이번 법률 조문은 모반이나 대역을 제외한 친속의 경우이고, 비록 노비나 고공(雇工)이 가장인 경우도 논하지 않는 한계에 두었지만, 선왕이 형벌로 교화를 돕는 뜻을 알 수 있습니다.

臣按: 律文親屬得相爲容隱始此, 然宣帝詔所匿者止許父子‧夫婦‧祖孫, 而於兄弟及從子之於世父‧季父闕焉, 必若今律文, 凡有親屬除謀反‧大逆外, 雖奴婢雇工人爲家長亦在勿論之限, 深得先王以刑弼敎之意.

원강(元康) 4년(기원전 62), 조칙을 내렸다.

"짐은 기로(耆老)의 사람들이 이가 빠지고 혈기도 쇠퇴하여 또한 반란을 일으킬 마음도 없다고 생각한다. 지금 혹 법조문에 저촉되어 감옥에 갇혔으니 짐이 매우 딱하게 여긴다. 오늘부터 나이 80세 이상으로, 무고(誣告)나 살상(殺傷) 죄인이 아니면, 다른 죄는 모두 연좌하지 말라."

元康四年, 詔曰: "朕念夫耆老之人, 發齒墮落, 血氣旣衰, 亦無逆亂之心, 今或罹於文法‧執於囹圄, 朕甚憐之. 自今諸年八十, 非誣告殺傷人, 他皆勿坐."

신은 이렇게 생각합니다.《주례(周禮)》의 팔의(八議)는, 의논하는 대상이 모두 나라의 훈척이나 귀인이었습니다만, 노인은 들어 있지 않았습니다. 신은 생각건대, 나이가 천하에서 귀하게 된 지는 오래되었고, 우(虞)‧하(夏)‧상(商)‧주(周)나라에서는 나이 많은 사람을 버려두지 않았으니, 예법에 귀한 사람을 귀하게 대하고 현자를 존중하고 노인을 공경한다는 세 가지가 함께 언급되었습니다. 《주관(周官)》에 의귀(議貴)와 의현(議賢)의 법은 있지만, 의노(議老)는 없었습니다. 이른바 늙은이를 사면하는 것이 삼자(三刺)[22]에서 겨우 보이지만, 유약(幼弱)·바보[蠢愚]와 함께 칭하였으니, 불쌍하게 생각한 것이지 존중한 것은 아니었습니다. 선제의 이 조칙은 《주관》에서 빠진 것을 보충했다고 할 만합니다.

> 臣按: 《周禮》八議, 所議者皆國家之勳戚貴任也, 而老者不與焉. 臣竊以爲年之貴於天下久矣, 虞·夏·商·周未有遺年齒者也, 禮以貴貴·尊賢·敬老三者並言, 《周官》有議貴·議賢之辟而無議老, 所謂老耄之赦僅見於三刺, 而與幼弱·蠢愚並稱, 蓋憐之耳, 非尊之也. 宣帝此詔, 可以補《周官》之闕.

무제 때, 2천 석이 죄를 지으면 먼저 청하였다. 선제 때, 또 6백 석 관직의 대부가 죄를 지으면 먼저 청하라고 조칙을 내렸다.

> 武帝時, 二千石有罪先請. 宣帝時, 又詔六百石位大夫有罪先請.

---

22 삼자(三刺): 세 번 묻는 것을 말한다. 이는 주(周)나라 제도에 큰 사건을 처리할 때에는 반복해서 의논한 뒤에 죄안을 판결했던 데서 온 말이다. 첫째는 여러 신하에게 묻는 것이고, 둘째는 여러 관리에게 묻는 것이고, 셋째는 백성들에게 묻는 것이다. 《주례(周禮)》〈추관(秋官) 소사구(小司寇)〉.

신은 이렇게 생각합니다. 후세 신하가 죄를 지으면 먼저 청한 연후에 다스린 것이 여기서 시작되었습니다.

臣按: 後世人臣有罪先請然後逮治始此.

성제(成帝) 때, 양왕 립(梁王立)의 상(相) 우(禹)가 립이 원망하였다고 상주하였다. 유사가 증거를 조사하고 이어 고모와 간통한 사실을 발각하였다. 곡영이 상서하기를 "신이 예에 대해 듣건대, 천자가 외병(外屛)을 치는 이유는 밖을 보지 않으려는 것이라고 합니다. 그러므로 제왕의 뜻은 남들이 규문(閨門)의 사사로움을 엿보지 못하게 하고 중구(中冓)[23]의 말을 듣지 못하게 하였습니다. 《춘추(春秋)》에 '어버이를 위하여 숨긴다.[爲親者諱]'라고 하였거니와, 지금 양왕은 나이가 어려 광증을 앓고 있는데, 당초 악한 말로 증거를 조사하였으나 이미 그런 사실이 없습니다. 그런데도 규문의 사사로움을 들추는 것은 본래 상주가 지적한 바가 아닙니다. 왕의 말에 또 불복하여 억지로 립을 탄핵하고, 밝히기 어려운 사안에 끌어들여 유독 편파적인 말로 죄를 만들고 옥사를 판결하는 것은 치도(治道)에 보탬이 없습니다. 또한 집안이 난잡한 악행이 있다고 종실을 멸시하고 천하에 널리 퍼트리는 것은 공족을 위하여 숨겨 조정의 영화를 늘이고 성덕의 교화를 밝히는 방도가 아닙니다. 싹이 생겼을 때 은혜를 베풀고 다스리지 않는 것이 상책입니다. 이미 증거를 조사하여 법을 거론하였으니, 왕의 말에 불복하는 데 이르는 것은 당연합니다. 정위(廷尉) 가운

---

23 중구(中冓): 집의 깊숙한 곳에 있어 남이 볼 수 없는 곳 즉 부부가 거처하는 방을 이른다.

데 덕이 높고 이치에 통달한 관리를 선발하여 다시 살피고 공정하게 심문하여, 사실은 그렇지 않다는 결과를 드러내고 잘못된 법을 결정하라고 조칙을 내려야 합니다. 하급 관리에 다시 명하여 공족이 부소(附疏: 소원한 이를 가까이 함)하는 덕을 넓혀, 종실을 위해 더럽고 난잡하다는 수치를 씻어 준다면 매우 치도의 의당함을 얻을 것입니다."라고 하니, 천자가 이 때문에 놔두고 다스리지 않았다.

成帝時, 梁王立相, 禹奏立怨望, 有司案驗, 因發其與姑奸事, 谷永上書曰: "臣聞禮, 天子外屛, 不欲見外也, 是以帝王之意, 不窺人閨門之私·聽聞中冓之言, 《春秋》爲親者諱. 今梁王年少病狂, 始以惡言案驗, 旣無事實, 而發閨門之私, 非本章所指. 王辭又不服, 猥强劾立, 傅致難明之事, 獨以偏辭成罪斷獄, 無益於治道, 汚衊宗室以內亂之惡, 披布宣揚於天下, 非所以爲公族隱諱, 增朝廷之榮華·昭聖德之風化也. 萌芽之時, 加恩勿治, 上也. 旣已案驗擧憲, 宜及王辭不服, 詔廷尉選上德通理之吏更審考淸問, 著不然之效, 定失誤之法, 而反命於下吏, 以廣公族附疏之德, 爲宗室刷汚亂之恥, 甚得治親之誼." 天子由是寢不治.

신은 이렇게 생각합니다. 옛날 삼대의 번성했던 시대에는 공족에 대해서 교화하면서도 법이 있고, 봉양하면서도 도가 있었고, 또 인재를 택하여 보도하게 하여 도리를 어기고 교화를 상하는 데는 이르지 않도록 하였습니다. 불행히 패륜, 악덕한 일이 있어도 싹이 나오던 초기에 미리 알고 막아 널리 퍼져 종실의 수치가 되는 데는 이르지 않았습니다. 심히 부득이하게 정말 종묘사직에 죄를 얻은 것이 아니면 가볍게 법으로 다스리지 않았습니다.

臣按: 昔三代盛時, 其於公族皆教之有法·養之有道而又擇人以夾輔之, 使之不至於違理傷化, 不幸而有敗倫悖德之事, 於其萌芽之初豫遏絕之, 俾不至於彰布以爲宗室之羞, 非甚不得已眞得罪於宗廟·社稷, 不輕致於理也.

애제(哀帝) 때, 승상 왕가(王嘉)가 하옥되었다. 소부 맹(猛) 등 10인이 말하기를 "성왕(聖王)이 옥사를 판단할 때는 먼저 마음을 살펴보고 죄를 정하고 의도를 탐지하여 실정을 파악하기 때문에, 죽은 사람은 한을 품고 땅에 묻히지 않았고, 산 사람은 원한을 머금고 죄를 받지 않았습니다. 밝은 군주는 성덕(聖德)을 실천하고, 대신(大臣)을 중시하며, 형벌은 널리 유사에게 의논하여, 사해(四海)가 다 승복하게 하였습니다. 왕가의 죄명이 비록 법에 부응하는 것이지만, 성왕이 대신에 대해서 수레에서 내리고 자리에서 일어나며 병이 나면 문병하고 죄를 지어 죽은 것이 아니면 가서 조문하고 종묘의 제사를 폐하였습니다. 나가도 예로 하고 물러나도 의로 하고 죽여도 항렬이 있었습니다. 왕가 등의 죄악이 비록 드러났지만, 대신에게 차꼬를 채우고 벌거벗겨 매를 친다면 나라를 중시하고 종묘를 넓히는 방도가 아닙니다."라고 하였다.

哀帝時, 丞相王嘉下獄, 少府猛等十人以爲: "聖王斷獄必先原心定罪, 探意立情, 故死者不抱恨而入地, 生者不銜怨而受罪. 明主躬聖德·重大臣, 刑辟廣延有司議, 欲使四海咸服, 嘉罪名雖應法, 聖王之於大臣, 在輿爲下,御坐爲起, 疾病視之, 無數死則臨弔之, 廢宗廟之祭, 進之以禮, 退之以義, 誅之以行. 按嘉等罪惡雖著, 大臣括發關械·裸躬就笞, 非所以重國褒宗廟也."

신은 이렇게 생각합니다. 왕가의 죄는 단지 정위(廷尉) 양조(梁祖)를 천거한 일 및 동현(董賢)의 호(戶)를 더해 주는 명을 봉환하라는 일로 애제의 뜻을 거슬렀기 때문에, 상서에 불러 문책한 것이었고,[24] 맹(猛) 등이 이런 말을 올린 것입니다. 이른바 왕가의 죄명은 법에 부응한다는 말은 양보하는 말로, 구명하려고 일단 이렇게 말하는 것일 뿐이지, 실제로 왕가가 죄가 있다는 말이 아닙니다. 성왕이 대신을 중시한 예법에 대한 말에서, 옛날 사람들은 이렇게 대신에 대해 공경하고 중시한 것을 알 수 있으니, 후세가 옛날에 비해 부끄러운 점이 많습니다. 윗사람이 중시하지 않을 뿐 아니라, 아랫사람도 스스로 중시하는 법을 모릅니다.

臣按: 王嘉之罪, 徒以薦廷尉梁祖及封還益董賢戶事拂哀帝意, 故召詣尙書責問, 而猛等上此言, 所謂嘉罪名應法, 蓋巽與之言, 欲救之而姑爲是辭耳, 非謂嘉實有罪也. 其言聖王重大臣之禮, 可見古者之於大臣

---

24 왕가의 … 것이었고: 동현은 한나라 운양인(雲陽人)으로 애제의 총애를 받아 왕의 좌우에서 떠난 적이 없었으며 고안후(高安侯)에 봉해졌다. 22세에 벼슬이 대사마(大司馬) 위장군(衛將軍)에 이르렀는데, 애제가 죽자 왕망(王莽)의 탄핵을 받고 파직되어 자살하였다. 《한서(漢書)》 권93 〈동현전(董賢傳)〉.

당(唐)나라 제도에, 5품 이상의 죄는 사형으로 논하더라도 수레를 태워
형장에 가며, 대리정(大理正)이 와서 보고 혹 집에서 사사하였다. 질병에
걸렸거나, 직사가 산관 3품 이상은 부녀와 자손이 입시하였다.

唐制, 五品以上罪論死乘車就刑, 大理正涖之, 或賜死於家. 疾病, 職事散
官三品以上婦女子孫入侍.

신은 이렇게 생각합니다. 당나라의 이 제도가 오히려 옛 뜻이 있습
니다.

臣按: 唐爲此制猶有古意.

당 태종이 조칙을 내려, 3품 이상이 공무상 죄를 범한 경우 유배를 보
내고, 사죄(私罪)는 도형(徒刑)을 보내며, 모두 잡아들이지는 말도록 하였
다. 당시 죄수를 인견했는데, 기주 자사 정선과(鄭善果)까지 있었다. 상이
말하기를 "정선과가 죄가 있지만 관품이 낮지 않으니, 어찌 다른 죄수들
과 같이 두겠는가." 하고, 지금부터 3품 이상이 죄를 범하면 인과(引過: 잘

못을 인정하는 절차)를 기다리지 말고 조정에 보고하고, 진퇴를 기다리라고 조칙을 내렸다.

> 唐太宗詔三品以上, 犯公罪流·私罪徒, 皆不追身. 時引囚至岐州刺史鄭善
> 果. 上曰: "善果雖有罪, 官品不卑, 豈可與諸囚爲伍?" 乃詔自今三品以上
> 犯罪不須引過, 聽於朝堂, 俟進止.

　호인(胡寅)이 말하였다.

"3품 이상은 귀하고 가까운 신하이다. 태종이 다른 죄수와 함께 인견하지 못하게 한 것은 신하를 부끄러움으로 대우하는 도리를 얻은 것이다. 그렇지만 다른 죄수들이 인견을 받는데 귀하고 가까운 신하는 도리어 인견하지 못하니, 만일 무함으로 억울한 일이 있어서 군주에게 면전에서 호소하고자 하여도 조정에서 그치고 자신이 나아올 길이 없으니, 잃는 바가 또한 많다. 《수사(隋史)》에, 사만세(史萬歲)가 실제로 조정에 있지만, 양소(楊素)가 동궁에 가서 뵙고 참소하였으니,[25] 조정이 비록 천자의 거처에서 가깝지만 이런 경우에는 만 리보다 먼 것이다. 태종이 3품 이상을 다른 죄수와 함께 인견하고자 하지 않았

---

25 《수사(隋史)》에 … 참소하였으니: 사만세는 수나라의 장수이다. 그가 돌궐을 물리치고 돌아오자 양소(楊素)가 그의 공로를 해치고자 거짓말로 왕에게 돌궐이 본래 항복한 것이니 그의 공이 없다고 하였다. 수 문제(隋文帝)는 그 말을 믿고 사만세의 공을 인정하지 않았고, 후에 사만세를 죽이고는 후회하였다. 양소(楊素, ?~606)의 자는 처도(處道)이고, 홍농(弘農) 화음(華陰) 사람이다. 북주의 문신과 장수로 활약했으며, 뒤에 수나라의 개국 공신이 되었다. 수 양제(隋煬帝)가 형인 황태자 양용(楊勇)을 살해하고 스스로 황태자가 되었을 때, 권신인 양소와 결탁하여 제위에 올랐다. 《수서(隋書)》 권53 〈사만세열전(史萬歲列傳)〉.

다면, 따로 인견했어야 한다."

胡寅曰: "三品以上, 貴近之臣也. 太宗不使與諸囚同引, 得待臣以恥之
道矣. 然諸囚蒙引而貴近之臣反不見引, 設有誣陷冤抑, 欲面訴於君,
而止於朝堂, 無由自進, 其所失又多矣. 隋史萬歲實在朝堂而楊素以往
誣東宮讒之, 朝堂雖近天子之居, 至是遠於萬里, 太宗不欲使三品以上
與諸囚同引, 別引可也."

당 현종 개원 10년(722), 광주 도독 배주선(裴伷先)이 하옥되었다. 중서
령 장가정(張嘉貞)이 상주하여 장(杖)을 치도록 청하였다. 장열(張說)이 나아
와 말하기를, "형은 대부 위로 올라가지 않는다고 했으니, 군주에게 가깝
기 때문입니다. 그러므로 사(士)를 죽일 수는 있지만 욕보여서는 안 되며,
또한 율(律)에 팔의(八議)가 있으며 훈귀(勳貴)가 거기에 해당됩니다. 지금
배주선 또한 가볍게 해서는 안 되며, 벌을 결정해서도 안 됩니다."라고
하니, 상이 그 말을 옳게 여겼다.

玄宗開元十年, 廣州都督裴伷先下獄, 中書令張嘉貞奏請決杖, 張說進言
曰: "刑不上大夫, 以其近於君者也, 故曰士可殺不可辱, 且律有八議, 勳貴
在焉. 今伷先亦不可輕, 不宜決罰." 上然其言.

홍매(洪邁)가 말하였다.

"당 태종은 자신이 군대를 다스릴 때 대열이 정돈되지 않았다고 하

여, 대장군 장사귀(張士貴)에게 중랑장 등에게 곤장을 치라고 명하였다. 하급장교와 귀한 관리에게 가벼이 곤장을 치는 것에 노하여, 위징(魏徵)이 간하기를, '장군의 직임은 나라의 조아(爪牙: 친위군)인데, 곤장을 잡게 하는 것이 이미 다스리는 방법이 아니거늘, 하물며 하급관리에게 가볍게 곤장을 친다는 말입니까.'라고 하니, 상이 얼른 풀어 주었다. 명황 개원 3년, 어사대부 송경(宋璟)이 조정에 있으면서 어떤 사람에게 곤장을 치고 가벼이 폄하하였다. 목주 자사 요숭(姚崇)이 재상이 되어 막지 못하자, 노회신(盧懷愼)이 표를 올려 말하기를, '송경은 밝은 시대의 중요한 인물이고 연루된 것은 적으니, 긍휼히 처분을 내려 주시기 바랍니다.'라고 하니, 상이 깊이 받아들였다. 태종과 명황은 당나라 현군이지만, 사람에게 가벼이 곤장을 쳤기 때문에 대장군과 어사대부에게 죄를 더하였으니, 정형(政刑)을 잘못했다고 하겠다."

洪邁曰: "唐太宗自臨治兵, 以部陳不整, 命大將軍張士貴杖中郎將等, 怒其杖輕下士貴吏, 魏徵諫曰: '將軍之職爲國爪牙, 使之執杖已非治法, 況以杖輕下吏乎?' 上亟釋之. 明皇開元三年, 御史大夫宋璟坐監朝堂杖人輕貶, 睦州刺史姚崇爲宰相弗能止, 盧懷愼表言: '璟明時重器, 所坐者小, 望垂矜錄.' 上深納之. 太宗·明皇有唐賢君也, 而以杖人輕故加罪大將軍·御史大夫, 可謂失政刑矣."

신은 이렇게 생각합니다. 무신은 대장군까지, 문신은 어사대부까지, 모두 조정의 문무 대신입니다. 그런데 서리들이 하는 일을 맡겼으니, 어찌 정형을 잘못한 데 그치겠습니까. 이는 나라의 체모를 어그러트리고, 관직을 경시한 것입니다.

臣按: 武臣至大將軍·文臣至御史大夫, 皆朝廷文武大臣也, 而使之任胥隷之役, 豈但失政刑而已哉, 蓋虧國體·輕名爵也.

이상은 '정상을 참작할 죄에 대한 논의'이다.

以上議當原之辟

치국평천하의 요체[治國平天下之要]

형법을 신중히 함[愼刑憲]

천시에 순조로운 정령[順天時之令]

《주례(周禮)》〈대사구(大司寇)〉에서 말하였다.

1월 길일(吉日), 비로소 조화로워지면 나라 전체와, 도읍과 시골에 형을 포고하고, 이에 형을 주는 법을 상위(象魏)에 걸어, 만민으로 하여금 형을 주는 법을 보게 하고, 열흘 만에 거두어들인다.

> 《周禮》〈大司寇〉: 正月之吉始和布刑於邦國・都鄙, 乃縣刑象之法於象魏,
> 使萬民觀刑象, 挾日而斂之.

신은 이렇게 생각합니다. 상위는 바로 치문(雉門) 양관(兩觀: 망루)입니다. 추관(秋官)의 형법을 그려서 상을 만들어 상위에 걸어두니, 바로 후세 대궐문에 방문(榜文)을 펼쳐 거는 제도입니다. 옛날 선왕이 실정을 참작하여 죄를 정하고, 사안에 따라 형을 만들며, 이미 정하고 만든 뒤, 또 1월 길일 조화로워질 때 포고하여 나라 전체와, 도읍과 시골에 시행합니다. 이는 세월이 다시 새로워짐에 따라, 민심의 관심을 일으켜 경계하며 살피게 하는 것입니다. 그렇지만 부사(府史)[26]에 보관한 것을 백성들이 다 알 수 없기 때문에, 이때 양관 사이에 상을 걸어두고 만민이 마음대로 볼 수 있게 한 것입니다. 대개 선왕의 법은 강물 같아서, 쉽게 피하고 범하기 어려움을 귀하게 여깁니다. 만일 제도를 숨기고 말을 흐릿하게 하면, 어리석은 백성들이 알지 못하고 빠져들고, 또 이어서 형을 가한다면 이는 백성들을 그물질하는 것입니다. 법을 상위에 걸어 백성들에게 보이는 것은 그 심지를 계발하고 보는 것을 두렵게 하여, 형벌의 참혹함과 법의 엄정함을 알게 하고, 피하고 잘못 죄에 빠지는 데 이르지 않으며, 경계하여 알고 범법을 저지르는 데 이르지 않게 하는 방법입니다.

臣按: 象魏卽雉門兩觀也, 以秋官刑法畫之爲象而縣於象魏, 卽後世於國門張掛榜文之制也. 古昔先王原情以定罪, 因事以制刑, 旣有定制, 而又於正月之吉調和而布, 行之於邦國·都鄙焉, 蓋因歲月之更新, 起民心之觀視, 以儆省之也. 然其藏於府史者衆庶不能悉知, 於是乎縣象於兩觀之間以縱萬民之視. 蓋先王之法若江河然, 貴乎易避而難犯, 苟匿其制·晦其言, 愚民不知而陷入焉, 又從而刑之, 則是罔民也. 象法示民所以啓其心志·竦其觀視, 使知刑之慘毒·法之謹嚴, 有所避而不至

---

26 부사(府史):《주례》의 부와 사로, 천관(天官)·치관(治官)에 속한 벼슬이다. 여기서는 관청이란 말이다.

於誤入, 有所懲而不至於故犯.

소사구의 관직은, 정세(正歲)에 그 관속을 이끌고 형상(刑象)을 보이는데, 목탁으로 하되, "법대로 하지 않으면, 나라의 법이 항상 다스리리라."라고 한다. 뭇 사(士)들로 하여금 사방에 선포하고, 형금(刑禁)을 알려 주고, 소속 관원에게 입회한 뒤 일을 처리하도록 명한다.

小司寇之職, 正歲帥其屬而觀刑象, 令以木鐸, 曰: "不用法者, 國有常刑." 令群士, 乃宣布於四方, 憲刑禁, 乃命其屬入會, 乃致事.

신은 이렇게 생각합니다. 《주관(周官)》〈대사구(大司寇)〉에서는 1월에 상위에 법을 건 뒤에, 〈소사구(小司寇)〉는 정세(正歲)[27]에 목탁으로 다시 령을 알렸습니다. 설명하는 자가 정월에 주나라의 정월을 쓰니, 자(子)를 세우는 달이고, 정세는 하나라의 정월을 따르니, 인(寅)을 세우는 달이라고 하였습니다. 상위(象魏)에 포고하여 눈이 있는 사람은 공히 보아서 눈에 접하고 몸에 조심하게 하는 것입니다. 목탁으로 영을 내려 귀가 있는 사람이 공히 들어서 귀에 들어와 마음에 경계를 하는 것입니다.

---

27 정세(正歲): 주(周)나라는 자월(子月), 즉 11월을 세수(歲首)인 정월로 하였다. 이는 달력이 하(夏)나라보다 2개월 앞서가는 것이다. 이때 정세는 인월(寅月)이 된다.

그렇지만 상위에 포고한 뒤 이어서 백성들이 형상(刑象)을 보게 하였으니, 오로지 백성들에게 보이는 것입니다. 목탁으로 영을 내리고 이어서 "사방에 선포하고, 형금(刑禁)을 알려 주고, 소속 관원에게 입회한 뒤 일을 처리한다."라고 하였으니, 또한 형을 맡은 자를 경계하여 법을 적용하게 한 것이다. 법을 적용하지 않으면 상형(常刑)이 있습니다.

대개 나라에 선포하여 걸어서 보임으로써 피할 바를 알게 하고, 또 입회하여 다소의 숫자를 계산하게 한 것입니다. 또 정월에 포고하였으니, '열흘 만에 거두어들인다'는 것은 경기(京畿) 사람들에게 보이는 방법입니다. 정세의 경우, 사방에 포고한다는 것은 천하의 대중들에게 두루 알리는 방법이니, 이는 선왕이 형을 만들고 죄를 정하되, 오직 어리석은 백성들이 알지 못하여 잘못 빠질까 두려워 이렇게 선포하는 것입니다.

후세에는 율령을 관청에 감춰 두었다가 백성들이 범법한 뒤에 검속하여 그 죄를 정하고, 백성들이 형법에 저촉되고도 죄가 되는 이유를 모르는 경우가 많습니다. 이것이 옛날의 형법은 범하기 어려운 반면에 후세의 형법은 범하기 쉬운 까닭일 것입니다.

臣按:《周官》大司寇於正月既縣法於象魏, 小司寇於正歲復申令以木鐸. 說者謂正月用周之正, 建子之月也; 正歲仍夏之正, 建寅之月也. 布之象魏, 使有目者所共睹, 欲其接於目而謹於身; 令之木鐸, 使有耳者所共聞, 欲其入於耳而警於心. 然象魏之布, 繼以使民觀刑象, 則專以示民也, 木鐸之令, 繼以"宣布於四方, 憲刑禁, 乃命其屬入會, 乃致事", 則又以警夫典刑者而使之用法也, 不用法則有常刑焉. 蓋宣布於邦國,揭而示之, 使知所避而又使之入會以計其多少之數焉. 且布於正月者則挾日而斂之, 所以示夫京畿之人; 於正歲者則宣布於四方, 所以通於天下之衆, 則是先王之制刑定罪, 惟恐愚民不知而誤入之而爲之宣布者如此. 後世律令藏於官, 及民有犯者然後擒之以定其罪, 而民懼於刑辟不知其所以致罪之由者多矣, 此古之刑所以難犯, 而後世之刑所以易犯也歟.

포헌(布憲)【헌은 표(表)로, 형금의 발표를 주관하는 자이다.】이 나라의 형금(刑禁)【형금은 나라의 5금이다.】을 알리는 것을 맡는다. 정월 길일에 정절(旌節)을 가지고 사방에 선포하고, 나라의 형금을 알려 사방 나라 전체에 삼가고【힐(詰)은 삼감[謹]이다.】, 그 도읍과 시골에 미치며, 사해에 도달하게 한다. 무릇 나라의 대사가 많은 사람에게 해당되면 형금으로 호령한다.

布憲【憲, 表也, 主表刑禁者】掌憲邦之刑禁【國之五禁】. 正月之吉執旌節以宣布於四方, 而憲邦之刑禁以詰【謹也】四方邦國, 及其都鄙, 達於四海. 凡邦之大事合衆庶則以刑禁號令.

유이(劉彝)가 말하였다.[28]

---

28 유이(劉彝)가 말하였다: 유이(1017~1086)는 북송의 성리학자로, 자는 집중(執中)이며 장락 유씨(長樂劉氏)로 불렸다. 이 말은 《주례집설(周禮集說)》 권9에 나온다.

"반드시 형금의 표시를 백성들에게 써서 고을 수령에게 알리고, 고을 수령이 졸정(卒正)에게 알리고, 졸정이 연수(連帥)[29]에게 알리고, 연수가 속장(屬長)[30]에게 알리며, 속장이 제후에게 알린다. 제후는 도읍과 시골에 알려, 변두리에서 사해까지 알리며, 포헌은 정절을 가지고 사방을 돌아다니며 금령의 위반을 삼가게 경계하니 미치지 않는 곳이 없었다."

劉彝曰: "必書其刑禁之憲於民者, 以達於州伯, 州伯以達於卒正, 卒正以達於連帥, 連帥以達於屬長, 屬長以達於諸侯, 諸侯則以達於都鄙, 而要服以達於四海. 布憲則執旌節以巡行四方, 詰其違於禁令者, 庶乎其無所不及也."

신은 이렇게 생각합니다. 포헌은 중사(中士) 2명, 하사 4명, 사(史) 4명, 서(胥) 4명, 도(徒) 40명으로, 매해 정월 길일에는 정절을 가지고 돌아다니며 사방에 헌령(憲令)을 선포합니다. 나라의 형금은 정월에 이미 상위에 포고하고, 마을, 도읍과 시골, 나라 전체에 걸었습니다. 그런데 그것을 봉행하는 자가 반드시 삼가지 않아 혹 미뤄 두고 해이할 것을 우려하였습니다. 이에 포헌 관원을 두어 매해 정월부터 시작하여 천하를 두루 돌아다니며 안에서 밖에 이르기까지, 가까이에서 먼 데

---

29 연수(連帥): 주(周)나라 때 열 나라 제후들의 우두머리를 가리켰다.

30 속장(屬長): 주(周)나라 때 서울의 천리 밖에 방백(方伯)을 두었는데, 5국(國)을 속(屬)이라 하여 속에는 장(長)을 두었다.

이르기까지, 안으로는 사방 나라로, 밖으로는 바닷가까지 이르지 않는 데가 없었습니다.

이미 써서 포고한 뒤에 다시 사람들에게 표시한 것은, 나라의 형금과 조정의 호령을 차근차근 알려 주어, 백성들로 하여금 준수할 바를 알게 하고 위법에 이르지 않게 하려던 것입니다. 공자가 말하기를 "가르치지 않고 죽이는 것을 학정이라고 한다.[不敎而殺, 謂之虐.]" 하였거니와,[31] 성주(成周)의 번성한 때 일에 앞서 백성을 방지하는 방법이 이처럼 엄하고 치밀하였으니, 위에서는 가르치지 않고 죽이는 일이 없었고, 아래에서는 잘못 죄를 범하는 일이 없었습니다. 이것이 형벌을 놔두고 쓰지 않는 방도일 것입니다.

臣按: 布憲中士二人·下士四人·史四人·胥四人·徒四十人, 每歲自正月之吉則執旌節巡行, 以宣布其憲令於四方. 蓋邦之刑禁正月既布於象魏, 縣於門閭·都鄙·邦國, 然恐其奉行之者不必謹, 或有廢格而懈弛者, 於是設布憲之官, 每歲自正月始遍巡天下, 自內而至於外·由近而至於遠, 內而方國, 外而海隅, 無不至焉. 既布之以書, 復表之以人, 所以諄諄於國家之刑禁·朝廷之號令, 使民知所遵守而不至有所違犯焉, 孔子曰: "不敎而殺謂之虐." 成周盛時所以先事防民者, 其嚴且密如此, 上無不敎之殺, 下無誤犯之罪, 此所以刑措不用也歟.

---

31 공자가 … 하였거니와:《논어(論語)》〈요왈(堯曰)〉에 나온다.

《예기(禮記)》〈월령(月令)〉에서 말하였다.

중춘(仲春: 음력 2월)의 달에, 유사에게 명하여 옥에 갇힌【영(圖)은 가둠(牢)이다.】 자들을 살펴보고【어(圖)는 멈춤(止)이다.】, 수갑과 족쇄【질(桎)은 발에 채우고, 곡(梏)은 손에 채운다.】를 제거하며 함부로 고문하지 말며【사(肆)는 시신을 늘어놓는 것이다.】【약(掠)은 극도로 다스리는 것이다.】 옥송을 그치게 하였다.

《禮記·月令》: 仲春之月, 命有司省圖【牢也】圖【止也】, 去桎【在足】梏【在手】, 毋肆【陳屍也】掠【極治也】, 止獄訟.

진호가 말하였다.

"주나라에서는 원사(圜土)라고 하고, 은나라에서는 강리(羑里)라고 하며, 하나라에서는 균대(鈞臺)라고 하였다. 영어는 진(秦)나라 옥의 명칭이다."

陳澔曰: "周曰圜土, 殷曰羑里, 夏曰鈞臺, 囹圄, 秦獄名也."

방각(方慤)이 말하였다.

"영어는 제거할 수 없기 때문에 성(省)이라고 했으니, 살펴보는 것이다. 질곡은 제거할 수 있기 때문에 거(去)라고 했으니, 없애는 것이다. 사략의 시행은 관리가 주관하기 때문에 무(毋)라고 했으니, 금지하는 것이다. 옥송이 일어나는 것은 아래서부터이므로 지(止)라고 했으니, 무릇 이 모두 음(陰)의 일을 사라지게 하는 것이다."

方愨曰: "囹圄不可去, 故曰省, 所以察之也; 桎梏可去, 故曰去, 所以除

之也. 肆掠之行主乎吏, 故曰毋, 所以禁之也; 獄訟之作自乎下, 故曰

止, 所以息之也, 凡此皆所以消陰事而已."

신은 이렇게 생각합니다. 중춘의 달에는 양기가 발생하는 계절이기 때문에, 상이 싹을 편안하게 하고 어린아이를 기르며, 고아를 보존할 때 이들이 비록 작은 초목이라도 또 편안히 하고 기르는 어짊을 더하고, 부모 없고 어린 자녀들이 모두 보존하고 길러주는 은혜를 입는 것입니다. 마치 사람이 불행하게도 영어에 들어갔을 때, 비록 그것이 스스로 얻은 죄이지만, 모두 나의 적자(赤子)인 것처럼, 이렇게 양기가 조화로운 계절을 맞아 측은한 마음을 갖는 것이 천지의 덕이고 부모의 마음인 것입니다.

臣按: 仲春之月乃陽氣發生之候, 故於上之安萌芽·養幼少·存諸孤, 是

雖草木之微亦加安養之仁, 孤幼之子咸致存養之惠, 若夫人之不幸而入

於囹圄, 雖其自取之罪, 然皆吾之赤子也, 當此陽和之時而存惻怛之心,

天地之德·父母之心也.

맹하(孟夏: 음력 4월)의 달에, 가벼운 형을 결단하고 작은 죄를 처결하며 가벼운 죄로 갇힌 자를 내보낸다.

孟夏之月, 斷薄刑, 決小罪, 出輕係.

진호가 말하였다.

"형은 위에서 시행하는 것이고, 죄는 아래에서 범하는 것이다. 결단은 경중을 정하여 형을 시행하는 것이다. 사람이 작은 죄로 고하면 바로 결단하여 보내고 가두지 않는 것이다. 가벼운 죄를 지어 갇힌 자는 바로 풀어 내보내는 것이다."

陳澔曰: "刑者上之所施, 罪者下之所犯, 斷者定其輕重而施刑也. 人以小罪相告者, 卽決遣之, 不收係也. 其有輕罪而在係者, 則直縱之出也."

신은 이렇게 생각합니다. 맹하(孟夏)의 달은 날씨가 비로소 더워지고, 장차 대서(大暑)[32]가 됩니다. 죄인들이 감옥에 갇혀서 기운이 막히고 더워져서 혹 질병에 걸릴까 두렵기 때문에, 이런 계절에 형이 가벼운 자는 즉시 결단하여 오래 갇히지 않게 하고, 죄가 작은 자는 즉시 판결하여 보내어 오래 갇히지 않게 하며, 가벼운 죄로 갇힌 자는 풀어주고 다시 가두지 않으니, 선왕이 옥을 걱정하는 어짊입니다. 혹자는 정양(正陽: 음력 4월)의 달에는 은밀한 일을 대규모로 실시해서는 안 된다고 하는데, 선왕의 뜻을 잃은 것입니다.

---

32 대서(大暑): 소서(小暑)와 입추(立秋) 사이의 절기이고, 음력 6월, 양력 7월 23일경이다.

臣按: 孟夏之月天氣始炎, 將馴至於大暑也, 恐罪人之係於囹圄者氣相鬱蒸, 或致疾疫, 故於是時也, 於刑之薄者卽結斷之不使久係, 罪之小者卽決遣之不使久繫, 繫之輕者卽縱出之不使復繫, 先王恤獄之仁也. 或者謂正陽之月, 於陰事未宜大有施設, 失先王之意也.

중하의 달에는, 죄가 무거운 죄수를 너그럽게 대하고, 먹을 것을 더해 준다.

仲夏之月, 挺重囚, 益其食.

진호가 말하였다.

"정(挺)은 빼낸다는 뜻이다. 무거운 죄수는 엄밀하게 가두기 때문에 특별히 너그럽게 하는 것이다."

陳澔曰: "挺者拔出之義. 重囚禁繫嚴密, 故特加寬假."

마희맹이 말하였다.

"무거운 죄수의 음식을 더해 주고, 죄 때문에 폐하지 않으니, 차마 하지 못하는 정치[33]이다."

馬睎孟曰: "益重囚之食, 不以其罪廢, 不忍人之政也."

신은 이렇게 생각합니다. 계절이 중하에 이르면, 날씨가 극히 더워 집니다. 죄수가 비록 죄가 있지만, 형벌을 가할 때 또한 반드시 저자 나 조정에서 시신을 늘어놓아 세상의 경계로 삼으면 혹 더위로 인하 여 갑자기 죽을까 우려했기 때문에 이런 때에는 감옥에서 빼내어 시 원한 곳으로 내보내며, 맛있는 음식을 더해 주고 가을을 기다려 처결 합니다. 선왕의 형벌 적용이 이렇게 인의(仁義)를 다 겸하였습니다.

臣按: 時至仲夏, 天氣之炎燠極矣, 囚雖有罪, 然其刑之也亦必肆諸市 朝以爲世徼, 恐其或因炎蒸而遽殞, 故於是時挺而拔出於淸涼之地, 而 加以飲食之味, 以待秋後處決焉. 先王之用刑, 其仁義之兼盡也如此夫.

맹추(孟秋: 음력 7월)의 달에, 유사에게 명하여 법제를 정비하고, 감옥을 수리하며【선(繕)은 수리[治]이다.】, 질곡을 갖추고, 간사함을 금지하고, 조심하 여 사악함을 죄주며, 죄인 체포를 임무로 한다【무(務)는 일[事]이다.】【박(搏)은 주륙[戮]이다.】【집(執)은 구속[拘]이다.】. 감옥을 맡은 관원【리(理)는 옥을 다스리는 관 원이다.】에게 명하여, 피부 손상【상(傷)은 피부를 손상하는 것이다.】을 보고, 등

---

33 차마 하지 못하는 정치: 남을 차마 해치지 못하는 마음을 이르는 말로,《맹자(孟子)》〈공손 추 상(公孫丑上)〉에 나온다.

창【창(創)은 등창[瘡]과 같다.】을 살피며, 근골 손상【절(折)은 근골의 손상이다.】을 살피고, 골절【단(斷)은 골육이 다 부러진 것이다.】을 살펴 판결하며, 옥송은 반드시 공정【단(端)은 바름[正]이다.】하게 한다. 죄가 있는 자는 주륙하고, 형벌 처단은 엄중하게 하며, 천하가 비로소 엄숙해지니, 나머지가 있어서는 안 된다.

孟秋之月, 命有司修法制, 繕【治也】囹圄, 具桎梏, 禁止奸, 愼罪邪, 務【事也】搏【戮也】執【拘也】. 命理【治獄之官】瞻傷【損皮膚】·察創【與瘡同】"·視折【損筋骨】, 審斷【骨肉皆絶】決, 獄訟必端【正也】平. 戮有罪, 嚴斷刑, 天地始肅, 不可以贏.

정현(鄭玄)이 말하였다.

"가을 기운에 따라 엄하게 하는 것이다. 리(理)는 옥을 다스리는 관원이다. 우(虞: 순임금)는 사(士)라고 했고, 하나라에서는 대리(大理)라고 했으며, 주나라에서는 사구(司寇)라고 하였다."

鄭玄曰: "順秋氣當嚴也. 理, 治獄官也, 虞曰士·夏曰大理·周曰司寇."

오징(吳澂)이 말하였다.

"간사함은 드러나지 않았어도 안에 감추어져 있을 때 막아야 하고, 막는 것은 금(禁)이라고 했으니, 명령을 게으르게 하지 않는 것이다. 사악함은 이미 드러나 밖으로 나타난 것을 죄주고, 죄주는 것을 신(愼)이라고 했으니, 형을 남용하지 않는 것이다. 유사에게 죄인 체포에 힘쓰라고 했으니, 하늘을 따르는 의로움이고, 감옥을 맡은 관원에게 옥송을 공정하게 하라고 했으니, 사람을 사랑하는 어짊이다. 또 전체 결론으로, '죄가 있는 자는 주륙하고, 형벌 처단은 엄중하게 하라'고 하였으니, 이는 비록 유사에게 명하여 죄인을 체포하라고 했지만, 주륙할 자는 죄가 있는 자이며 무고한 사람에게 미친 적은 없으니, 의로움 가운데 어짊이 있는 것이다. 감옥을 맡은 관원에게 옥송을 공정하게 하라고 명하였지만, 진실로 혹 형벌 처단은 엄중하게 하여 고의나 실수로 나오지 않았으니, 어짊 가운데 의로움이 있는 것이다. 대개 이 계절에 숭상하는 바는 하늘을 따르는 의로움을 주로 하고, 단지 사람을 사랑하는 어짊이 그 사이에 행해진다. 그렇게 되는 이유는, 전시의 기운이 비로소 엄숙하고 급해지기 때문에 하늘에 따르는 자도 엄숙하고 급하며 느긋하고 완만해서는 안 된다. 나머지는 느긋하고 완만하다는 뜻이다."

吳澂曰: "奸未發露而藏於內者止之, 止之而曰禁, 則非慢令也; 邪已發露而顯於外者罪之, 罪之而曰愼, 則非濫刑也. 命有司至務搏執, 順天之義也. 命理至端平, 愛人之仁也. 又總結之曰'戮有罪, 嚴斷刑', 蓋雖命有司以搏執, 然所戮者有罪之人, 未嘗及無辜也, 則義之中有仁焉; 雖命理官以端平, 然苟或當刑斷之必嚴, 未嘗故失出也, 則仁之中有義焉. 大槪此時所尙以順天之義爲主, 特以愛人之仁行乎其間爾. 所以然者, 天地之氣始嚴急, 故順天者亦當嚴急而不可以寬緩也, 贏有寬緩之意."

신은 이렇게 생각합니다. 형은 음(陰)의 일이고, 음의 도는 의로움에 속합니다. 임금이 하늘을 받들어 다스리니, 마땅히 천도(天道)가 숙살하는 위세를 따라 형을 시행하고 살육에 대한 일을 하니, 하늘의 시기를 본받아 의로운 도리를 행하는 것입니다. 하지만 가을이 가을다운 것은 봄에 이루어지는 것이고, 의로움이 의로움다움은 어짊에서 온전해지는 것입니다. 봄이 있고 가을이 없으면 생물이 성장하지 못하고, 인이 있는데 의가 없으면 생민이 불안합니다. 지금 천지가 엄숙해지는 시기에는 남기지 않아야 하니, 또한 천지가 처음 조화로운 시기에 위축되어서는 안 됩니다. 이는 성인(聖人)의 형벌 사용은 비록 부득이한 듯하여도 실제로는 하지 않을 수 없는 것입니다. 하지 않을 수 없는 가운데 어쩔 수 없는 마음이 있는 것이니, 하지 않을 수 없는 것은 하늘이 죄를 토벌하는 의로움이고, 어쩔 수 없는 것은 성인이 사물을 사랑하는 어짊입니다.

臣按: 刑者陰事也, 陰道屬義, 人君奉天出治, 當順天道肅殺之威而施刑害殺戮之事, 所以法天時行義道也. 然秋之爲秋所以成乎春, 義之爲義所以全乎仁, 有春而無秋則生物不成, 有仁而無義則生民不安, 方天地始肅之時則不可以贏, 亦猶天地始和之時不可以縮也. 是則聖人之用刑雖若不得已而實不容已也, 於不容已之中而存不得已之心, 不容已者上天討罪之義, 不得已者聖人愛物之仁.

중추(仲秋)의 달에, 유사에게 백 가지 형을 거듭 엄격히 하고, 참하여 죽이는 것은 반드시 마땅하게 하며, 혹시라도 법을 굽히지 말라고 명하였다. 법을 굽히면 부당하며 도리어 그 재앙을 받을 것이다.

仲秋之月, 乃命有司申嚴百刑, 斬殺必當, 毋或枉撓, 枉撓不當反受其殃.

방각(方慤)이 말하였다.

"맹추에 이미 형을 엄단하라고 명하였고, 이때에 이르러 또 명하였으므로 '거듭 엄격히 하라'고 한 것이다. 장차 유월(酉月: 음력 8월)이라 음(陰) 가운데가 되고 사물이 이미 성장을 고하였으니, 선왕이 하늘을 받들었기 때문에 명령이 이달에 그친 것이다. 형은 다섯 가지인데, '백 가지 형'이라고 한 것은 완성된 숫자에 근거하여 말한 것으로, '백 가지 예[百禮]', '백 가지 일[百事]'과 같은 뜻이다.

참(斬)이란 반드시 죽이는 것이지만, 살(殺)이란 반드시 참이 아니므로, 참살의 형벌은 정당해야 하고, 무고한 사람에게 미칠 것을 고려해야 한다. 그렇지만 형이 가해지는 대상은 참하고 죽이는 데 그치지 않는데, 명령이 이를 언급하는 데 그친 것은 대벽(大辟)으로 사람을 허물하는 것이 중대하기 때문이다. 왕(枉)은 위에 있는 자가 바르지 못한 것이고, 요(撓)는 아래에 있는 자가 펴지 못하는 것이다. 만일 참살이 부당하다면 혹 왕요하기 때문이다. 선왕이 하늘을 이렇게 받드는데, 유사가 혹 왕요한다면 이는 하늘을 거스르는 것이다. 하늘을 거스르면 하늘의 재앙이 그에 맞게 내릴 것이다. 맹자(孟子)가 '너에게서 나온 것이 너에게로 돌아간다'고 한 말[34]과 같은 뜻이다."

---

34 맹자(孟子)가 … 말: 자업자득(自業自得)이라는 말과 같다. 《맹자》 〈양혜왕 하(梁惠王下)〉에 나온다.

方愨曰: "孟秋旣命嚴斷刑矣, 至此又命之故曰申嚴焉, 且西爲陰中, 物旣告成, 先王奉天, 故其所命止於是月也. 刑有五而曰百刑者, 據成數言之, 與百禮·百事同義. 斬者則必殺, 殺者不必斬, 斬殺必當, 慮及於無辜也. 然刑之所加不止於斬殺, 所命止及於此者, 以大辟尤人所重故也. 枉則在上者不直, 撓則在下者不伸, 使斬殺不當則以或枉撓故也, 先王奉天如此, 而有司或枉撓焉, 是逆天也, 逆天則天災適當之也, 孟子言'出乎爾者反乎爾者'同義."

신은 이렇게 생각합니다. 〈월령〉이 비록 여불위(呂不韋) 저작이지만, 모두 선왕의 옛 전례를 서술하였는데, 모든 일은 천시에 따르고 맞아야 하지만 형벌에 더욱 뜻을 두었습니다. 여불위가 진(秦)나라 사람들이 참혹하고 각박한 시대를 맞아 선왕의 인의(仁義)의 전례를 서술했으니, 쓰이지 못한 것이 당연합니다. 다행히 이 편이 《여람(呂覽)》에 보이고, 한(漢)나라 대씨(戴氏)가 처음 《예기(禮記)》 속에 편집하여, 오경(五經)과 아울러 간행되고 예전(禮典)이 되었습니다. 후세 군주가 진실로 계절을 살펴 포고하여 통상의 방헌(邦憲)으로 삼으면 이 또한 어진 정치를 펴는 데 일조할 것이니, 여불위라는 사람 때문에 그 책을 폐기해서는 안 됩니다.

臣按: 《月令》雖作於呂不韋, 然皆述先王之舊典也. 凡事爲無不順適天時, 而於刑尤加意焉, 不韋當秦人慘刻之世而述先王仁義之典, 宜其不見用也. 幸而是篇見於《呂覽》而漢戴氏始編於《禮記》之中, 以與五經

> 並行以爲禮典, 後世人主誠能按時而布之以爲常憲, 是亦施仁政之一
> 助, 其毋以人而廢其書.

계추(季秋: 음력 9월)의 달에, 옥형(獄刑)을 재촉하여 죄 있는 자를 계류하지 않았다.

> 季秋之月, 乃趣【促】獄刑, 毋留有罪.

맹동(孟冬: 음력 10월)의 달에 아당(阿黨)[35]을 살피면 죄는 덮을 수 없을 것이다.

> 孟冬之月, 是察阿黨, 則罪無所掩蔽.

진호가 말하였다.

"옥리가 옥을 다스리는 데 어찌 아부나 사사로움이 없겠는가. 반드시 바로잡고 성찰해야만, 범죄자가 그 곡직을 덮는 데 이르지 않을 것

---

35 아당(阿黨): 《예기(禮記)》〈월령(月令)〉 손희단(孫希旦)의 집해(集解)에, "아(阿)는 윗사람의 뜻을 곡진히 따르는 것을 말한 것이고, 당(黨)은 사사로이 아랫사람에게 빌붙는 것을 말한다."라고 하였다.

이다."

신은 이렇게 생각합니다. 옛날부터 사형의 판결은 모두 맹동에 있
었습니다. 사형에 해당하는 죄인이 있으면 반드시 먼저 신문하여 상
세히 파악하고, 순음(純陰)의 달[36]에 이르러 형을 시행합니다. 만일 옥
리가 그 사람에게 아부하고 사사로움을 갖거나 편을 들며, 그 죄상을
덮어 버려 고의로 지연하거나 형을 시행하지 못하면, 오래지 않아 양
(陽)이 생기고 형을 시행할 수 없게 되고, 또한 죄수로 하여금 또 장차
몇 달을 감금하는 일이 생깁니다. 이것이 선왕이 9월에 이미 계류하
지 말라고 명을 내린 이유이고, 10월에 또 이 살피라는 명을 거듭 밝
힌 것입니다.

臣按: 自古斷決死刑皆以孟冬之月, 凡有罪人於死刑者必先訊問詳讞
之, 至於是純陰之月乃施刑焉. 苟獄吏阿私黨比其人而掩蔽其罪狀, 故
爲之延及使不施刑, 未幾則陽生而刑不可施行矣, 且使囚者又將有期月
之禁焉. 此先王於季秋之月既有毋留之令, 而於孟冬之月又申明是察之
令也歟?

---

36 순음(純陰)의 달: 10월로, 순음효(純陰爻)인 곤괘(坤卦)가 된다.

한 장제(漢章帝) 원화(元和) 2년(85)에 가뭄이 들었다. 가종(賈宗)이 상소하여 옥사 판결을 세 겨울 동안 다하지 못하였기 때문에 음기(陰氣)가 미약하고 양기(陽氣)가 피어올라 가뭄을 초래했다고 말하였다. 그 말을 공경에게 내려 의논하게 하였다. 진총(陳寵)[37]이 상주하기를 "동지(冬至)의 절기는 양기가 처음 싹트기 때문에 겨울 11월, 난초·야간(射干)·향초·붓꽃 등이 자라니, 당시 월령에 '모든 생물이 자라나니, 형체를 안정시킨다.'라고 하였고, 천(天)을 정(正)으로 삼아 주(周)나라에서 춘(春)이라고 하였습니다. 12월은 양기가 위로 통하여 꿩이 울고 닭이 알을 낳으니, 지(地)를 정(正)으로 삼아 은(殷)나라에서 춘(春)이라고 하였습니다. 13월은 양기가 이미 지극하고, 천지가 교차하여 만물이 모두 나타나며, 숨어 있던 곤충들이 날기 시작하며, 인(人)을 정으로 삼아 하(夏)나라에서 춘(春)이라고 하였습니다. 삼미(三微)가 이미 드러났으니 삼통(三統)을 관통한 것으로, 주나라는 천을 으뜸으로 삼았고, 은나라는 지를 으뜸으로 삼았으며, 하나라는 인을 으뜸으로 삼았습니다. 만일 이러한 계절로 형을 행하면, 은나라와 주나라의 세수(歲首)는 모두 피가 흐를 것이고, 인심에 합치하지 않으며 하늘의 뜻을 돌아보지 않는 것입니다. 〈월령〉에 '맹동(孟冬: 음력 10월)의 달에, 옥형(獄刑)을 재촉하여 죄 있는 자를 계류하지 않았다.'라고 한 것은 큰 형벌은 입동(立冬)에 끝내야 함을 밝힌 것입니다.【《예기》에는 '계추의 달'이라고 했다.】"라고 하였다.

---

37 진총(陳寵): 자는 소공(昭公)으로, 패국(沛國) 교(洨) 사람이다. 법률과 경서에 밝아 젊어서부터 옥송(獄訟)을 담당하였는데, 장제 초에 상서(尙書)가 되어 앞 시대의 번다하고 가혹한 법령을 제거하기를 청하였다. 《후한서(後漢書)》 권76 〈진총열전(陳寵列傳)〉.

漢章帝元和二年旱, 賈宗上疏, 以爲斷獄不盡三冬, 故陰氣微弱, 陽氣發泄, 招致旱災. 下其言公卿議, 陳寵奏: "冬至之節, 陽氣始萌, 故冬十一月有蘭射干芸荔之應, 時令曰'諸生蕩, 安形體', 天以爲正, 周以爲春; 十二月陽氣上通, 雉鳴雞乳, 地以爲正, 殷以爲春; 十三月陽氣已至, 天地以交, 萬物皆出, 蟄蟲始振, 人以爲正, 夏以爲春. 三微成著, 以通三統, 周以天元, 殷以地元, 夏以人元. 若以此時行刑, 則殷·周歲首皆當流血, 不合人心, 不稽天意. 《月令》曰'孟冬之月, 趣獄刑, 無留罪', 明大刑畢在立冬也【《禮記》在季秋之月】."

신은 이렇게 생각합니다. 진총의 이 말은 은(殷)·주(周)가 단지 월삭(月朔)만 바꾼 것이 아니라 또 그 계절을 바꾸었다고 했는데, 한나라는 옛날과 멀리 떨어져 있지 않았으니, 반드시 근거가 있었을 것입니다. 사형 죄수를 결단하는 것은 반드시 10월에 했으니, 순음(純陰)의 달이기 때문입니다. 진총의 이 말을 통해서 후세에 마침내 제도를 정하였습니다.

臣按: 寵之此言以殷·周非徒改月朔, 且改其時, 漢去古未遠, 必有所據. 斷決死囚必以十月, 以其純陰之月也, 因寵此言, 後世遂以爲定制.

한 화제(漢和帝) 때, 노공(魯恭)[38]이 상소하기를 "옛 제도에 입추(立秋)가 되어서야 가벼운 형을 시행하였습니다. 이후 맹하(孟夏)로 고쳐 썼는데, 자사(刺史)·태수(太守)가 백성들을 걱정하여 일을 쉬는 이유와 선량한 사람을 진출시키고 잔약한 자를 물러나게 하는 교화를 깊이 생각하지 않아서, 한창 여름에도 농부들을 소집하여 구속하여 검증함으로써 연이어 적체되어 마지않았습니다. 사예(司隸)가 경사(京師)를 관할하면서 사방이 본받았으나, 봄에 가까운데 모든 부(部)에 나누어 시행하였고, 위로한다는 핑계로 가난한 사람들을 오게 하여 측은히 여기는 실제가 없이 군현만 소란스럽게 하였습니다. 급하지 않은 일을 간략히 조사하여, 한 사람의 죄인을 체포하면 그 뿌리가 십여 명에게 연루되어, 위로 계절의 기운을 거스르고 아래로 농업을 손상하였습니다. 신은 생각건대, 지금 옥송의 결단에 대한 논의는 모두 입추에 결정하여 계절에 순조로이 만물을 육성한다면, 천지가 조화를 이루고 형벌이 깨끗해질 것입니다."

和帝時, 魯恭上疏曰: "舊制至立秋乃行薄刑, 自後改用孟夏, 而刺史·太守不深惟憂民息事之原·進良退殘之化, 因以盛夏追召農人, 拘對考驗, 連滯無已. 司隸典司京師, 四方是則, 而近於春月分行諸部, 托言勞來貧人而無惻隱之實, 煩擾郡縣, 廉考非急, 捕一人之罪, 根連十數, 上逆時氣, 下傷農業. 臣愚以爲, 今決獄案考皆以立秋爲斷, 以順時節育成萬物, 則天地以和, 刑罰以淸矣."

---

38 노공(魯恭): 후한(後漢) 때 평릉(平陵) 사람으로 자는 중강(仲康)이다. 일찍이 중모령(中牟令)으로 있으면서 크게 덕정(德政)을 베풀었고, 뒤에 사도(司徒)에 이르렀다. 《후한서(後漢書)》권25 〈노공열전(魯恭列傳)〉.

신은 이렇게 생각합니다. 선왕이 형을 제정할 때 비록 '백성들의 간사함을 막는다'고 했지만, 실은 천도(天道)를 순조로이 받들어 민생(民生)을 편안하게 하기 위해서였습니다. 만일 하늘의 때를 거스르고 백성들의 생업을 방해하면, 천도가 순조롭지 않게 되고 민생이 불안해질 것입니다.

> 臣按: 先王制刑雖曰防民奸, 實所以順承天道以安民生也. 苟逆天之時·妨民之業, 則天道有不順, 民生有不安矣.

수 문제(隋文帝)가 노여운 김에 6월에 사람을 죽이려고 했다. 대리소경 조작(趙綽)[39]이 굳게 간쟁하기를 "계하(季夏)의 달에는 천지가 성장하기 때문에 생명을 이런 계절에 주살하면 안 됩니다."라고 하니, 황제가 "6월에 어찌 천둥, 번개가 없겠는가. 나는 천자로서 행하는 것이니, 안 될 것이 무엇인가."라고 하였다.

> 隋文帝乘怒欲六月殺人, 大理少卿趙綽固爭, 曰: "季夏之月, 天地成長, 庶類不可以此時誅殺." 帝曰: "六月豈無雷霆, 我則天而行, 何不可之有."

---

39 조작(趙綽): 수 문제 때 대리경을 맡아 법률을 관장한 인물인데, 평소 강직한 성품으로 원칙대로 법을 적용하면서 수 문제와 마찰을 빚었다. 《자치통감(資治通鑑)》 권177 〈수기(隋紀)1 고조문황제(高祖文皇帝) 상의상(上之上)〉.

호인(胡寅)[40]이 말하였다.

"하늘을 본받아 행하는 것이 군주의 도리이니, 요(堯)·순(舜)·우(禹)·탕(湯)·문(文)·무(武)의 번성이 여기서 말미암았다. 문제의 말은 왕(王)다운 말이지만 그 사안은 왕답지 않은 것이다. 하늘을 본받는 자는 경사와 포상은 봄여름을 본받고, 형벌과 위세는 가을겨울을 본받는다. 비와 이슬은 군주의 혜택과 같고, 우레와 번개는 군주의 호령과 같으니, 만물을 생성하는 시기에 진실로 우레와 번개가 있지만, 우레와 번개가 사물을 죽인 적은 없다. 수 문제가 우레와 번개를 본받아 노여운 김에 사람을 죽였으니, 매우 하늘을 어긴 것이다."

胡寅曰: "則天而行, 人君之道, 堯·舜·禹·湯·文·武之盛由此而已, 文帝所言, 王言也, 而其事則非也. 憲天者以慶賞法春夏, 以刑威法秋冬, 雨露猶人君之惠澤, 雷霆猶人君之號令, 生成萬物之時固有雷霆, 而雷霆未嘗殺物, 隋文取則雷霆而乘怒殺人, 其違天多矣."

신은 이렇게 생각합니다. 수 문제는 음모로 천하를 얻었고 성품은 더욱 의심이 많아 왕왕 사람을 죽일 때는 위세를 내세워 죽였습니다. 어사(御史)가 정월 초하루에 복장과 칼이 정돈되지 못한 무관(武官)을 탄핵하지 않았다는 이유로, 또 간신(諫臣)이 간언을 하였다고 해서 아

---

40 호인(胡寅, 1098~1156): 송나라의 학자로, 자는 명중(明仲), 호는 치당(致堂)이다. 이 말은 그의 《독사관견(讀史管見)》에 나오는데, 주자(朱子)는 그의 말을 《자치통감강목(資治通鑑綱目)》의 사론으로 수록하였다. 호인의 저서로 《논어상설(論語詳說)》, 《비연집(斐然集)》 등이 있다. 《송사(宋史)》 권435 〈호인전(胡寅傳)〉.

울러 죽였습니다. 심지어 장사(長史)의 시험이 공평하지 않았다는 것, 장작사승이 맥면(麥麵) 부과가 늦었다는 것, 무고령이 관청 뜰이 잡초로 우거졌다는 것을 기찰하여 알고는, 모두 친림하여 참수하였습니다.[41]

아, 하늘이 임금을 세워 사람 낳는 일을 맡기고 천도를 본보기로 삼아 다스리게 하여, 하늘이 낳은 존재로 하여금 그 생을 온전하게 하였습니다. 지금 하늘의 아들이 천도를 받들어 하늘의 백성을 양육하지 못하고, 도리어 하늘의 위엄을 빌어 해치고 있으니, 하늘이 무지하면 그만이지만, 천도가 알면 용서하겠습니까. 죽어서도 제 죽음을 못하고, 자손들은 어육이 되어 종묘사직이 끊어지는 데 이르렀으니, 누가 천도가 무지하다고 하겠습니까.[42]

臣按: 隋文帝以陰謀得天下而性尤猜忌, 往往欲殺人以立威殺, 御史以元正日不劾武官衣劍之不齊者, 諫臣諫並殺之, 至長史考校不平, 將作寺丞以課麥麵遲晚·武庫令以署庭荒蕪, 察而知之, 並親臨斬決. 嗚呼, 天立君以主生人, 欲其則天道以爲治, 使天所生得全其生, 今爲天之子不能奉天道以養天民, 反假天之威以害之, 使天無知則已, 天道有知, 其肯容之耶? 卒之不得其死, 而其子若孫自相魚肉, 至於殞宗絕祀, 孰謂天道無知耶?

---

41 어사(御史)가 … 참수하였습니다: 《수서(隋書)》 권25 〈지(志) 형법(刑法)〉에 나온다.
42 죽어서도 … 하겠습니까: 수 양제(隋煬帝)는 수 문제의 둘째 아들로, 문제가 병들어 있을 때에 부왕을 폐위시키고, 나중에 시해하였다. 양제는 사치를 즐기고 토목 공사를 일으켰으며 장성(長城)을 쌓았고, 뒤에 우문화급(宇文化及)에게 살해되고 수나라가 망하였다. 《수서(隋書)》 권3 〈양제본기(煬帝本紀)〉.

당나라 제도에, 경사(京師)의 죄수는 형부(刑部)에서 한 달에 한 번 보고하고, 어사가 순행하였다. 매해 입춘에서 추분까지, 대제사(大祭祀) 재계일, 삭망(朔望), 상현과 하현, 24절기, 비오는 날 및 밤이 아직 밝지 않았을 때, 가일(假日), 도살을 금지하는 달[斷屠月: 1월·5월·9월]은 모두 사형을 정지하였다. 경사에서 사형을 판결할 때는 어사와 금오(金吾)가 임하였고, 지방은 상좌(上佐)가 임하였으며, 나머지는 모두 판관이 임하였다. 감옥의 책임자는 5일에 한 번 죄수를 둘러보고, 여름에는 간장물을 놔두며, 매월 한 번 목욕을 시키고, 질병에는 의약을 지급하였는데, 위중한 자는 차꼬를 풀어 주었고 가족 1인이 들어와 시중을 들게 하였다. 형부에서는 매년 정월 사신을 보내 돌아다니며 조사하게 하였고, 가는 곳마다 감옥에 갇힌 죄수의 쇠고랑, 식량을 검열하여 법대로 하지 않는 자를 다스렸다.

唐制, 京師之囚, 刑部月一奏, 御史巡行之, 每歲立春至秋分及大祭祀·致齊朔望·上下弦·二十四氣·雨及夜未明·假日·斷屠月皆停死刑. 京師決死, 涖以御史·金吾, 在外則上佐, 餘皆判官涖之. 諸獄之長官五日一慮囚, 夏置漿飲, 月一沐之, 疾病給醫藥, 重者釋械, 其家一人入侍. 刑部歲以正月遣使巡覆, 所至閱獄囚杻校·糧餉治不如法者.

신은 이렇게 생각합니다. 이는 당나라 사람들이 옥을 돌보는 인정(仁政)이었으니, 나라가 오래 지속된 것은 필시 여기에서 연유하였을 것입니다.

臣按: 此唐人恤獄之仁, 其享國之久未必不由乎此.

송 태조(宋太祖) 개보(開寶) 2년(969) 5월, 여름 기운이 한창 성하자, 갇힌 죄수들의 고통을 깊이 염려하여, 서경(西京) 여러 주(州)에 조칙을 내려, 장사(長史)가 옥리(獄吏)를 감독하면서 5일에 한 번 점검하고 옥 문을 청소하고 차꼬를 씻게 하였다. 가난하여 스스로 생존할 수 없는 자에게 음식을 주고 병자에게는 의약을 주며 작은 죄의 경범죄는 바로 처결하여 보내 적체가 없도록 하였다. 이때부터 매해 중하(仲夏: 5월)에 반드시 이 조칙을 거듭 밝히고 관리를 경계했는데, 매년 상례로 삼았다.

宋太祖開寶二年五月, 上以暑氣方盛, 深念縲繫之苦, 下詔西京諸州, 令長史督掌獄掾五日一撿視, 灑掃獄戶, 洗滌杻械, 貧不能自存者給飲食, 病者給醫藥, 輕繫小罪卽時決遣, 無得淹滯. 自是每歲仲夏必申明是詔以誡官吏, 歲以爲常.

신은 이렇게 생각합니다. 송나라 때 충후함으로 나라를 세웠으니, 이 또한 인정(仁政)의 한 단초입니다.

臣按: 宋朝以忠厚立國, 此亦其仁政之一端.

송 태종(宋太宗) 옹희(雍熙) 원년(984), 모든 주(州)에 10일에 한 번 죄수 장부를 갖추어 범한 죄명과 구금 날짜를 보고하도록 하고, 형부(刑部)가 규찰에 전념하라고 명하였다.

太宗雍熙元年, 令諸州十日一具囚帳及所犯罪名·禁繫日數以聞, 刑部專意糾察.

신은 이렇게 생각합니다. 역사에, 태종이 모든 주에서 상주한 죄수 장부를 열람하고, 가둔 자가 3백 인에 이르는 경우, 조칙을 내려 옥의 적체를 엄하게 경계하였습니다.[43] 또 오늘 이후 문류(門留)와 기금(寄禁),[44] 보증인을 세우고 옥외에 있는 자 및 저점(邸店)[45]에서 병을 치료하는 자도 모두 구금 죄수의 사례에 준하여 건마다 나누어 보고하도록 하고, 국옥(鞫獄)의 기한을 어긴 자, 판결할 수 있는데 판결하지 않은 자 및 사소한 일로 구금된 자는 유사가 이를 상주하여 논박하도록 하였습니다.

아, 태종은 만승(萬乘)의 군주로, 숭고하고 부귀한 지위에 있으면서 모든 주에서 상주하는 죄수 장부 또한 열람하였는데, 눈으로 보았을 뿐 아니라 마음에 느꼈고, 마음에 느낀 뒤에는 바로 말로 나타나 옥의

---

43 역사에 … 경계하였습니다.: 이하의 내용은 《송사(宋史)》 권199 〈형법지(刑法志)〉에 나온다.

44 문류(門留)와 기금(寄禁): 문류는 잠시 구류하여 심문을 받는 사람, 기금은 타 관서에서 위탁하여 구금되어 있는 사람이다.

45 저점(邸店): 여관, 창고, 객주나 이들을 경영하는 것을 말한다. 여기서 치료를 받고 있는 죄수를 가리키는 것으로 보인다.

적체를 엄하게 경계하였습니다. 또 맡고 있는 사건을 나누어 그 사목을 보고하라고 명하였습니다. 아! 태종이 옥사에 이토록 마음을 다하였으니, 당세의 백성들 가운데 어찌 죄 없이 사지로 몰리는 자가 있었겠습니까.

臣按: 史, 太宗閱諸州所奏囚簿, 有禁繫至三百人者, 乃下詔申嚴淹獄之戒, 令今後門留寄禁·取保在外並邸店養疾人等並準禁囚例, 件析以聞, 其鞫獄違限及可斷不斷·事小而禁繫者, 有司奏駁之. 噫, 太宗以萬乘之君, 處崇高富貴之位, 於凡諸州所奏囚簿亦閱及之, 不惟寓諸目且動於心, 旣動於心卽形於言而有申嚴淹獄之戒, 且命所司件析其事目以聞. 嗚呼, 太宗之盡心獄事如此, 當世之民豈有無罪而就死地者哉?

이상은 '천시에 순조로운 정령'이다.

以上順天時之令

대학연의보

(大學衍義補)

—

권108

치국평천하의 요체[治國平天下之要]

형법을 신중히 함[愼刑憲]

심사를 삼가야 함에 대한 의논[謹詳讞之議]

《서경》〈순전(舜典)〉에서 말하였다.

실수나 불운으로 지은 죄는 사면하고, 의도적으로 반복해서 짓는 죄는
사형에 처하였다.

《舜典》: 眚災肆赦, 怙終賊刑.

공영달(孔穎達)이 말하였다.

"이 두 구절은 윗 문장의 전형(典刑)[1]에 대한 언급에 이어, 형벌을 적

---

1   전형(典刑):《서경》〈순전(舜典)〉 같은 곳에서 "떳떳한 형벌을 보여 주되 유형으로 오형을 용
     서한다.[象以典刑, 流宥五刑.]"라고 한 대목을 말한다.

용하는 죄과와 폐해를 총괄하여 말한 것이다. 비록 상황에 근거하여 죄에 해당하더라도 마음을 살펴보아 고의가 아니면 이런 경우는 완화하여 사면하는데, 작으면 용서하고 크면 유(宥)한다. 의도적으로 반복해서 간사를 부리며 사람들을 기망하면서, 이렇게 끝까지 고치고 후회하는 마음이 없으면 이런 경우는 형벌로 죽이는데, 작으면 형을 주고 크면 죽인다."

孔穎達曰: "此二句承上文典刑之言, 總言用刑之罪過而有害, 雖據狀合罪而原心非故, 如此者當緩赦之, 小則恕之·大則宥之; 怙恃奸詐, 欺罔時人, 以此自終無心改悔, 如此者當刑殺之, 小者刑之·大者殺之."

신은 이렇게 생각합니다. 〈순전〉의 이 두 마디는, 만세의 형벌을 조사하는 저울입니다. 대개 무심하게 이치를 잃은 것이 과실이니, 실수[眚]나 불운[災]이 이것입니다. 사람의 과오는 혹 불행하여 죄에 빠지는 경우가 있는데, 조사하여 고의가 아니라는 것을 알게 되면 오형에 해당될 경우 감하여 유형을 보내고, 채찍이나 회초리에 해당할 경우 감하여 속죄하게 하니, 무심하여 잘못 범법한 것이고 고의가 아니라는 것을 알기 때문입니다.

마음먹고 이치를 잃으면 악행이 되니, 의도적으로 반복하는 것이 이것입니다. 사람이 의도한 바가 있고 또 재범을 저지르는 경우가 있는데, 조사하여 실수로 저지른 과오가 아니하는 것을 알게 되면, 전형에 해당할 경우 전형을 적용하고, 채찍이나 회초리에 해당할 경우 채찍이나 회초리를 적용하니, 그가 마음먹고 고의로 범한 것이고 과실이 아니라는 것을 알기 때문입니다.

　세상의 형벌을 조사하는 자가 성경(聖經)의 두 마디 말을 저울로 삼는다면, 옥사의 조사가 도리를 다하고, 일마다 부당한 죄가 없을 것이며, 사람들은 저절로 억울하지 않다고 여길 것입니다.

> 臣按: 《舜典》此二言, 萬世讞刑之權度也. 蓋無心失理爲過, 眚災是也, 人之有過誤或不幸而入於罪者, 讞之知其非故也, 當五刑者則減而流, 當鞭撲者則減而贖, 知其無心而誤犯也, 非故也; 有心失理爲惡, 怙終是也, 人之有所恃而又再犯者, 讞之知其非過也, 當典刑者則坐以典刑, 當鞭撲者則坐以鞭撲, 知其有心而故犯也, 非過也. 世之讞刑者以聖經二言爲權度, 則讞獄道盡而所處無不當之罪, 而人自以爲不冤矣.

《서경》〈대우모(大禹謨)〉에서 말하였다.

　과실로 지은 죄는 용서하되 크기에 제한이 없고, 고의로 지은 죄는 형벌을 주되 작다고 해서 봐주는 일이 없다. 죄가 의심스러운 것은 가볍게 형벌하고, 공적이 의심스러운 것은 중하게 상을 준다. 허물이 없는 사람을 죽이기보다 차라리 통상의 법대로 하지 않은 실수를 범하겠다.

> 《大禹謨》: 宥過無大, 刑故無小. 罪疑惟輕, 功疑惟重. 與其殺不辜, 寧失不經.

　공안국(孔安國)이 말하였다.

"과오로 범한 죄는 비록 커도 반드시 용서하고, 기탄없이 고의로 범한 죄는 아무리 작아도 반드시 형벌을 가한다. 형벌이 의심스러우면 가벼운 쪽에 부치고, 상이 의심스러우면 무거운 쪽을 따르는 것이 지극한 충후함이다. 차라리 통상의 법대로 하지 않은 죄를 범하더라도 허물이 없는 선한 사람에게 왜곡된 법령을 적용하지 않는 것이 인애의 도리이다."

孔安國曰: "過誤所犯雖大必宥, 不忌故犯雖小必刑. 刑疑附輕, 賞疑從重, 忠厚之至. 寧失不常之罪, 不枉不辜之善, 仁愛之道也."

신은 이렇게 생각합니다. "과실로 지은 죄는 용서하되 크기에 제한이 없고, 고의로 지은 죄는 형벌을 주되 작다고 해서 봐주는 일이 없다."라는 이 두 마디가 곧 〈순전(舜典)〉의 "실수나 불운으로 지은 죄는 사면하고, 의도적으로 반복해서 짓는 죄는 사형에 처하였다."라는 것입니다. 후세에 의심스러운 옥사를 조사하는 자는 〈순전〉의 두 마디와, 〈대우모〉의 이 여섯 마디를 위주로, 천하의 의심스러운 옥사를 저울질하고, 또 "허물이 없는 사람을 죽이기보다 차라리 통상의 법대로 하지 않은 실수를 범하겠다."라는 말을 항상 마음에 지닌다면, 천하에 억울한 옥사가 없을 것입니다.

이른바 죽여서 안 되는 대상은 허물이 없는 자일 뿐이며, 허물이 있는 자 또한 절로 구차하게 모면하지 못할 것입니다. 사람의 죄가 죽여도 되고 죽여서는 안 되는 사이에 있을 경우, 죽이면 죄 없이 죽을 수 있고, 죽이지 않으면 통상의 법에 실수가 되므로, 고요(皐陶)가 바로 이런 말을 하였으니, 대순(大舜)의 마음을 알아채고 대신 말한 것입니다.

공자께서 《서경》을 산삭(刪削)하고 보존하여 만세에 보여, 의심스러운 옥사를 판단하는 자로 하여금 이를 생사여탈과 경중을 재는 저울로 삼게 하였습니다. 비록 한때의 말이지만, 만세를 내려오면서 사람들이 이에 힘입어 그 목숨을 온전히 한 적이 많았으니, 이른바 어진 사람의 말은 그 이익이 넓다는 것으로, 누가 고요에게 후손이 없다고 하겠습니까.

臣按: "宥過無大, 刑故無小", 此二言卽《舜典》"眚災肆赦, 怙終賊刑"也, 後世讞疑獄者以《舜典》二言及《大禹謨》此六言爲主以權度天下之疑獄, 而又以"與其殺不辜, 寧失不經"一言恒存諸心焉, 則天下無冤獄矣. 夫所謂不可殺者不辜者爾, 而其有辜者亦自不苟免也, 蓋以人有罪犯在乎可殺不可殺之間, 殺之則若無罪, 不殺則失常刑, 皋陶立爲此言, 蓋探大舜之心而代爲之辭也. 夫子刪《書》, 存之以示萬世, 使斷疑獄者以此爲予奪輕重之權度, 雖曰一時之言, 然萬世之下人賴之以全其生者多矣, 所謂仁人之言其利博者也, 誰謂皋陶無後哉?

《서경》〈군진(君陳)〉에서 말하였다.

왕이 말하였다. "형벌하여 형벌을 그칠 수 있어야 형벌하라.[2] 간귀(姦

---

2 형벌하여 … 형벌하라: 이 말은 《서경》〈군진(君陳)〉 9장에 나온다. 9장에 "너의 정사에 순종하지 않고 너의 가르침에 교화되지 않는 자가 있거든, 형벌을 주어 형벌을 그칠 수 있어

忕)에 익숙하며【뉴(狃)는 익숙함[習]이다.】 통상의 법【상(常)은 통상의 법[典常]이다.】을 무너뜨리고 풍속【속(俗)은 풍속(風俗)이다.】을 어지럽힘 이 세 가지는 작은 죄라도 용서하지 말아야 한다."

《君陳》: 王曰: "辟以止辟, 乃辟. 狃【習也】於奸宄, 敗常【典常】亂俗【風俗】, 三細不宥."

채침(蔡沈)이 말하였다.

"형벌은 형벌이 없음을 기약하여야 하니, 형벌하여 형벌이 그칠 수 있는 경우에야 형벌하는 것이다. 간귀에 익숙한 자와 정당한 법을 훼손하고 풍속을 무너뜨리는 이 세 가지를 범한 자는 아무리 작은 죄라도 또한 용서하지 말아야 하니, 관계되는 바가 중대하기 때문이다."

蔡沈曰: "刑期無刑, 刑而可以止刑者乃刑之. 狃於奸宄與夫毀敗典常·壞亂風俗, 人犯此三者, 雖小罪亦不可宥, 以其所關者大也."

신은 이렇게 생각합니다. 성인(聖人)이 형벽(刑辟)을 제정한 것은 일부러 이를 써서 위세를 펴고, 그 백성을 죄에 얽는 것이 아닙니다. 이는 형벽을 세워 사람들에게 피할 바를 알아 범하지 않도록 한 것이니, 형벽을 범하는 자가 없도록 한 것이고, 이것이 이른바 형벌을 가하여 형

야 형벌하라.[有弗若于汝政, 弗化于汝訓, 辟以止辟, 乃辟.]" 하였다.

벌을 그칠 수 있어야 형벌한다는 것입니다. 조사를 할 때, 정말 범한 것이 있는 사람은 반드시 결연히 용서하지 않고, 그 죄가 작아도 징계하지 않을 수 없었습니다. 그것을 징계하지 않는다면 필시 후일에 모방하는 자가 있을 것입니다.

아, 작을 때 징계하면 큰일이 일어나지 않고, 앞서 경계하면 뒤에 같은 일이 계속 발생하지 않습니다. 한 사람을 징계하여 천만 인을 두렵게 하고, 한 가지 일을 경계하여 천만 가지 일을 막았으니, 성인의 사려가 멀리 내다보는 것이고, 성인의 마음이 어진 것입니다. 저 고식적인 방식을 어질다고 생각하는 자들은 진실로 어질지 못한 것입니다.

> 臣按: 聖人之制爲刑辟, 非故用此以張其威·罔其民也, 蓋立爲刑辟使人知所避而不犯, 則無犯刑辟者矣, 此所謂"辟以止辟"也. 詳讞之際, 人之眞有所犯者則必決然而不宥焉, 其罪雖小不可不爲之懲, 不爲之懲則必有倣而爲者於其後矣. 于! 懲之於細則大者不作, 戒之於先則後者不繼, 懲一人以懼千萬人, 戒一事以遏千萬事, 聖人之慮遠矣, 聖人之心仁矣, 彼以姑息爲仁者, 眞不仁者也.

《서경》〈여형(呂刑)〉에서 말하였다.

죄목(罪目)이 상형(上刑)이라도 가볍게 하는 것이 적당하면 낮추어 적용하며, 죄목이 하형(下刑)이라도 무겁게 하는 것이 적당하면 올려서 적용한다.

> 《呂刑》: 上刑適輕下服, 下刑適重上服.

채침이 말하였다.

"일이 상형(上刑)에 있더라도 정(情)이 가벼우면 하형(下刑)을 시행하여야 하니, 순(舜)의 과오를 용서하여 크게 하지 않음과 〈강고(康誥)〉의 이른바 큰 죄라도 종(終)이 아니라는 것이다. 일이 하형(下刑)에 있더라도 정(情)이 무거우면 상형(上刑)을 시행하여야 하니, 순(舜)의 고의범을 형벌할 때 작지 않았던 경우와 〈강고(康誥)〉의 이른바 '작은 죄라도 고치지 않는다'는 경우이다."

蔡沈曰: "事在上刑而情適輕則服下刑, 舜之宥過無大,《康誥》所謂'大罪非終'者是也; 事在下刑而情適重則服上刑, 舜之刑故無小,《康誥》所謂'小罪非眚'者是也."

신은 이렇게 생각합니다. 목왕(穆王)이 형에 대해 가르친 이 두 구절은, 멀리 순임금의 전(典)을 종지로 삼고 가까이 무왕의 고(誥)를 본보기로 삼았으니, 징험할 수 없는 말이 아닙니다. 선유가 살인보다 큰 죄는 없다고 말했지만, 노비를 죽이는 것은 가벼운 데 해당하지 않습니까? 욕하는 것보다 가벼운 죄는 없다고 하지만, 아버지와 할아버지를 욕하는 것은 무거운 죄에 해당하지 않습니까? 그러므로 실정을 따져보고 죄를 정하고, 한 번 정해진 법에 구속되어서는 안 됩니다.

臣按: 穆王訓刑, 此二句遠宗乎虞廷之典, 近法乎武王之誥, 非無徵之言也. 先儒以爲罪莫大乎殺人, 然所殺奴婢也, 非適輕乎? 罪莫輕於罵詈, 然所詈父祖也, 非適重乎? 是故原情以定罪而不拘於一定之法.

형벌을 결단한 내용을 갖추어 올리되 두 형벌을 겸하여 올려라.

其刑上備, 有並兩刑.

채침이 말하였다.

"'형벌을 결단한 내용을 갖추어 올리되 두 형벌을 겸하여 올려라.' 라는 것은, 옥사를 결단한 글을 올릴 때는 마땅히 심정과 행위를 갖추어야 하니, 한 사람이 두 가지 일을 범했으면 죄는 비록 무거운 것을 따르나 또한 두 형벌을 겸하여 올리는 것이다. 이는 옥사를 조사하는 자는 마땅히 그 말을 갖춰야 한다는 말이다."

蔡沈曰: "'其刑上備, 有並兩刑'者, 言及其斷獄之書當備情節, 一人而犯兩事, 罪雖從重亦並兩刑而上之, 言讞獄者當備其辭也."

신은 이렇게 생각합니다. 두 형벌은 한 사람이 두 죄가 있거나, 한 가지 죄에 두 가지 법이 있는 것인데, 아울러 갖추어 올려 상에게 명을 듣고 감히 전단해서는 안 됩니다.

臣按: 兩刑, 謂一人有兩罪·一罪有二法, 並具上之以聽命於上, 不敢專也.

《주례(周禮)》〈추관사구(秋官司寇) 사자(司刺)〉에서 말하였다.

사자는 삼자(三刺)·삼유(三宥)·삼사(三赦)의 법을 맡아 사구(司寇)의 옥사를 다스리는 것을 돕는다. 일자는 군신에게 묻는 것이고【신(訊)은 묻는 것이다.】, 재자는 아전에게 묻는 것이고, 삼자는 만민에게 묻는 것이다. 일유는 알지 못하는 것이고, 재유는 과실이며, 삼유는 잊는 것이다. 일사는 유약이고, 재사는 노인【모(旄)는 모(耄)와 같다.】이며, 삼유는 바보이다. 이 세 가지 법으로 백성의 실정을 찾고, 백성의 마음을 판단하여, 위아래가 승복하는 죄를 베푼 뒤에 형벌로 죽인다.

《周禮》: 司刺掌三刺·三宥·三赦之法以讚司寇聽獄訟, 一刺曰訊【問也】群臣·再刺曰訊群吏·三刺曰訊萬民. 一宥曰不識·再宥曰過失·三宥曰遺忘, 一赦曰幼弱·再赦曰老旄【耄同】·三赦曰蠢愚, 以此三法者求民情·斷民中而施上服下服之罪, 然後刑殺.

정현(鄭玄)이 말하였다.

"알지 못한다는 것은 살피지 못하는 것으로, 지금 원수를 갚는데, 갑에게 갚아야 하는데 을을 잘못 보고 갑이라고 생각하여 죽이는 유(類)이다. 과실이란 칼로 나무를 베려다가 잘못하여 사람을 찌르는 유이다. 잊는 것은 장막 사이에 사람이 있는 것을 잊고 병기나 활을 잘못 던지거나 쏘는 유이다. 유약, 노인은 지금 율에 8세가 안 되거나 80세 이상인 자로, 직접 살인이 아닌 한 다른 죄도 모두 연좌하지 않는다. 바보는 나면서부터 정신이 이상하거나 혼미한 것을 말한다."

鄭玄曰: "不識謂不審也, 若今報仇, 當報甲見乙誤以爲甲而殺之之類. 過失謂擧刀欲斫伐而誤軼人之類. 遺忘謂若間帷幕而忘有人在焉, 以兵矢誤投射之之類. 幼弱·老耄, 今律年未滿八歲及八十以上非手殺人者, 他皆不坐. 蠢愚謂生而癡呆童昏者."

오징이 말하였다.

"상복은 죄의 실정이 무거운 것으로, 묵(墨), 의(劓) 및 사형이 그것이다. 하복은 죄의 실정이 가벼운 것으로, 궁형(宮刑)이 이것이다."

吳澂曰: "上服, 情重者, 墨劓及死刑是也; 下服, 情輕者, 宮刑是也."

신은 이렇게 생각합니다. 삼자(三刺)에서 신하, 관리, 만민에게 묻는 것은 맹자(孟子)가 "좌우(左右), 대부들, 나라 사람들이 모두 죽일 수 있다고 한 뒤에 죽인다."라고 말한[3] 뜻입니다. 신하, 관리, 만민에게 물어서 모두 죽일 수 있다고 하면 죄에 죽일 수 있는 형이 있지만, 오히려 삼유(三宥)로 참작하였으니, 이 죄를 범한 이유가 알지 못해서인지, 과실인지, 잊었는지 확인하는 것입니다. 세 가지 경우가 모두 없어도 오히려 삼사(三赦)로 살펴서 그 사람이 과연 어리거나, 노인이거나, 바보라면 또한 석방하였습니다.

---

3   맹자(孟子)가 … 말한: 《맹자》〈양혜왕 하(梁惠王下)〉에 나온다.

이 세 가지 법으로 백성의 실정을 찾고, 죄옥을 판단하여 중도를 절충하며, 실정이 무거운 자는 상형으로 승복시키고 가벼운 자는 하형으로 승복시킨 뒤에 형을 주고 죽입니다. 형을 가하는 경우에도 면할 방도를 찾다가 할 수 없게 된 뒤에 형을 주고, 죽이는 경우도 살릴 수 있는 방도를 찾다가 할 수 없게 된 뒤에 죽이니, 형과 형을 주지 않는 것, 죽이고 죽이지 않는 것이 모두 중도에 부합했습니다. 옥을 조사할 때 항상 이를 마음에 두었으니, 죽은 자와 피의자 모두 유감이 없었고, 조정에 억울한 옥사가 없었으며, 천하에 억울한 백성이 없었습니다.

臣按: 三刺之訊群臣·群吏·萬民, 卽孟子所謂"左右·諸大夫·國人皆曰可殺然後殺之"之意也, 訊於群臣·群吏·萬民皆曰可殺, 則非有可殺之辟矣, 而猶原之以三宥, 恐其所以犯此者其不識乎, 或過失·遺忘乎, 三者皆無之, 然猶審之以三赦, 若其人果幼弱·老耄·蠢愚也, 則又在所釋焉. 以此三法參酌民情而求其實, 斷制罪獄而折其中, 情之重者服以上刑, 輕者服以下刑, 然後刑之殺之, 則所刑者乃求其所以免不可得而後刑之, 所殺者乃求其所以生不可得而後殺之, 則刑與不刑·殺與不殺皆合乎中道矣. 讞獄恒以是存心, 則死者與我俱無憾, 而朝廷無冤獄·天下無冤民矣.

《예기》〈왕제(王制)〉에서 말하였다.

처벌하려면 가벼운 죄를 따르고, 사면하려면 무거운 죄를 따른다.

《王制》: 附從輕, 赦從重.

공영달이 말하였다.

"처벌하려면 가벼운 죄를 따른다는 것은, 형을 시행할 때 이 사람
이 지은 죄가 경중으로 보아 가볍기도 하고 무겁기도 하다면, 가벼운
형을 찾아 죄에 적용하는 것이니, '의심스러우면 가볍게 한다'[4]는 것
이 이것이다. 사면하려면 무거운 죄를 따른다는 것은, 범한 죄가 본
래 의도적으로 저지른 것이 아닌데도 무거운 죄에 들어갔는데, 풀어
사면할 때 위로 무거운 죄를 따라 사면하니, 《서경》의 "실수나 불운
으로 지은 죄는 사면한다."라는 것이 이것이다."

孔穎達曰: "附從輕者, 施刑之時, 此人所犯之罪在輕重之間, 可輕可重,
則當求可輕之刑而附之罪, 疑惟輕是也. 赦從重者, 所犯之罪本非意故
爲而入重罪, 放赦之時從重罪之, 上而赦之, 《書》'眚災肆赦'是也."

신은 이렇게 생각합니다. 죄를 범한 자는 가볍고 무거운 것이 있고,
죄를 정할 때는 처벌하기도 하고 사면하기도 합니다. 처벌할 때는 가

---

4 의심스러우면 가볍게 한다: 《서경》〈대우모(大禹謨)〉에 "죄는 자손에게까지 미침이 없게
하고, 상은 후세에까지 뻗게 하며, 과실은 커도 용서하고 일부러 저지른 죄는 작아도 벌하
며, 죄가 의심스러운 것은 되도록 가볍게 하고, 공은 되도록 무겁게 하였다.[罪弗及嗣, 賞延于
世; 宥過無大, 刑故無小; 罪疑惟輕, 功疑惟重.]" 하였다.

벼운 쪽을 따라야 하고, 사면할 때는 무거운 쪽을 따라야 합니다.

臣按: 犯罪者有重有輕, 定罪者或附或赦, 附入者當從其輕, 赦出者當
從其重.

의심스러운 옥사는 널리 중론과 함께 논의하고, 중론이 의심하면 사면
하며, 반드시 대소의 비중을 살펴서 결정한다.

疑獄與衆共之, 衆疑赦之, 必察小大之比以成之.

방각(方慤)이 말하였다.

"범(泛)은 '널리 사랑한다[泛愛]'고 할 때의 범과 같다. 믿을 만하면 결
정할 뿐이지만, 의심스러우면 중론에 도움을 받는다. 중론이 의심하
면 사면한다는 것은 또한 편애해서 석방하는 것이 아니며, 반드시 죄
가 대벽에 해당하는지 살펴서 대벽에 해당하면 그 옥사를 결정하고,
그 죄가 소벽에 해당하는지 살펴서 소벽에 해당하면 그 옥사를 결정
한다."

方慤曰: "泛與泛愛之泛同. 可信則斷之以己, 可疑則資之於衆也. 衆疑
赦之者, 又不以偏愛而有所釋, 必察其罪之在大辟則比於大辟以成其
獄, 察其罪之在小辟則比於小辟以成其獄."

신은 이렇게 생각합니다. 의심스러운 옥사는 중론과 함께 논의한다는 것은, 〈여형(呂刑)〉의 "서로 점친다."라는 것[5]이 이것입니다. 중론이 의심하면 사면한다는 것은 〈여형〉에서 말한 "형벌이 의심스러우면 사면한다."라는 것이 이것입니다.

臣按: 疑獄與衆共之,《呂刑》所謂"胥占"是也; 衆疑赦之,《呂刑》所謂 "刑罰之疑有赦"是也.

양(梁)나라 사람 가운데, 후처를 얻었는데 후처가 남편을 살해하자, 그 자식이 또 후처를 죽였다. 공계언(孔季彦)이 양나라를 지나가는데, 양나라의 재상이 "이 아들은 마땅히 대역(大逆)으로 논해야 한다. 예(禮)에 계모는 낳아 준 어머니와 같으니, 이는 어머니를 죽인 것이다."라고 하였다. 공계언이 "옛날 문강(文姜)이 노 환공(魯桓公)을 죽였을 때,《춘추(春秋)》에서 성씨인 강(姜) 자를 제거하였는데, 전(傳)에 '끊고 부모로 삼지 않는 것이 예이다.'라고 하였다.[6] 끊고 부모로 삼지 않은 것은 바로 보통 사람이기 때문이다. 또 직접 죽인 것은 실정을 알았던 것보다 중하고, 실정을 알았던 것도 부모로 삼을 수 없으니, 이는 일을 저질렀을 때 이미 어머니의

---

5 〈여형(呂刑)〉의 … 것:《서경》〈여형(呂刑)〉에 "형에 대한 서적을 밝게 열어 서로 점쳐야 모두 거의 중정(中正)할 것이다.[明啓刑書, 胥占, 咸庶中正.]" 하였다.

6 문강(文姜)이 … 하였다: 문강은 노 환공의 부인이자 장공(莊公)의 어머니이다. 노 환공을 죽일 때 부인 강씨(姜氏)가 함께 알고 한 일이라 하여 공자가 그 일을《춘추》에 쓰기를, '부인이 제(齊)나라로 피해 가다.[夫人遜于齊]' 하였다. '전'은《춘추좌씨전》을 말한다.《춘추좌씨전》 환공(桓公) 18년, 장공(莊公) 원년.

명분이 끊어진 것이다. 옛 의미에 견주면 이 아들은 의당 사구(司寇)가 아닌데도 마음대로 죽였다는 죄목에 해당되지 않으니, 어머니를 죽였다고 하여 대역으로 논해서는 안 된다."라고 하자, 양나라 재상이 그 말을 따랐다.

> 梁人有取後妻, 後妻殺夫, 其子又殺之. 孔季彦過梁, 梁相曰: "此子當以大逆論, 禮繼母如母, 是殺母也." 季彦曰: "昔文姜殺魯桓, 《春秋》去其姜氏, 傳曰: '絶不爲親, 禮也.' 絶不爲親, 卽凡人爾, 且夫手殺重於知情, 知情猶不得爲親, 則此下手之時母名絶矣. 方之古義, 是子宜以非司寇而擅殺當之, 不得以殺母而論爲逆也." 梁相從其言.

신은 이렇게 생각합니다. 이 사건은, 한 무제(漢武帝)가 태자 때 논한 방년(訪年)이 계모를 살해했던 옥사와 같습니다. 무제는 "계모가 형편 없어 직접 그 아버지를 죽였으니, 일을 저지르던 날에 어머니의 은혜는 끊어진 것이다."라고 판단하였으니, 그 말이 공계언과 같습니다. 공계언은 또 "옛 의미에 견주면 이 아들은 의당 사구(司寇)가 아닌데도 마음대로 죽였다는 죄목에 해당되지 않는다."라고 판단했으니, 후세에 이와 비슷한 옥사를 만나는 자가 있으면 이를 기준으로 삼아야 할 것입니다.

> 臣按: 此事與漢武帝爲太子時所論訪年殺繼母之獄同, 武帝謂: "繼母無狀, 手殺其父, 下手之日, 母恩絶矣." 其言與季彦同, 季彦又謂"方之古義, 宜以非司寇而擅殺當之", 後世遇有獄如此比者, 宜以爲準.

한 고조(漢高祖)가 어사에게 조칙을 내려 "옥사가 의심스러운 경우, 관리가 혹 판결하지 못하여, 죄가 있는 자는 오래도록 논의하지 못하고, 죄가 없는 자는 오래 갇혀 판결하지 않는다. 오늘부터 현(縣)과 도(道)의 관청 옥사 가운데 의심스러운 것은 각각 소속 2천 석 관원[7]에게 조사하게 하고, 2천 석 관원은 그 죄명으로 처단【보(報)는 처단이다.】해야 한다. 판결할 수 없는 것은 모두 정위(廷尉)에게 이첩하여 판결하고, 정위가 판결할 수 없는 것은 삼가 갖추어 상주하되, 견주어야 할 율령을 조율(照律)하여 보고하라."라고 하였다.

> 漢高帝制詔御史: "獄之疑者, 吏或不敢決, 有罪者久而不論, 無罪者久係不決. 自今以來, 縣道官獄疑者, 各讞所屬二千石官, 二千石官以其罪名當報【謂處斷也】. 所不能決者皆移廷尉, 亦當報之, 廷尉所不能決, 謹具爲奏, 傳所當比律令以聞."

신은 이렇게 생각합니다. 이것이 한나라 사람들이 옥사를 조사하는 제도입니다.

> 臣按: 此漢人讞獄之制.

한 경제(漢景帝) 중원(中元)[8] 5년(기원전 145), 조서를 내려 "옥사가 의심스

---

7   2천 석 관원: 연봉(年俸) 2000섬의 태수(太守)라는 말이다.

러워, 비록 조문이 법에 다 나와도 인심에 만족스럽지【염(厭)은 승복(服)이다.】 못한 경우는, 모두 조사하라."라고 하였다.

景帝中五年, 詔: "諸獄疑, 若雖文致於法而於人心不厭【服也】者, 輒讞之."

신은 이렇게 생각합니다. 조문이 법에 다 나온다는 말은, 실정을 따져 죄를 정하면 본디 사형에 이르지 않는데도 법률 조문으로 끌어와 더했다는 말입니다. 법에 끌어와 더하여 인심이 승복하지 않는 경우는 반드시 조사하여, 반드시 인심에 승복한 뒤에 형을 가해야 하고, 그렇지 않으면 가벼운 형전을 따릅니다.

臣按: 文致於法, 謂原情定罪, 本不至於死, 而以律文傅致之也. 傅致於法而於人心有不服者, 則必讞之, 使必服於人心而後加之以刑, 否則從輕典焉.

후원년(後元年, 기원전 143), 조서를 내려 "옥사는 중대한 일이다. 사람은 똑똑하고 어리석음이 있고, 관직은 위아래가 있다. 의심스러운 옥사는 유사(有司)에게 조사하게 하고, 유사가 판결할 수 없는 것은 정위에게 이첩하고, 조사하라는 명이 있은 뒤에 합당하지 않은 것을 판단하여, 조사

---

8 중원(中元): 원문에 '중(中)'으로 되어 있으나, 《한서(漢書)》 권5에 따르면 이는 한 경제의 연호 중원에 있었던 일이다.

가 잘못되지 않도록 하라."라고 하였으니, 옥사를 다스리는 사람은 우선 관대하게 하고자 하였다.

> 後元年, 詔曰: "獄, 重事也. 人有智愚, 官有上下, 疑獄者讞有司, 有司所不 能決移廷尉, 有令讞而後不當, 讞者不爲失."欲令治獄者務先寬.

　　신은 이렇게 생각합니다. 옥사를 다스리는 자는 반드시 우선 관대해 야 하니, 이 한 마디가 옛 제왕의 마음가짐이었습니다.

> 臣按: 治獄者必先寬, 此一語古帝王之存心也.

　　한 무제(漢武帝) 때, 아관(兒寬)이 정위사(廷尉史)가 되었을 때 옛 법의 뜻에 따라 의옥을 판결하였으므로 장탕(張湯)이 매우 중시하였다. 당시 황제가 한창 문학을 지향했는데, 장탕이 큰 옥사를 판결할 때 옛 뜻을 끌어오고 자 하여, 박사 제자에게 《상서(尙書)》와 《춘추(春秋)》로 정위사를 보좌하게 하였다. 장탕이 비록 법조문을 심하게 적용하고 싫어하는 자들에게 중벌 을 부과하는 등 공평하기만 하지는 않았으나 이런 명성을 얻었고, 보좌 로 쓰고 있는 각박한 관리는 문학에 의거하는 관리들이었다.

> 武帝時, 兒寬爲廷尉史, 以古法義決疑獄, 張湯甚重之. 時上方向文學, 湯 決大獄, 欲傅古義, 乃請博士弟子治《尙書》《春秋》補廷尉史. 湯雖文深意 忌不專平, 然得此聲譽而深刻吏多爲爪牙用者, 依於文學之士.

신은 이렇게 생각합니다. 한나라 사람들은 고대에서 멀지 않았기 때문에, 큰 옥사를 판단할 때도 여전히 반드시 옛 뜻을 끌어왔고, 형률에 전전긍긍하지 않았습니다. 후세에 단지 율령이 있는 것만 알고, 다시 옛 뜻에 대해 언급하지 않았습니다.

> 臣按: 漢人去古未遠, 其斷大獄猶必傅古義, 不顓顓於律也. 後世但知有律令爾, 不復有言及古義者矣.

한 선제(漢宣帝)가 정평(廷平)을 두고, 늦가을 뒤 조사를 청하면 항상 선실(宣室)로 가서 재계하고 사건을 판결하였다.

> 宣帝置廷平, 季秋後請讞, 常幸宣室齋居而決事.

신은 이렇게 생각합니다. 선제가 늦가을 뒤에 선실에 가서 재계하고 사건을 판결하였으니, 이는 옥사가 생사가 관련된 일이라는 것을 알고 가볍게 하지 않은 것입니다. 재계하면 마음이 깨끗해지고 생각이 전일해져, 이치를 밝게 보고 사실과 거짓을 쉽게 알 수 있습니다.

> 臣按: 宣帝於季秋後幸宣室齋居而決事, 蓋知獄事乃死生之所繫, 不敢輕也. 齋居則心清而慮專, 燭理明而情僞易見.

한 성제(漢成帝) 때, 순우장(淳于長)이 대역에 연루되어 복주되었다. 작은 처 내시(迺始) 등 6인이 모두 사건이 발각되기 전에 버려졌거나 개가하였다. 순우장의 사건이 발각되자 승상 적방진(翟方進) 등이 의논하여 연좌하고자 하였다. 정위(廷尉) 공광(孔光)이 반박하기를 "대역무도는 부모, 처자, 나이가 많건 적건 형제는 모두 죽여서 저자에 버리는 것은 후대의 범법자를 경계하는 것이다. 하지만 부부의 도리는 의리가 있으면 합하고 없으면 이별하는 것이다. 순우장이 죄가 대역에 해당하는지는 모르지만 내시 등은 버려졌거나 개가하여 의리가 이미 끊어졌는데, 순우장의 처로 논하여 죽이려는 것은 명분이 바르지 않으니 연좌해서는 안 된다."라고 하였다. 조서를 내려 공광의 의논의 옳다고 하였다.

> 成帝時, 淳于長坐大逆誅, 小妻迺始等六人皆以事未發覺時棄去或更嫁, 及長事發, 丞相翟方進等議欲坐之, 廷尉孔光駁議以爲: "大逆無道, 父母·妻子·同產無少長皆棄市, 欲懲後犯法者也. 夫婦之道, 有義則合, 無義則離, 長自未知當罪大逆而乃始等棄去或更嫁, 義已絕而欲以爲長妻論殺之, 名不正, 不當坐." 有詔, 光議是.

신은 이렇게 생각합니다. 부인은 남편을 따르는 자입니다. 혼례 전에 여자는 부모를 따라야 하고, 혼례를 치른 뒤에는 남편의 집안을 따라야 합니다. 더구나 천한 첩의 등속이 사건이 발각되기 전에 이미 주인집과 이별하였으니, 어찌 연좌하는 이치가 있겠습니까. 공광의 의논이 옳습니다.

> 臣按: 婦人, 從夫者也. 在室之女當從父母, 已醮之婦則當從夫家, 況夫
> 婢妾之屬, 事未發前已離主家, 豈有從坐之理哉? 孔光之議誠是也.

한 애제(漢哀帝) 때, 승상 설선(薛宣)이 계모의 복을 입지 않자, 급사중 신함(申咸)이 헐뜯어 후(侯)에 봉해지지 못하였다. 설선의 아들 설황(薛況)이 양명(楊明)을 시켜 신함을 찔러 다치게 했는데, 사건을 유사에게 내려 의논하였다. 어사중승 중(衆)[9] 등이 의논하여 상주하기를, "설황은 우두머리로 악행을 했고 양명은 직접 부상을 입혔으니, 행위와 의도가 둘 다 악하므로 모두 죽여서 저자에 버려야 합니다."라고 하였다. 정위 직(直)이 반박하기를 "사람을 죽인 자는 죽고, 사람을 상하게 한 자는 형을 받는 것이 고금의 공통된 도리이며, 삼대에도 바뀌지 않았습니다. 《춘추》의 의리에 마음을 따져 보고 죄를 정하는데, 설황을 따져 보면 아버지가 비방을 받자 분노한 것이지 다른 큰 악행이 없는데, 무함을 가하고 작은 잘못을 가져와 대벽을 만들어 사형에 빠트리고 분명한 조서를 위반하였으니, 법의 뜻이 아닙니다. 시행해서는 안 됩니다. 양명은 남을 상하게 한 것이 사주에 의한 것이었고, 설황은 모의한 자와 모두 관작으로 죄를 줄여야 하니【작감(爵減)이란 관작으로 죄를 줄이는 것이다.】, 성단(城旦)[10]으로 끝내야 합니다."라고 하였다. 황제가 공경에게 물으니, 승상 공광, 대사공 사단(師

---

9 중(衆): 《통전(通典)》 권166에 중의 성은 모른다고 하였다.
10 성단(城旦): 죄를 지은 사람에게 아침에 일어나 성을 쌓도록 하는 것으로서, 4년 동안 복역하게 했다고 한다.

丹)은 중승의 의논이 옳다고 하였다.

哀帝時, 丞相薛宣不持後母服, 給事中申咸毀之, 不得封侯, 宣子況令楊明
斫傷咸, 事下有司議, 御史中丞衆等議奏曰: "況首爲惡, 明手傷, 功意俱惡,
皆當棄市." 廷尉直駁議曰: "殺人者死, 傷人者刑, 古今之通道, 三代所不易
也. 《春秋》之義, 原心定罪, 原況以父見謗發忿怒, 無他大惡, 加詆欺, 輯
小過, 成大辟, 陷死刑, 違明詔, 非法意, 不可施行. 明當以賊傷人不直, 況
與謀者皆爵減【以其官爵減罪】, 完爲城旦." 帝以問公卿, 丞相孔光·大司空師
丹以中丞議是.

신은 이렇게 생각합니다. 한나라 사람은 의옥이 있으면 법관에게 내
려 의논하였고, 의논하여 올리면 또 공경, 대신에게 물었으니, 이것이
의옥이 마침내 의심이 없어진 이유입니다. 옥사에 의심이 없어지면
사람들이 억울하지 않을 것입니다.

臣按: 漢人有疑獄既下法官議, 議上又以問公卿大臣, 此疑獄所以卒無
疑也, 獄不疑則人不冤矣.

한 장제(漢章帝) 때, 형제가 같이 사람을 죽인 경우가 있었다. 황제가 형
이 동생을 가르치지 못했다고 해서 형은 무겁게 논하였고【보(報)는 논(論)하
는 것이다.】, 동생은 사형을 감해 주었다. 중상시 손장(孫章)이 공포한 조서
에서 둘을 무겁게 논한다고 잘못 말했으므로, 상서가 조서를 꾸며 댔으

니 죄가 허리를 베어야 한다고 상주하였다. 황제가 곽궁(郭躬)에게 물었다. 곽궁이 대답하기를 "법령에 고의와 과오가 있는데, 손장이 명을 전하는 문서에서 오류를 범했으니 이 경우는 과오입니다. 과오는 법조문에 가벼우니 벌금이 마땅합니다."라고 하니, 황제가 "손장이 죄수와 같은 현(縣) 출신이니, 고의라는 의심이 든다."라고 하였다. 곽궁이 말하기를 "'주(周)나라 길은 숫돌 같아서, 곧기가 화살과 같다.['周道如砥, 其直如矢.]'[11]라고 하였으니, 군자는 거짓을 지레 짐작하지 않습니다. 또한 임금은 하늘을 본받아 형을 내리니, 왜곡하여 의심해서는 안 됩니다."라고 하니, 황제가 좋게 여겼다.

章帝時, 有兄弟共殺人者, 帝以兄不訓弟, 故報【論也】兄重而減弟死, 中常侍孫章宣詔, 言兩報重. 尙書奏章矯制, 罪當腰斬. 帝問郭躬, 躬對曰: "法令有故誤, 章傳令之謬, 於是爲誤, 誤者於文則輕, 當罰金." 帝曰: "章與囚同縣, 疑其故也." 躬曰: "'周道如砥, 其直如矢', 君子不逆詐, 且王法天刑, 不可以委曲生意." 帝善之.

신은 이렇게 생각합니다. 곽궁이 "임금은 하늘을 본받아 형을 내리니, 왜곡하여 의심해서는 안 됩니다."라고 하였으니, 이 말은 옥사를 조사하는 자의 격식이 된다고 하겠습니다.

臣按: 郭躬謂"王法天刑, 不可以委曲生意", 斯言也可以爲讞獄者之

---

11 주(周)나라 … 같다: 《시경》〈대동(大東)〉에 나온다.

格式.

위(魏)나라 오랑캐 관구검(毌丘儉)이 삼족(三族)을 멸하는 형벌을 받았다.
관구검의 손녀가 유씨(劉氏)에게 시집을 갔는데, 사형에 처하려고 할 때
임신한 상태로 정위에게 잡혀 있었다. 사예주부 정함(程咸)이 의논하기를
"남에게 시집간 여자는, 이미 아이를 낳아 길렀으면 다른 집 어미가 되었
으므로 예방차원에서는 간사한 난신의 근원을 징치하기에는 부족하고
인정으로 보면 효자의 마음을 손상합니다. 남자는 다른 집안에서 죄가
되지 않는데 여자만 홀로 두 집안에서 갓난아이까지 죽이니, 여자와 아
이를 긍휼히 여기는 방도가 아니므로 법제의 중대한 분리를 균등하게 해
야 합니다. 신의 생각에는, 혼례 전에 여자는 부모의 형벌을 따르고, 혼
례를 치른 뒤에는 남편의 형류를 따라야 합니다."라고 하였다. 조정에서
따르고 율령에 넣었다.

魏夷毌丘儉族儉孫女適劉氏, 當死, 以孕繫廷尉, 司隸主簿程咸議曰: "女
適人者, 若已產育則成他家之母, 於防不足以懲奸亂之原, 於情則傷孝子之
思, 男不遇罪於他族, 而女獨嬰戮於二門, 非所以哀矜女弱, 均法制之大分
也. 臣以爲在室之女可從父母之刑, 旣醮之婦則從夫家之戮." 朝廷從之, 著
於律令.

신은 이렇게 생각합니다. 순(舜) 임금 시대에 죄인은 처자식에게 연

좌시키지 않았으니, 하물며 다른 성씨 집안에 시집간 여자이겠습니까? 정함의 논의를 위나라 사람이 율령에 넣었으니 후세에 의당 준하여 법으로 삼아야 할 것입니다.

> 臣按: 有虞之世, 罪人不孥, 矧女之適異姓者乎? 程咸之議, 魏人著於律令, 後世宜準以爲法.

진 원제(晉元帝)가 좌승상 때, 웅원(熊遠)이 상서하여 말하기를 "근대가 일어난 이래 사건처리에 율령을 적용하지 않고 다투어 새로운 의견을 만들어 그때그때 제도를 세워 조변석개하니, 주관하는 자조차도 법에 맡기지 못하고 매번 물어야 하니, 정치를 하는 체모가 아닙니다. 저의 생각으로는, 모든 반박은 모두 율령과 경전을 인용하도록 하고 단지 인정으로 말하고 의거할 기준이 없어 옛 법전을 손상하지 못하도록 해야 합니다. 만일 열고 닫기를 사의에 따르고 권도로 사물을 제어하는 것은, 임금이 행할 바이지, 신하가 독단으로 적용할 바가 아닙니다."라고 하였다.

> 晉元帝爲左丞相時, 熊遠上書, 以爲: "軍興以來, 處事不用律令, 競作新意, 臨事立制, 朝作夕改, 至於主者不敢任法, 每輒關諮, 非爲政之體也. 愚謂凡爲駁議者皆當引律令經傳, 不得直以情言, 無所依準, 以虧舊典. 若開塞隨宜, 權道制物, 此是人君之所得行, 非臣子所宜專用也."

신은 이렇게 생각합니다. 웅원이 "모든 반박은 모두 율령과 경전을

인용하도록 하고 단지 인정으로 말하지 못하도록 해야 합니다."라고
하였는데, 이는 후세 법관이 반박하여 바로잡고 의옥을 조사하는 법
이 될 만합니다. 또 말하기를 "열고 닫기를 사의에 따르고 권도로 사
물을 제어하는 것은, 임금이 행할 바이지 신하가 독단으로 적용할 바
가 아닙니다."라고 하였으니, 이 말은 군신의 의리를 깊이 밝혔습니
다. 신하는 관청에서 사안을 처리할 때 모든 소견은 스스로 두루 진
술하여 위에 보고하여 처리를 기다려야지, 임의로 곧장 시행해서는
안 됩니다. 의옥에 반박하는 한 가지 사안만 그러한 것은 아닙니다.

> 臣按: 熊遠謂"凡爲駁議者皆當引律令經傳, 不得直以情言", 此可以爲
> 後世法官駁正讞疑者之法. 又謂"開塞隨宜, 權道制物, 是人君之所得
> 行, 非臣子所宜專", 此言深明於君臣之義. 蓋人臣當官處事, 凡有所見,
> 自當敷陳上聞以須進止, 不可任意直行, 非但駁疑獄一事然也.

당(唐)나라 제도에, 천하의 의옥은 대리시에서 조사하고, 판결할 수 없
으면 상서성에서 중론으로 의논하고 기록하여 법으로 삼을 만한 것은 비
서성으로 보내 상주하였다.

> 唐制, 天下疑獄讞大理寺, 不能決, 尙書省衆議之, 錄可爲法者送秘書奏報.

신은 이렇게 생각합니다. 당나라 제도에, 대리시에서 판결할 수 없
는 의옥은 상서성에서 중론으로 의논하여 정하고, 기록하여 법으로

삼을 만한 것은 비서성으로 보내 상주하였습니다. 비서성이란, 문학을 하는 시종 신하가 보이는 곳이니, 옛 뜻을 인용하고 경사(經史)에서 자문하여, 일시의 의옥을 통해 백세의 법을 세우고 한 사람의 사안에 바탕을 두어 많은 사람의 규칙으로 삼으려는 것입니다. 신은 청컨대, 이제부터 삼법사에서 의옥이 있으면 중론을 보아 조사하고, 법이 될 만한 것 또한 한림원에 보내 편집하여 묶어서 천하에 보이십시오.

> 臣按: 唐制, 凡大理寺所不能決之疑獄, 尙書省會衆議定, 錄可爲法者 送秘書省, 秘書省者文學侍從之臣所聚之處, 欲其引古義質經史以證 之, 因一時之疑立百世之法, 本一人之事爲衆人之則. 臣請自今遇三法 司有疑獄, 會衆詳讞, 有可爲法者亦乞送翰林院纂集爲帙, 以示天下.

정관(貞觀)[12] 중, 대리경 호연(胡演)이 매월 죄수 장부를 올렸다. 태종이 말하기를 "죄수 사이의 불쌍한 자를 어찌 일률로 단죄하겠는가?"라고 하고, 이어 조서를 내려 모든 대벽죄는 상서와 구경이 조사하도록 하였다.

> 貞觀中, 大理卿胡演進月囚帳, 太宗曰: "其間有可矜者, 豈宜以一律斷?" 因 詔, 凡大辟罪, 令尙書·九卿讞之.

---

12 정관(貞觀): 중국 당나라의 제2대 황제인 태종(太宗)의 연호로, 627~649년에 해당한다. 당 태종이 방현령(房玄齡)·두여회(杜如晦)·위징(魏徵) 등의 어진 정승과 이정(李靖)·이적(李勣) 등 의 명장을 등용하여 국세를 신장하고 태평성대를 이루었으므로, 후세에서 이를 정관지치 (貞觀之治)라고 일컫는다.

신은 이렇게 생각합니다. 죄가 대벽에 이르면 죄가 큰 것이지만, 인명은 지극히 중하고 죽은 사람은 다시 살아날 수 없습니다. 지금 관리 한 사람의 말을 믿고 문서 한 장에 근거하여, 사람 하나를 다시 살아날 수 없는 지경에 빠지게 한다면, 어떻게 모두 죄에 합당하고 억울함이 없다고 보장하겠습니까? 태종이 조서를 내려 대벽의 죄를 일률로 단죄하지 않고, 반드시 상서와 구경이 함께 조사하도록 하였으니, 인명을 중시한 것입니다.

> 臣按: 罪至大辟, 罪之大者也, 人命至重, 死者不可復生, 今憑一吏之見, 據一簡之書, 致一人於不可複生之地, 安能保其皆當罪而無冤哉? 太宗詔凡大辟罪不以一律斷, 而必令尙書·九卿同讞之, 重人命也.

당 태종(唐太宗)이 일찍이 죄수 기록에서 동주(同州) 사람 방강(房彊)이 동생의 모반으로 연좌된 것을 보고, 시신에게 말하기를 "반역에는 두 가지가 있다. 군대를 일으켜 대중을 동원하는 것이 하나이고, 나쁜 말로 범법하는 것이 둘째이다. 경중이 본디 다른데 마찬가지로 반역이라고 하여 연좌시켜 모두 사형을 시키니, 어찌 일정한 법이겠는가?"라고 하였다.

> 太宗嘗因錄囚, 見同州人房彊以弟謀反當從坐, 謂侍臣曰: "反逆有二, 興師動衆一也, 惡言犯法二也. 輕重固異, 而鈞謂之反, 連坐皆死, 豈定法耶?"

신은 이렇게 생각합니다. 이 말은 후세에 반역의 옥사를 판단하는 자가 의당 기준으로 삼아야 합니다.

당 태종이 간신을 막고자, 사람을 보내 유사에게 재물로 뇌물을 주었더니, 사문영사가 비단 1필을 받았다. 상이 노하여 죽이려고 하니, 배구(裴矩)가 간하기를, "이 사람이 뇌물을 받았으니 진실로 무거운 주륙을 받아도 합당합니다. 다만 폐하께서 재물로 시험한 뒤 바로 극형을 시행하려고 하니 이른바 사람을 죽을죄에 빠트리는 것으로, 덕으로 이끌고 예의로 가지런히 하는[13] 뜻이 아닌 듯합니다."라고 하니, 상이 그 말을 받아들였다.

太宗欲止奸, 遣人以財物試賂之, 有司門令史受饋絹一匹, 上怒, 將殺之, 裴矩諫曰: "此人受賂誠合重誅, 但陛下以物試之, 卽行極法, 所謂陷人於死, 恐非道德齊禮之義." 上納其言.

신은 이렇게 생각합니다. 태종이 사람에게 재물을 주고 뇌물죄에 연루시켰으니, 진실로 임금이 사람을 대하는 도리가 아니었습니다. 그렇지만 배구가 간하자 바로 그 말을 받아들였으니 그 또한 고집을 부

---

13 덕으로 … 하는: 《논어》 〈위정(爲政)〉에서 "덕으로 인도하고 예의로 가지런히 한다.[道之以德, 齊之以禮.]"라는 구절에서 왔다.

리고 철회하지 않는 자와 다른 것입니다.

臣按: 太宗餌人以物而坐以贓罪, 非人君以誠待人之道, 然裴矩諫之而卽納其言, 其亦異諸偏執不回者歟.

당 태종이 말하기를 "옛날 옥사를 판단할 때는 반드시 삼괴(三槐)와 구극(九棘)[14] 아래 물어보았으니, 지금 삼공과 구경이 그 직책이다."라고 하고, 사죄(死罪)는 중서문하성 5품 이상 및 상서가 평의하도록 조서를 내렸다.

太宗以爲, 古者斷獄必訊於三槐九棘之下, 今三公九卿卽其職也, 乃詔死罪中書門下五品以上及尙書平議之.

　신은 이렇게 생각합니다. 지금 제도에서 문무 대신에게 사형수를 의논하게 하는 것이 이 제도와 같습니다. 그렇지만 가을이 된 뒤에 회의할 때 대신이 일시에 모이고, 법사(法司)에서 수행하는 관리가 비록 바로 그 범법 사유를 사람들에게 먼저 읽어 주지만, 문안을 만들 때 혹 법조문을 갖추어 문리를 만들면서 일시에 급하게 하여 쉽게 상론

───

14 삼괴(三槐)와 구극(九棘): 주(周)나라 때 조정에 삼괴와 구극을 심어 놓고, 공경대부(公卿大夫)가 그 아래 나누어 앉았다고 한다. 《주례(周禮)》〈추관사구(秋官司寇)〉에 "왼편 구극이 있는 곳에는 고(孤)·경(卿)·대부(大夫)가 자리하고, 오른편 구극이 있는 곳에는 공(公)·후(侯)·백(伯)·자(子)·남(男)이 자리하며, 앞 삼괴가 있는 곳에는 삼공이 자리한다." 하였다.

하지 못하는 경우가 있습니다.

분명한 제도를 위하여, 매해 모여서 중죄인을 의논할 때 먼저 법사에서 회의할 죄수의 범법 사실과 진술서를 두루 보내 알고 모이도록 하고, 중간에 의심스럽거나 불쌍한 경우가 있으면 명백한 증거를 상세히 갖추어 중론이 따져보고 연명하여 보고하도록 하십시오. 이렇게 하면 회의가 겉으로만 고사에 부응하지 않고, 죄를 범하고 죽은 백성 가운데 억울함이 없을 것입니다.

臣按: 今制令文武大臣議死囚與此同, 然當秋後會議之時, 大臣一時會集, 法司承行官吏雖卽其犯由當衆先讀. 然成案或有文致具成文理, 一時猝急, 未易詳究. 乞爲明制, 每歲會議重囚, 先期法司備將會議罪囚所犯事由及其招擬通行知會, 中間若有可疑可矜者, 詳具明白, 當衆辨詰, 聯名以聞. 如此, 則會議不爲虛應故事, 而民之犯罪死者無冤矣.

당 현종(唐玄宗) 때, 무강령 배경선(裴景僊)이 강제로 뇌물을 요구하여 5천 필을 쌓아 두는 죄를 범하였다. 상이 노하여 사람들을 모이게 하여 죽이라고 하였다. 대리경 이조은(李朝隱)이 상주하기를 "배경선이 강제 뇌물 요구죄를 범하고도 사형에 이르지 않은 것은 그 증조 배적(裴寂)이 원훈(元勳)을 세웠기[15] 때문이고, 그 가문이 일찍이 허물이 아닌데 주륙당할 죄

---

15 배적(裴寂)이 원훈(元勳)을 세웠기: 수(隋)나라 말, 당 고조(唐高祖)가 태원 태수(太原太守)로 있으면서 진양궁 감(晉陽宮監)을 겸하고 있었는데, 수나라가 망할 것을 간파한 이세민(李世民)은 진양궁 부감으로 있던 배적과 모의하여, 고조로 하여금 거사할 결심을 군히게 했다.《신당서(新唐書)》권88〈배적열전(裴寂列傳)〉.

에 빠져 오직 배경선만 홀로 남았으니 마땅히 논의 대상에 해당됩니다. 또한 한 가문의 제사가 끊어지는 것은 인정에 불쌍하기도 하니, 저자에 시체를 드러내는 형벌을 너그럽게 하시고 멀리 유배 보내십시오."라고 하였으나, 상이 허락하지 않았다. 이조은이 또 상주하기를 "생살의 권한은 군주가 오로지하는 것이고, 경중은 조문이 있으니 신하는 지킬 뿐입니다. 법에 근거하면 심리를 왜곡하여 15필을 취한 자는 바로 사형에 처하고, 강제로 뇌물을 요구해서 수천 필을 받은 자를 유배에 그쳐야 합니다. 만일 강제 뇌물 요구죄를 바로 참형에 처한다면, 뒤에 법을 굽혀 이 죄과에 해당하는 경우 무슨 벌을 더하겠습니까?"라고 하였다.

玄宗時, 武強令裴景僊犯乞取臟積五千匹, 上怒, 令集衆殺之, 大理卿李朝隱奏曰: "景僊犯乞臟罪不至死, 其曾祖寂締構元勳, 其家曾陷非辜誅夷, 惟景僊獨存, 宜入議條, 且一門絶祀, 情或可矜, 願寬暴市之刑, 俾就投荒之役." 詔不許. 朝隱又奏曰: "生殺之柄, 人主合專, 輕重有條, 臣下當守, 據法枉理而取十五匹便抵死刑, 因乞爲臟數千匹止當流坐, 若令乞取得罪便處斬刑, 後有枉法當科欲加何辟?"

신은 이렇게 생각합니다. 지금 형률에 법을 굽혀 뇌물을 구하는 것이, 뇌물을 요구하여 재물을 받은 것과 같기는 하지만, 그 재물을 얻는 방법은 다르니, 이것이 죄에 경중이 있는 이유입니다.

臣按: 今律有枉法臟求, 索臟受財雖同, 其所以得財者則異, 此罪所以有輕重也.

유종원(柳宗元)이 유주 자사가 되었다. 주의 백성 막성(莫誠)이 형을 구하다가 대나무로 그 사람의 오른쪽 어깨를 찔렀는데, 12일이 지나 죽었다. 형률에 다른 물건으로 때리거나 상해를 입혀 앓던 중에 죽으면 살인죄로 논한다는 것을 준거로, 유종원이 계관관찰부에 문서를 올려 말하기를 "막성은 달려가 급히 움직였고 사건이 일시에 터져 난감한 상황을 해결하는 것만 마음에 있었지 어찌 다른 물건을 생각했겠습니까? 형을 구하는 데는 급박한 상황에 대한 두려움이 있었고, 어깨를 찔리는 것이 반드시 죽는 부상도 아니었는데 불행히 죽었으니, 헤아려보면 본의가 아닙니다. 법조문을 살펴보면 응당 공손히 지켜야 하지만, 사안을 다루다 보니 딱한 듯합니다. 율문에는 의당 사면이 없고 유사는 지당한 마음을 밝혀야 하지만, 사정이 혹 편치 않아 수리(守吏: 자사인 유종원 자신)는 가볍게 다스리기를 원합니다."라고 하였다.

柳宗元爲柳州刺史, 州民莫誠救兄以竹刺其人右臂, 經十二日身死, 準律以他物毆傷在辜內死者依殺人論, 宗元上狀桂管觀察府, 謂: "莫誠赴急而動, 事出一時, 解難爲心, 豈思他物, 救兄有急難之戚, 中臂非必死之瘡, 不幸致殂, 揣非本意, 按文固當恭守, 撫事似可哀憐, 律宜無赦, 使司明至當之心, 情或未安, 守吏切惟輕之願."

신은 이렇게 생각합니다. 고을 백성이 범법을 했는데 정상이 불쌍한 데가 있으면, 수령이 된 자가 그를 위해 신원해 주지 않으면 부모다움이 아닙니다. 유종원이 수부에 문서를 올려 막성의 죄를 가볍게 해 주기를 청한 것 또한 자사가 마땅히 해야 할 직분입니다.

당 목종(唐穆宗) 장경(長慶) 연간에, 우림관기(羽林官騎) 강헌(康憲)의 아들 매득(買得)은 나이 14세인데, 아버지가 힘센 장사【력(力)이란 씨름할 정도의 힘이 있는 사람이다.】 장리(張湿)에게 잡혀 숨이 끊어질 상황이 되자, 나무 삽으로 그의 머리를 쳐서 피를 흘리고 죽게 했다. 유사가 사형에 해당한다고 하였으나, 형부원외랑 손혁(孫革)이 상주하기를 "매득은 아비의 곤경을 구한 것이지 폭력으로 친 것은 아닙니다. 《예기》〈왕제(王制)〉에 '오형(五刑)을 다스릴 때는 반드시 부자의 친함을 살핀다.'라고 하였고, 《춘추(春秋)》의 의리에 마음을 살펴 죄를 정한다고 했습니다. 지금 강매득은 어리고 효성스러우니 의당 불쌍히 여겨야 합니다. 중서문하성에 내려 상량하기를 바랍니다."라고 하였다. 칙지에 "매득이 아직 어린 나이이고 자식의 도리를 알았으니, 비록 살인은 사형에 해당되지만 아비에게 불쌍한 일이다. 목숨을 빼앗은 조목에 따른다면 실정을 살피는 의리를 잃을 듯하니, 법사에 보내 사형을 1등 감하여 처분하라."라고 하였다.

穆宗長慶中, 羽林官騎康憲男買得年十四, 以其父被力人【能角抵有力之人】張湿所拉氣將絕, 持木鍤擊其首, 見血死, 有司當以死刑, 刑部員外郎孫革奏: "買得救父難, 非暴擊, 《王制》稱五刑之理必原父子之親, 《春秋》之義原心定罪, 今買得幼孝, 宜在哀矜, 伏冀下中書門下商量." 敕旨: "買得尚在童年, 能知子道 · 雖殺人當死, 而爲父可哀, 若從沈命之科, 恐失原情之義, 宜付法司減死罪一等處分."

신은 이렇게 생각합니다. 죄를 논하는 자는 반드시 실정을 살펴야 하니, '원정(原情)' 두 글자는 실로 고금에 옥사를 조사하는 핵심 방도입니다.

臣按: 論罪者必原情, 原情二字實古今讞獄之要道也.

당 경종(唐敬宗) 보력(寶曆) 3년(827),[16] 경조부(京兆府)가 시어미가 며느리를 때려 죽음에 이르게 한 일이 있자 사형으로 갚아야 한다고 주청하였다. 형부상서 유공작(柳公綽)이 의논하기를 "존속이 비속을 구타하는 것은 싸움이 아닙니다. 또 그 아들이 살아 있는데, 처 때문에 어미를 주륙하는 것은 교화가 아닙니다."라고 하니, 마침내 사형의 감면으로 논하였다.

敬宗寶曆三年, 京兆府有姑鞭婦至死者, 奏請斷以償死, 刑部尙書柳公綽議: "尊毆卑, 非鬪也. 且其子在, 以妻而戮其母, 非敎也." 遂減死論.

---

16 보력(寶曆) 3년(827): 당 경종은 재위기간이 824~826년이고, 보력은 2년(826)까지이다. 뭔가 착오가 있는 듯하다.

신은 이렇게 생각합니다. 형벌로 교화를 도우니, 죄를 논하는 자는 반드시 교화를 위주로 해야 합니다.

臣按: 刑以弼敎, 論罪者, 必當以敎爲主.

오대(五代) 진(晉)나라 천복(天福) 연간에, 형부원외랑 이상(李象)이 상주하기를, "형법에 근거하면, 도적에게서 아직 본 장물을 발견하지 못했는데, 신문하다가 죽음에 이르게 한 경우, 고의면 고의 살인으로 논하고, 고의가 없는 경우는 1등을 감하였습니다. 또한 옥사를 판단하는 율문에 '만약 법에 따라 장(杖)을 치고 숫자대로 신문하여 자백시키되, 우연히 죽음에 이르게 한 자는 논하지 않는다. 해후란 기어코 죽이려고 한 것은 아닌데 죽은 것입니다. 또한 저 사람은 신문하여 자백시키는 것은 그래도 논하지 말아야 한다고 하고, 이 사람은 고의가 없어도 오히려 죄에 걸린다고 말하여, 사리가 서로 배치됩니다. 오늘 이후 신문할 때 치사시킨 경우, 실제로 고의가 없다면 우연히 죽음에 이르게 한 경우 논하지 않는 뜻대로 하기를 청합니다."라고 하였다.

五代晉天福中, 刑部員外郞李象奏: "據刑法, 盜賊未見本贓, 推勘因而致死者, 故者以故殺論, 無故者減一等, 又據斷獄律云, 若依法使杖依數拷決而邂逅致死者勿論, 邂逅謂不期致死而死, 且彼言拷決尙許勿論, 此云無故卻令坐罪, 事理相背, 請今後推勘之時致死者, 若實無故, 請依邂逅勿論之義."

마단림(馬端臨)이 말하였다.

"유죄인 자가 감옥에 구속되어 있는데, 관청에서 제때 조문대로 판결하지 않아서 감옥에서 병들어 죽게 하였다면, 이는 진실로 나라를 다스리는 자가 불쌍히 여겨야 할 일이다. 그런데 이미 도적이라고 말하였다면 중대한 경우는 죽일 수 있고, 사소한 경우에는 형벌을 줄 수 있다. 신문에 시간을 지연하면서 바로 승복하지 않는 자는 모두 대단히 교활하고 커다란 해충이다. 우연히 치사하게 하였는데 고의 살인으로 논하는 것은 지나치다."

馬端臨曰: "有罪者拘滯圄圄, 官不時科決而令其瘐死, 此誠有國者之所宜矜閔. 然旣曰盜賊, 則大者可殺, 小者可刑, 其推勘淹時而不卽引伏者, 皆大猾巨蠹也, 邂逅致死而以故殺論, 過矣."

신은 이렇게 생각합니다. 지극한 악행을 저지르는 인간이 도적입니다. 크게는 남의 목숨을 해치고, 작게는 남의 재물을 훔치니, 진실로 불쌍히 여길 것이 없습니다. 그러나 옛날 법을 제정했던 자들은 도적을 조사하다가 장물을 발견하지 못한 상태에서 죽은 경우에 고의와 고의 없음에 대한 형벌을 만들어, 우연히 당사자가 죽은 경우가 아니면 반드시 논죄하였습니다. 이는 다름 아니라, 도적이라는 이름은 천하의 지극한 악인이지만 하루아침에 형벌을 그 사람에게 가하는 것은, 정말 실정과 드러난 자취가 있지 않으면 안 됩니다. 실정과 드러난 자취를 알려면 반드시 그 패거리를 끝까지 찾아내고 장물을 수색해야 합니다.

대개 강도는 반드시 패거리가 있고, 반드시 도구를 가지고 있고 반드시 재물을 얻습니다. 재화는 물건과 같고, 도구는 집집마다 소유하고 있으며, 패거리는 사람마다 지목할 수 있습니다. 지금 도둑을 잡을 때 아울러 패거리, 도구, 재물을 얻었는데 그것이 진실인지 허위인지 내가 알지 못하면서 남에게 악명을 가하여 죽을 지경에 이르게 하는 것이 어찌 가볍고 쉬운 일이겠습니까. 그러므로 심한 분노로 죄인에게 임해서 그 실정을 털어놓게 해서도 안 되고, 엄한 형을 가하여 그 삶이 오래 남게 해서도 안 됩니다. 실정을 털어놓으면 진위를 볼 수 있을 것이고, 목숨을 오래 남겨 두면 시비를 알 수 있을 것입니다.

그러므로 그 패거리를 징험하면 필시 그의 집안, 거주지, 습관의 차이, 이합집산, 모의의 이유를 두루 파악할 수 있습니다. 그 장물과 도구를 징험하면 필시 제작, 물색, 형상의 차이, 대소, 신구, 정교함의 실질을 궁구할 수 있으며, 어떤 물건은 누구를 통해서 얻었고, 어떤 사람은 누구를 통해서 왔는지, 누가 어떤 기계를 가졌고, 누가 어떤 재물을 얻었는지, 경유한 곳이 어디인지, 증명한 것이 누구인지 탐구할 수 있습니다. 그 이웃에 방문한 뒤에 또 친속에게 물어보고, 추징한 장물은 반드시 잃어버린 주인으로 하여금 잃어버린 물건에 대해 먼저 그 형상이 어떠한지, 색상이 어떠한지, 큰지 작은지, 긴지 짧은지, 새것인지 낡은 것인지, 어떤 물건은 어떤 기술자가 만든 것이고, 어떤 물건은 어떤 사람을 통해서 얻었는지 진술을 받습니다. 그 뒤 잃어버린 물건과 확보한 장물을 비교하여 모두 같고, 반드시 하나도 착오와 차이가 없다는 것을 확인한 뒤, 죄에 적용한다면 내 마음도 다하고 그의 마음도 승복할 것입니다.

우러러 생각건대, 우리 왕조는 조의(朝儀)가 가장 엄숙하여, 비록 반역 대죄를 범하였어도 아침에 불러 보지 않았으며, 잡은 강도에게 장물과 도구를 가지고 어전에 가게 한 것은 뜻이 없지 않았습니다. 대개 불순한 무리들이 판결 받을 사람을 무함하여 승진과 포상을 바랄까 우려하고, 억울한 사람으로 하여금 황제를 대면하여 호소하여 사람이 단절되는 데 이르지 않게 하려던 것입니다. 아! 성조(聖祖)의 마음은 천지(天地)의 마음이니, 신하된 자가 깊이 본받아야 할 것입니다.

臣按: 人之至惡者盜賊也, 大則害人之命, 小則攘人之財, 誠無足矜閔者, 而古之制法律者推勘盜賊不見本贓而死者, 尙爲故與無故之刑, 非避逅身死者必論焉. 此無他, 盜賊之名天下之至惡者也, 一旦用以加諸其人, 非眞有實情顯跡者不可也, 欲知其實情顯跡, 必須窮其黨與·索其贓仗焉. 蕅爲劫盜必有黨與, 必持器仗·必得貨財, 貨財物同也, 器仗家家有也, 黨與人人可指也, 今獲盜焉並與其黨與器械·貨財而得之, 其眞耶僞耶, 吾不得而知也, 欲加人以惡名而致之於死地, 烏可以輕易乎哉? 是故不可以盛怒臨之, 俾之得以輸其情也, 不可以嚴刑加之, 俾之得以久其生也, 輸其情則眞僞可得而見, 久其生則是非可因而知, 是以驗其黨與必歷審其家世·居止·性習之異, 離合·聚散·圖謀之由, 驗其贓仗, 必詳究其製造·物色·形狀之殊, 小大·新陳·利鈍之實, 某物因某得, 某人因某而來, 某執某器械, 某得某貨財, 所經由也何處, 所證見也何人, 旣訪諸其鄰保, 又質諸其親屬, 及其追贓也, 必俾失主先具其所失之物, 其形狀如何·其色樣如何, 或大或小·或長或短·或新或陳, 某物乃某工所製, 某物從某人而得, 所失之物與所得之贓較勘皆同, 必須無一之參錯互異, 然後坐以罪焉, 則我心盡而彼心服矣. 仰惟我祖宗朝儀最爲嚴肅, 雖犯反逆大罪亦不當朝引見, 惟於所獲強盜則連贓仗

引赴闕前, 非無意也, 蓋恐不逞之徒誣執平人以希升賞, 使有冤者得以
對天籲告, 不至爲人所隔絕也. 嗚呼, 聖祖之心, 天地之心也, 爲臣子者
所當深體.

송 태종(宋太宗) 단공(端拱) 연간에, 광안(廣安) 군민(軍民) 안숭서(安崇緒)는
자기 계모 풍(馮)이 아비 안지일(安知逸)과 이혼당할 것을 알고, 지금 풍이
아비의 자산을 빼앗아 자기 자식에게 주고자 한다고 고발하였다. 대리
(大理)는 안숭서가 어미를 소송한 죄로 사형으로 결정하니, 태종이 의심하
였다. 판대리시 장자(張泚)가 앞의 판단을 고집하자, 마침내 대성(台省)에
내려 의논하게 하였다. 서현(徐鉉)은 "안숭서에 대한 심리가 비록 번거롭
지만 다만 그 어미 풍이 이혼을 했는지 아직 이혼하지 않았는지를 결정
해야 한다."라고 했다.

우복야 이방(李昉) 등이 의논하기를 "안숭서는 풍에게 농토를 강점당하
였고 친모 아포(阿蒲)의 의식이 충분하지 않았기 때문에 논의하여 고소하
였습니다. 만일 법사(法寺)에 따라 사형으로 판단하면 안지일은 무슨 허
물이 있다고 후사를 끊기고, 아포는 몸을 맡길 곳이 없어집니다. 신 등은
농토를 상세히 살펴 아울러 안숭서에게 합쳐 돌려주고, 풍 또한 아포와
함께 동거하면서 종신 봉양하여 빠트리지 않게 하십시오. 풍은 마음대로
장전(莊田)을 팔지 못하게 하고 아울러 본가의 친족 또한 와서 안숭서의
집 일을 주관하지 못하게 하십시오. 이렇게 하면 아들이 비록 서자(庶子)
지만 아버지의 사업을 편안하게 할 수 있고, 여자는 비록 출가했지만 돌
아갈 본가가 있으며, 아포나 풍은 종신토록 봉양이 결핍되지 않도록 하

십시오."라고 하였다. 황제가 명을 내려 이방 등의 의견을 따르고, 장자 등에게 각각 1개월 녹봉의 벌을 내렸다.

宋太宗端拱中, 廣安軍民安崇緖告其繼母馮爲父知逸所離, 今馮奪父資産, 欲與己子, 大理定崇緖訟母罪死, 太宗疑之, 判大理寺張泌固執前斷, 遂下台省議, 徐鉉議謂崇緖詞理雖繁, 但當定其母馮曾離與不曾離. 右僕射李昉等議曰: "崇緖爲馮强占田業, 親母阿蒲衣食不充, 所以論訴, 若從法寺斷死, 則知逸何辜而絶嗣, 阿蒲無地而托身. 臣等參詳田業並合歸崇緖, 馮亦合與蒲同居, 終身供侍, 不得有闕, 馮不得擅自貨易莊田, 並本家親族亦不得來主崇緖家務. 如是, 則男雖庶子有父業可安, 女雖出嫁有本家可歸, 阿馮終身亦不乏養." 詔從昉等議, 泌等各罰一月俸.

신은 이렇게 생각합니다. 서현(徐鉉)이 "다만 그 어미 풍이 이혼을 했는지 아직 이혼하지 않았는지를 결정해야 한다."라고 하여, 이 옥사를 판단하는 자는 이 말을 위주로 삼아, 풍씨가 이미 이혼했다면 안씨와 의리가 끊어진 것이니, 그 농지를 얻을 수 없는데 하물며 낳은 자식이겠습니까? 안숭서가 소송을 한 것은 마땅합니다. 본래 이혼한 적이 없다면 이는 안숭서가 서자로 적모(嫡母)를 소송한 것이므로 죽을 죄에 해당하는 것이 또 무슨 의심할 것이 있겠습니까?

안숭서가 풍이 아비의 자산을 점거하여 자기 자식에게 주고자 한다고 소송한 것을 보면, 이방 등 또한 "여자는 비록 출가했지만 돌아갈 본가가 있으며, 아포나 풍은 종신토록 봉양이 결핍되지 않는다."라고 하였으니, 자기 자식이란 과연 안지일의 소생인지 아니면 전남편의 아들인지, 아니면 안지일이 죽은 뒤 아포와 풍이 재가하여 낳은 것인지 모르겠습니다.

분명히 전남편 자식이라면 본디 안씨의 농토를 얻어서는 안 되고, 만일 재가하여 낳은 자식이라면, 풍은 안씨에 대해 결코 다시 돌아갈 리가 없는 것이니, 정말 이와 같다면 장자와 이방의 의논은 모두 반드시 타당하다고 할 수 없습니다. 그렇다면 이 옥사를 어떻게 판단해야겠습니까?

만일 안지일이 본디 아포나 풍과 이혼한 적이 없는데 안숭서가 이혼했다고 함부로 생각했다면, 어미에게 죄를 얻었을 뿐 아니라 마찬가지로 아비에게도 죄를 얻은 것이니, 자식으로서 어미를 고발하였다면 윤리가 어디에 있겠습니까? 사죄로 다스려야 마땅할 것입니다. 관청이 실정을 따져 죄를 정할 때, 안지일의 제사가 끊어질 것을 근심하였고, 안숭서가 친모를 봉양하지 못하는 것 때문에 적모를 소송한 것으로, 실정이 자기를 위한 것이 아니니 또한 불쌍히 여길 만하였으니, 위에 보고하여 일단 가벼이 감형하는 것이 옳습니다.

臣按: 徐鉉謂但當定其母馮曾離與不曾離, 斷此獄者當以此言爲主, 若是馮氏已離異, 則與安氏義絕, 不當得其田業, 況其所生之子乎? 崇緖訟之宜也. 若本不曾離異, 則是崇緖以庶子而訟嫡母, 當以死罪又何可疑? 觀崇緖訟馮占父資産, 欲與己子, 而李昉等亦謂'女雖出嫁有本家可歸, 阿馮終身不乏養', 不知所謂己子者果知逸所生乎, 或前夫之子乎, 抑知逸死後而阿馮再嫁所生乎? 審是前子則固不當得安氏田業, 若是再嫁有所生則馮於安氏決無可復歸之理, 允若茲則泚與昉所議皆未必爲得, 然則斷是獄也奈何? 曰若安知逸本不曾離阿馮, 而崇緖妄以爲離,

非但得罪於母, 且得罪於父, 以子告母, 倫理何在? 坐以死宜也. 官司原
情定罪, 閔知逸之絕祀, 而崇緒爲親母乏養而訴嫡母, 情非爲己, 亦有
可矜, 聞之於上, 姑從輕減可也.

　　송 인종(宋仁宗) 천성(天聖) 4년(1026), 조서에서 "짐은 인구(人口)의 증가를
염려하는데 대드는 자가 많다. 법에는 고하가 있고 실정에는 경중이 있
는데, 유사가 교묘히 미묘한 조문을 만들어 일체 무거운 형벌을 가하니,
어찌 짐의 생명을 좋아하는 뜻에 맞겠는가? 천하의 사죄(死罪) 가운데 정
리(情理)가 불쌍하고, 형명(刑名)이 의심스러운 것은 문안을 갖추어 보고하
고, 유사가 반박하지 못하도록 하라."라고 하였다. 그 뒤 법에 비록 상주
해야 하는 것이 아니어도 죄에 걸린 관리는 심형원(審刑院)에서 첨부하여
상주하고, 모두 은혜로 석방하는 것을 예로 삼았으며, '첩방(貼放)'이라고
이름하였다. 관리가 처음 견제가 없게 되었고, 심리받는 자는 대부분 사
형을 감하였다.

仁宗天聖四年, 詔曰: "朕念生齒之蕃, 抵冒者衆, 法有高下, 情有輕重, 而
有司巧避微文, 一切致之重辟, 豈稱朕好生之志哉? 其令天下死罪情理可矜
及刑名疑慮者, 具案以聞, 有司勿得擧駁." 其後雖法不應奏, 吏當坐罪者,
審刑院貼奏, 率以恩釋爲例, 名曰貼放. 吏始無所牽制, 讞者多得減死.

　　신은 이렇게 생각합니다. 죄를 지어 죽음에 이르고, 죽으면 다시 살

아날 수 없습니다. 법관이 분명히 그 사람이 죽을죄에 해당하지 않는 것을 알면서도 범죄자가 죽음에 해당하는 형에 얽히면 마침내 사형을 가하니, 이것은 어째서입니까? 조문에 구애되어 유사에게 반박을 받을까 두려워하기 때문입니다. 인종의 이 조서는 후세의 법이 될 만합니다.

臣按: 罪而至於死, 死則不可復生矣. 法官明知其人之不應死而其所犯者罹於死之刑, 遂加以死刑焉, 是何也? 拘於文而恐爲有司擧駁故也. 仁宗此詔可爲後世法.

송 신종(宋神宗) 희녕(熙寧) 초, 등주(登州)의 아녀자 아운(阿云)은, 어미 상중에 위씨(韋氏)【씨(氏)는 빙(聘)으로 쓴 경우도 있다.】에게 시집갔는데 남편이 누추한 것을 싫어하여 죽이려고 모의했으나 죽지 않았고 심문에 응하려고 자수하였다. 심형원과 대리시에서 사형으로 논하고, 율을 어기고 혼인한 죄로 상주하였는데, 황제가 사형을 용서하였다. 지등주 허준(許遵)이 형률의 '이유가 있어 살상을 범했으나 자수하면 면한다'는 조문을 인용하여, 이유가 있는 죄는 그대로 고의로 살상한 법에 따르고, 모의를 이유로 판단하였으며, '심문에 응한다'는 조문을 적용하여 2등을 감하라고 상주하였다. 형부에서는 심형원, 대리시와 같이 결정하였다. 허준이 승복하지 않고, 두 관청에 내려 상론하기를 청하였다. 조서를 내려 한림학사 사마광(司馬光), 왕안석(王安石)도 같이 의논하라고 명하였다. 두 사람의 의견이 같지 않아서 마침내 각각 상주하였다.

사마광의 의견은 형부가 옳다고 하였고, 왕안석의 의견은 허준이 옳다

고 하였다. 왕안석의 의논을 따르라고 명하였는데, 어사중승 등보(滕甫)
가 다시 논의하기를 청하자, 조서로 한림학사 여공저(呂公著), 지제고 전공
보(錢公輔)에게 보내 거듭 결정하라고 명하였다. 여공저 등의 의견은 왕안
석과 같았고, '가하다'고 명하였다.

법관 제회(齊恢) 등이 모두 여공저의 의견이 부당하다고 말하였고, 또
왕안석이 법관과 모여 의논하라고 명하였다. 이듬해 2월, 조서를 내려
"지금 이후 모의하여 살인한 자가 자수하면 아울러 상주하고 칙령을 듣
고 재판하라."라고 하였다. 형부 유술(劉述)이 조서가 미진하니 중서성에
봉하여 돌려보내라고 상주하였다.

왕안석이 당시 참지정사가 되어 또 상주하여, 당개(唐介) 등과 여러 번
황제 앞에서 쟁론하였는데, 마침내 왕안석의 의견을 따랐다. 유술 등이
또 중서성, 추밀원이 합의하기를 청하고, 중승 여회(呂誨)와 어사 유기(劉
琦)가 모두 유술의 상주처럼 하기를 청하였고, 2부(府)에 내렸다.

문언박(文彦博)은 살상한 자는 죽이려고 해서 해친 것이니, 곧 이미 죽
인 자는 자수할 수 없다고 말하였다. 여공필은 살상은 형률에 자수할 수
없으니, 지금부터 이미 살상한 것은 형률대로 하고, 이어서 공을 더하고
자수하면 바로 상주하여 재판하자고 하였다. 진승지(陳升之)와 한강(韓絳)
의 의견은 왕안석과 대략 같았다.

神宗熙寧初, 登州有婦阿云, 母服中嫁韋氏【一作"聘"】, 惡其夫陋, 謀殺不死,
按問欲舉, 自首. 審刑院·大理寺論死, 用違律爲婚奏裁, 敕貸其死. 知登州
許遵奏引律因犯殺傷而自首得免, 所因之罪仍從故殺傷法, 以謀爲所因, 當
用按問欲舉條減二等, 刑部定如審刑·大理, 遵不服, 請下兩制詳, 詔翰林
學士司馬光·王安石同議. 二人議不同, 遂各爲奏, 光議是刑部, 安石議是

遵, 詔從安石所議, 而御史中丞滕甫請再議, 詔送翰林學士呂公著・知制誥
錢公輔重定. 公著等議如安石, 詔曰"可". 法官齊恢等皆以公著所議爲不當,
又詔安石與法官集議, 恢等益堅其說. 明年二月, 詔: "今後謀殺人自首, 並
奏聽敕裁判." 刑部劉述奏詔書未盡, 封還中書, 王安石時爲參知政事, 又奏
與唐介等數爭議帝前, 卒從安石議. 劉述等又請中書・樞密院合議, 中丞呂
誨・御史劉琦皆請如述奏, 下之二府, 文彥博以爲殺傷者欲殺而傷也, 卽已
殺者不可首. 呂公弼以爲殺傷於律不可首, 請自今已殺傷依律, 其從而加功
自首卽奏裁. 陳升之・韓絳議與安石略同.

　사마광이 말하였다.

　"조문을 가지고 사례에 근거하는 것은 유사의 직무이고, 실정을 검
토하여 옥사를 결정하는 것은 임금과 재상의 일이다. 쟁송을 분변할
때 예(禮)가 아니면 판결하지 않으니, 예가 제거되는 곳에 형벌이 자
리하기 때문이다. 아운 사건은 예로 보면 어찌 판결하기 어려운 옥사
이겠는가? 그는 모의 살해가 한 가지 사안이라느니, 두 가지 사안이
라느니, 모의가 이유가 되느니, 이유가 되지 못하느니 하는 것은 이는
세세하게 따지는 논의이고 법조문을 다루는 속된 관리들의 다툼이
지, 어찌 명군과 현상이 유의할 바이겠는가? 지금 의논이 1년여를 지
난 뒤 법이 되었고, 끝내 백대(百代)의 떳떳한 법전을 폐기하고 삼강(三
綱)의 대의를 어그러트려 선량한 사람이 고할 데가 없고 간흉이 뜻을
얻게 하였으니, 지엽을 따르다가 근본을 잊은 소치일 것이다."

司馬光曰: "執條據例者有司之職也, 原情制獄者君相之事也. 分爭辨訟, 非禮不決, 禮之所去, 刑之所取也. 阿云之事, 以禮觀之, 豈難決之獄哉? 彼謀殺爲一事爲二事, 謀爲所因不爲所因, 此苛察繳繞之論, 乃文法俗吏之爭, 豈明君賢相所當留意耶? 今議論歲餘而後成法, 終爲棄百代之常典, 悖三綱之大義, 使良善無告, 奸凶得志, 豈徇其枝葉而忘其本根之致耶?"

신은 이렇게 생각합니다. 송나라 때 형을 제정할 때 율문도 있었고 칙문도 있었습니다. 아운의 옥사가 이미 대리시, 심형원, 형부를 거치고, 또 한림(翰林), 중서성, 추밀원을 거쳤습니다. 사마광·왕안석·여공저·공필(公弼)·문언박·당개(唐介) 같은 명신, 유술·여회(呂誨)·유기(劉琦)·전연(錢鏋)·재회·왕사원(王師元)·채관경(蔡冠卿) 같은 법관의 논의가 어지러워 그때까지 결정된 의견이 없었습니다.

원인을 따져 보면, 모두 율칙의 조문을 다투면서 모의와 살인을 한 가지 사안으로 보느냐, 두 가지 사안으로 보느냐, 이유가 있느니, 이유가 없느니 하는 것일 뿐입니다. 이로써 보면, 나라에서 형법서를 만들 때는 일정한 제도가 있어야 하고, 조문을 세울 초기에 온당한지 참작하여 반드시 바꾸기 쉽지 않아야 합니다. 그런 뒤에 문서에 적어서 그 조문을 가지고 적용하는 것이 마치 저울을 가지고 있는 듯하여 경중 다과를 사람에 따라 오르내리지 않는 것이 옳습니다. 그렇다면 아운의 옥사를 어떻게 처리하겠습니까?

사마광이 진실로 "쟁송을 분변할 때 예(禮)가 아니면 판결하지 않는다."고 했으니, 신은 예로 결정하기를 청합니다. 부부(夫婦)는 삼강(三綱)의 하나이고, 중대한 천륜(天倫)입니다. 아운이 이미 위씨와 혼인을 했으니, 위씨는 아운의 하늘인데, 하늘을 배반하겠습니까? 설사 위씨가 악역의 죄가 있다면 그래도 용인할 바가 있지만, 지금은 단지 용모가 누추하기 때문에 모의하여 죽이려고 하였으니, 하늘에 죄를 얻고 예를 어긴 것이 심합니다.

또한 아내는 남편에 대해 뭔가 하려는 마음을 갖는 것도 본디 안 되는데, 하물며 더구나 해치려는 행적이 있는 데이겠습니까? 이를 언급하지 않은 여러 사람들의 의논에 대해, 사마광이 처음에 형부를 옳다고 했고, 그 뒤 떳떳한 법전을 폐기하고 삼강(三綱)의 대의를 어그러트렸다는 말을 했는데, 감추어져 있고 드러나지 않았기 때문에 신이 일부러 그 의미를 부연하여 이 옥사를 판단하였습니다.

臣按: 宋朝制刑有律有敕, 阿云之獄旣經大理·審刑·刑部, 又經翰林·中書·樞密名臣如司馬光·王安石·呂公著·公弼·文彦博·唐介, 法官如劉述·呂誨·劉琦·錢顗·齊恢·王師元·蔡冠卿議論紛紜, 迄無定說, 推原所自, 皆是爭律敕之文, 謀與殺爲一事爲二事, 有所因無所因而已. 由是以觀, 國家制爲刑書當有一定之制, 其立文之初當須斟酌穩當, 必不可以移易, 然後著於簡牘, 使執其文而施之用者如持衡量然, 輕重多寡不可因人而上下, 斯爲得矣. 然則阿云之獄何以處之? 曰司馬氏固云分爭辨訟, 非禮不決, 臣請決之以禮. 夫夫婦三綱之一, 天倫之大者, 阿云旣嫁與韋, 則韋乃阿云之天也, 天可背乎? 使韋有惡逆之罪尙在所容隱, 今徒以其貌之醜陋之故而欲謀殺之, 其得罪於天而悖於禮也甚矣, 且妻之於夫存其將之之心固不可, 況又有傷之之跡乎? 諸人之論未有及此者, 司馬氏始是刑部, 其後有棄常典・悖三綱之說, 然隱而未彰也, 臣故推衍其義以斷斯獄.

　원풍(元豐)[17] 중, 선주(宣州) 백성 엽원(葉元)이 동거하던 형이 자기 아내를 난행했다고 하여 살해하였고, 또 형의 아들을 죽이고, 그 아비와 형수에게 강제로 약속을 맺어 관청에 소송하지 않도록 하였다. 이웃에서 그 사건을 발각하였는데, 주(州)에서 정상이 측은하다고 위에 청하였다. 심형원에서 상주하여 그 사형을 용서하고자 하였다. 상이 말하기를 "죄인이 이미 전에 죽었고, 간사한 난행의 사실이 단지 엽원의 입에서 나왔으니, 죄를 결성하기에는 부족하다. 또 백성이 비록 무지하여 금법을 어겼더라도 진실로 불쌍하게 생각해야 하지만, 처자식에 대한 사랑 때문에 이미 자기 형을 살해하였고 이어 조카를 죽였으며, 또 아비를 기망하여 천리를 배반하고 인륜을 해쳤으니, '형을 구타하여 죽음에 이르게 한 율'로 논하라."라고 하였다.

元豐中, 宣州民葉元以同居兄亂其妻而殺之, 又殺兄子而強其父與嫂約契, 不訟於官, 鄰裏發其事, 州以情理可憫爲上請, 審刑院奏欲貸其死, 上曰: "罪人已前死, 奸亂之事特出葉元之口, 不足以定罪, 且下民雖爲無知抵法冒禁, 固宜哀矜, 然以妻子之愛, 旣殺其兄, 仍戕其侄, 又罔其父, 背逆天理, 傷害人倫, 宜以毆兄至死律論."

17　원풍(元豐): 송 신종(宋神宗)의 연호로, 1078~1085년이다.

신은 이렇게 생각합니다. 형벌이란 교화를 돕는 도구이며, 교화는 천리와 인륜을 근본으로 삼습니다. 만일 천리를 배반하고 인륜을 해쳤다면, 명교에 죄를 얻는 것이 심대한데, 사형에 처해도 다시 무슨 의심을 하겠습니까? 신종이 이 말을 하였으니, 지극히 명철하다고 하겠습니다.

> 臣按: 刑者弼敎之具, 敎以天理人倫爲本, 苟背逆天理·傷害人倫, 則得罪於名敎大矣, 置之於死夫復何疑? 神宗而爲此言, 可謂至明也已矣.

수주(壽州) 백성 가운데 아내의 부모와 형제 몇 사람을 죽인 자가 있었다. 주(州)의 관리가 부도(不道)로 그 처자식을 연좌하였다. 형부가 반박하기를 "처의 부모를 구타하면 바로 의리를 끊는 것인데, 하물며 모의하여 살해하였으니 아내에게 연좌한 것은 부당합니다."라고 하였다.

> 壽州民有殺妻之父母兄弟數口者, 州司以不道緣坐其妻子, 刑部駁之曰:
> "毆妻之父母卽是義絕, 況是謀殺, 不當坐其妻."

또, 보전(莆田) 백성 양(楊)이 며느리가 불효하다고 소송하였다. 관청에서 잡아 와 심문하니, 며느리의 아버지가 누구한테 구타당하고 죽었는데, 양 또한 참여하였고, 옥에 갇혔다가 결말이 나지 않았는데 사면을 받았고 며느리는 그대로 그 집에 있었다. 판관 요요(姚瑤)는 며느리가 비록 아버지의 원수이지만 이미 며느리가 되었으니 며느리의 예의를 다해야 한다 하고 아울러 죄를 부과하려고 하였다. 섭수(攝守) 진진손(陳振孫)이 말하기를 "부자(父子)는 하늘이 합한 것이고, 부부(夫婦)는 사람이 합한 것입니다. 사람이 합한 것은 은혜와 의리가 깨지면 이미 법에 그에 대한 규정이 있고, 이혼한 경우 모두 다시 합하는 것을 허락하는데, 유독 의절에 대해서는 불허하는 것이 이런 유를 말합니다. 하물며 양쪽에 살인이 생겨 더욱 의절이 중대한 것이겠습니까? 당초 양의 죄를 심문했을 때 그 며느리를 이혼하지 못하도록 협박했으니, 이혼해야 하는데 이혼하지 않았으니 이것은 위법입니다. 또한 율문에, 형률을 위반하고 혼인을 하면 이미 성혼이 되지 않는다고 하였으니, 범한 경우는 아울러 관계가 없는 보통 사람과 같습니다. 지금 이 며느리는 이 조문에 부합하니, 잡아다 죄를 주어서는 안 됩니다."라고 하였다.

又, 莆田民楊訟其子婦不孝, 官爲逮問, 則婦之父爲人毆死, 楊亦與焉, 坐獄未竟遇赦免, 婦仍在其家, 判官姚瑤以爲, 婦雖有父仇, 然旣仍爲婦, 則當盡婦禮, 欲並科罪. 攝守陳振孫謂: "父子天合, 夫婦人合, 人合者恩義有虧則已在法, 諸離異皆許還合, 獨於義絕不許者, 謂此類也. 況兩下相殺, 尤義絕之大者乎? 初問楊罪時合勒其婦休離, 當離不離則是違法, 且律文違律爲婚, 旣不成婚, 卽有相犯並同凡人. 今此婦合比附此條, 不合收坐."

신은 이렇게 생각합니다. 형벌로 교화를 돕는데, 형벌은 법을 말하고, 교화는 이치를 말하지만, 마찬가지로 의로움으로 제정할 뿐입니다. 의리에 마땅하지 않으면 법에 넣고, 의리에 마땅하면 이치에서 살피기 때문에, 법에 아무리 분명히 금지하였지만 그 실정을 따져보

고 의리에 어긋나지 않으면, 의로움으로 제지하고 죄에 빠지게 해서
는 안 됩니다.

　부자와 부부는 모두 인륜 가운데 중대한 기강이지만, 그 처음을 따
져 보면 결국 몸을 낳아 준 은혜가 배필의 의리보다 무겁습니다. 대
개 여자는 부모에게 명을 받은 뒤에 남편이 생기고, 남편을 통해서 시
부모가 있습니다. 이성이 서로 합하는 것은 의로움이고, 의로움이 이
미 끊어지고 은혜가 이어 없어지면, 은혜도 의리도 없는데, 사람의 도
리가 어디에 있겠습니까? 이것이 법이 반드시 이치에서 따져 보아야
하는 이유이고, 이치와 법을 저울질하는 것이 의로움인 이유입니다.

臣按: 刑以弼教, 刑言其法, 敎言其理, 一惟制之以義而已. 義所不當
然則入於法, 義所當然則原於理, 故法雖有明禁, 然原其情而於理不悖,
則當制之以義而不可泥於法焉. 夫父子·夫婦皆人倫之大綱, 然原其
初, 終是生身之恩重於伉儷之義. 蓋女子受命於父母後有夫, 因夫而有
舅姑, 異姓所以相合者義也, 義旣絶矣, 恩從而亡, 無恩無義, 人理安在
哉? 此法所以必原於理, 而所以爲理法之權者, 義而已矣.

　송 철종(宋哲宗) 원부(元符) 중, 형부가 말하기를 "조종(祖宗) 이래 실수로
죄에 넣는 것을 중시했으므로 형을 긍휼히 여겼습니다. 소성(紹聖)의 법
은 3인을 실수로 내보낸 것을 1인을 실수로 죄에 넣은 것에 비유하였으
니, 이는 한 해 동안 우연히 실수로 죄가 사형인 3인을 내보낸 것을 무겁
게 견책한 것입니다. 실수로 내보낸 것은 신하의 작은 과오이고, 생명을
좋아하는 것은 성인의 큰 덕입니다. 청컨대, 심리 관원의 실수로 내보낸

책임에 대해 파직하여, 유사가 조사, 논의하는 과정에 힘써 충서(忠恕)를 따르도록 하십시오."라고 하였다.

哲宗元符中, 刑部言: "祖宗以來, 重失入之罪, 所以恤刑. 紹聖之法, 以失出三人比失入一人, 則是一歲之中偶失出罪死三人卽抵重譴. 夫失出, 臣子之小過, 好生, 聖人之大德, 請罷理官失出之責, 使有司讞議之間, 務令忠恕從之."

　　신은 이렇게 생각합니다. 송나라는 실수로 죄에 넣는 것을 중시하였고, 실수로 내보낸 것은 죄를 주지 않았습니다. 이는 《서경》의 "허물 없는 사람을 죽이기보다, 차라리 법을 제대로 집행하지 않은 실수를 범하겠다."[18]는 뜻입니다. 후세에 실수로 죄에 넣은 자를 공무상의 죄에 적용하고, 실수로 내보낸 자를 왕왕 심문하여 뇌물이라고 여겼으므로, 형관인 자가 차라리 실수로 죄에 넣을지언정, 실수로 내보내지 못하였습니다. 이는 하나의 뇌물을 범하면 종신 제명되고, 공죄를 범하면 면제되어 후환이 없기 때문입니다.

臣按: 宋朝重深[19]入之罪而失出者不罪焉, 此《書》"與其殺不辜, 寧失不

18　허물없는 … 범하겠다: 법관인 고요(皐陶)가 순(舜) 임금의 생명을 좋아하는 덕을 찬양하면서 "죄가 의심스러울 경우에는 가벼운 쪽으로 처벌하고, 공이 의심스러울 경우에는 중한 쪽으로 상을 주었다. 그리고 무고한 사람을 죽이기보다는 차라리 형법대로 집행하지 않는다는 비난을 감수하였다.[罪疑惟輕, 功疑惟重. 與其殺不辜, 寧失不經.]"라고 일컬은 말이 《서경》 〈대우모(大禹謨)〉에 나온다.

經"之意也. 後世失入者坐以公罪, 而失出者往往問以爲贓, 是以爲刑官
者寧失入而不敢失出, 蓋一犯贓罪則終身除名, 犯公罪者可以澌除而無
後患故也.

송 고종(宋高宗) 소흥(紹興) 26년(1156), 주군(州郡)에서 함부로 사람을 사
죄(死罪)에 넣고 내보내는 것을 금지하라고 거듭 엄히 명하였다. 우정언
능철(凌哲)이 상소하기를 "한 고조(漢高祖)가 관중(關中)에 들어가 '약법삼장'
을 실행했는데, 사람을 죽인 자가 실로 첫 번째였습니다. 사마광의 말에,
살인자를 죽이지 않으면 비록 요순(堯舜)이라도 다스릴 수 없다고 하였습
니다. 각 성(省)의 주군(州軍)을 심사하여 대벽에 이르러도, 비록 형법에 상
당한 자라도 그 종류가 불쌍하다고 생각하면 상주하여 판결하였습니다.
다른 것이 아니라, 관직에 있는 자가 죄에 실수로 들어가는 우려가 없고,
관리된 자가 임의로 옥사를 파는 일이 있어 사형을 용서하는 일이 점점
많아지고, 사람을 죽이는 일이 점점 많아졌으니, 형벌로 형벌을 그치게
하는 도리가 아닙니다. 바라건대, 특별히 예지(睿旨)를 내려, 이제부터 주
군의 대벽은, 실정과 범죄, 실제와 의심 같은 것을 갖추어 상주하고, 만
일 장차 따로 의심이 없고 실정에 불쌍하여 상주할 안건이 없으면 바로
'감형하여 용서함으로써 정의를 깨뜨린 조문'을 끌어와, 대관의 탄핵을
아울러 탄핵하고 엄하게 나라의 법전으로 다스리십시오."라고 하였다.
상이 상주를 보고 "각 성이 지리멸렬하여 실제로 의심이 가고 정리가 불

---

19 失: 원문에 심(深)으로 되어 있으나, 문맥에 따라 실(失)로 보았다.

쌍한 사람을 일률적으로 상주하지 않음으로써 긍휼히 여기는 뜻을 잃을
까 우려된다."라고 하였다.

高宗紹興二十六年, 詔申嚴州郡妄奏出入人死罪之禁, 右正言淩哲上疏言:
"漢高祖入關約法三章, 殺人者實居首焉. 司馬光有言, 殺人者不死, 雖堯·
舜不能致治. 竊見諸路州軍勘到大辟, 雖刑法相當者, 類以爲可憫奏裁, 無
他, 居官者無失入坐累之虞, 爲吏者有放意鬻獄之事, 貸死愈衆, 殺人愈多,
非辟以止辟之道也. 欲望特降睿旨, 應今後州軍大辟, 若情犯委實疑慮, 方
得具奏, 若將別無疑慮情非可憫奏案, 輒引例減貸以破正條, 並許台官彈
劾, 嚴置憲典." 上覽奏曰: "但恐諸路滅裂, 實有疑慮情理可憫之人一例不
奏, 有失欽恤之意."

신은 이렇게 생각합니다. 홍매(洪邁)의 말에, 주군(州郡)의 의옥은 상
주하여 심의하는 것을 허가했으니, 조정의 인애와 은혜입니다만, 범
한 죄의 경중 및 정리의 피해를 묻지 않고 일체 놔둔다면 법을 무너뜨
립니다. 비록 그렇지만 인심의 소견이 같지 않고, 의심하여 의논하고
있는 옥사에 대해 반드시 모두 일치하지는 않아, 혹 옳은 듯하지만 그
르고, 혹 그른 듯하지만 옳습니다. 만일 위에서 판단을 받아 결단할
수 없고 반드시 하나로 정해진 법을 세워 쉽게 사주하여 심사하기를
허락하지 않으면, 실수로 죄에 넣는 경우가 많을 것입니다. 고종이
"다만 각 성에서 실제로 의심이 가고 정리가 불쌍한 사람을 일률적으
로 상주하지 않음으로써 긍휼히 여기는 뜻을 잃을까 우려된다."라고
하였으니, 어진 사람의 말입니다.

臣按: 洪邁有言, 州郡疑獄許奏讞, 蓋朝廷之仁恩, 然不問所犯重輕及情理蠹害, 一切縱之, 則爲壞法. 雖然人心所見不同, 而其所議擬之獄未必皆當, 或似是而非, 或似非而是, 苟非取裁於上焉能決斷, 必欲立爲一定之法, 不許輕易奏讞, 則所失入者多矣. 高宗曰"但恐諸路實有疑慮情理可憫之人一例不奏, 有失欽恤之意", 仁者之言哉.

송 효종(宋孝宗) 건도(乾道) 4년(1168), 신료들이 말하기를 "백성의 목숨은 대벽보다 중한 것이 없으니, 단련할 때 어떻게 다 살필 수 있겠습니까? 오직 기록을 모을 때 관리들이 한 건물에 모여 죄수를 데려와서 읽고, 사생의 구분을 보여 주고 경각에 결정하지만, 옥리가 평반(平反)[20]을 꺼려 종이를 가리키면서 빨리 읽는데, 문장은 끊어지고 말은 중얼거리기 때문에 알아들을 수 없는 소리가 되고, 잠깐사이에 끝냅니다. 죄수를 불러 자(字)를 적고 망연히 끌고 가서 날짜를 지목해서 형을 보고하니, 인명이 관계된 일에 이렇게 가볍고 소홀합니다. 신은 청컨대, 기록을 모을 때, 책임관리에게 위임하여 관계가 없는 관리를 정하여 먼저 죄수를 불러 말로 불러 주며 책장(責狀: 보고 문서) 한 통을 만들고, 옥사 문서를 반복하여 보고 과연 차이가 없다는 것을 확인합니다. 그 뒤에 또 관계없는 관리를 정하여 구절대로 읽어 주고 힘써 상세하고 명확히 요약해 주어 죄수가 다 이해하게 하면, 무고한 자가 유감이 없고 억울한 자가 펼 수 있을 것입니다."라고 하였다.

---

20 평반(平反): 억울한 죄인을 조사해서 무죄로 하거나 감형해 주는 것을 이른다.

孝宗乾道四年, 臣僚言: "民命莫重於大辟, 方鍛煉時, 何可盡察, 獨在聚錄之際, 官吏聚於一堂, 引囚而讀, 示之死生之分, 決於頃刻, 而獄吏憚於平反, 摘紙疾讀, 離絶其文, 嘈囋其語, 故爲不可曉之音, 造次而畢, 呼囚書字, 茫然引去, 指日聽刑, 人命所幹輕忽若此. 臣請於聚錄時, 委長吏點無幹礙吏人, 先附囚口占, 責狀一通, 覆視獄案, 果無差殊, 然後亦點無幹礙吏人, 依句宣讀, 務要詳明, 令囚通曉, 庶幾無辜者無憾, 冤枉者獲伸."

신은 이렇게 생각합니다. 죄를 지은 백성 가운데 본디 분명히 알고서 일부러 범한 자도 있을 것입니다만, 어리석어 살피지 못하고 형벌로 금지한 것을 어긴 자도 왕왕 있습니다. 국문할 때 그가 이미 스스로 바른대로 말할 수 없는데, 기록을 모을 때 관원이 또 참여하여 판명하지 않는다면 지하에서 원통함을 품을 것입니다.

臣按: 民之有罪固有明知而故犯者, 然而愚呆不審而冒抵刑禁者亦往往有之, 鞫問之際, 彼旣不能自直, 聚錄之頃而官司又不與之辨明, 則含冤於地下矣.

이상은 '심사를 삼가야 함에 대한 의논'이다.

以上謹詳讞之議

136

대학연의보

(大學衍義補)

—

권109

형법을 신중히 함[愼刑憲]

억울한 사정을 펴 줌[伸冤抑之情]

《주례(周禮)》〈대사구(大司寇)〉에서 말하였다.

폐석(肺石)【폐석은 붉은 돌[赤石]이다.】으로 궁한 백성들이 호소할 수 있게 하고, 무릇 원근의 형제가 없거나【비(騑)는 형제가 없는 것이다.】 자손이 없는 자와 노약자들이 위에 고하고 싶은 일이 있는데도【복(復)은 갚음[報]이다.】 그 장관이 고해 주지 않을 경우 폐석 옆에 사흘 동안 서 있으면 사(士)가 그 말을 듣고, 위에 아뢰고 그 장관을 죄준다.

《周禮》〈大司寇〉: 以肺石【赤石】達窮民, 凡遠近騑【無兄弟】獨(無子孫)・老幼之欲有復【猶報也】於上而其長弗達者, 立於肺石三日, 士聽其辭, 以告於上而罪其長.

정현(鄭玄)이 말하였다.

"궁한 백성이란, 하늘이 낸 백성이 막혀서 고할 데가 없는 자이다."

鄭玄曰: "窮民, 天民之窮而無告者."

왕안석(王安石)이 말하였다.

"사흘 세워 둔 뒤에 들었다면 또한 백성들이 위를 모독하는 것을 싫어한 것이니 위에서 듣지 못하고 통하지 못하여, 비록 진실로 고할 데가 없어도 도리어 다스릴 겨를이 없을 것이다."

王安石曰: "立三日然後聽之, 則又惡民之瀆其上, 則上蟣毛而不渫, 雖誠無告, 反不暇治矣."

신은 이렇게 생각합니다. 선유가 말하기를, 폐란 기(氣)의 부서이고 밖으로 피부와 터럭에 도달합니다. 경독(惸獨),[1] 노약자 같은 궁하여 고할 데 없는 하늘이 낸 백성들은 나라의 피부나 터럭과 같아서, 마음의 기운이 통하지 않음이 없습니다. 통하지 않으면 질병이 생기기 때문에 적용하여 궁한 백성에게 도달하게 하니, 여기에서 취한 것인 듯합니다.

폐석에 사흘 동안 서 있던 것은, 그 실정을 살펴서 고찰한 뒤에 그

---

1   경독(惸獨): 《주례》에 나온 비독(嚲獨)과 같다. 경은 형제가 없는 사람을 말한다.

내용을 위에 고하고 장관을 죄주기 위한 것입니다. 선왕 때, 백성 가운데 곤고하여 고할 데가 없는 자는 모두 위에 사정을 알릴 수 있었고, 수령이 막을 수 없고 좌우에서 엄폐할 수 없었으며, 천하의 형제가 없거나 자손이 없는 자와 노약자들이 한 사람도 자신의 심정을 스스로 말할 수 없는 자가 없었습니다. 또한 어찌 죄도 없이 심문(深文)[2]의 촘촘한 그물에 걸리겠습니까?

臣按: 先儒謂肺者氣之府而外達乎皮毛, 惸獨·老幼, 天民之窮無告者其微弱也猶國之皮毛焉, 心之氣麾不通之也, 不通則疾病生焉, 故用之達窮民, 其有取於是乎? 立於肺石三日者, 審究考核得其情實, 然後以其辭告於上, 罪其長焉. 先王之時, 民之窮困無告者皆得達於上, 牧長不敢遏, 左右不能蔽, 盡天下之騈獨·老幼, 無一人不得自言其情, 又豈有無罪而罹於深文密網者哉?

조사(朝士)가 외조(外朝)의 법을 관장하였는데, 왼쪽의 가석(嘉石)【가석은 문석(文石)이다.】으로 파산 난 백성을 평안히 하고, 오른쪽의 폐석【폐석은 적석(赤石)이다.】은 궁한 백성을 호소할 수 있게 한다.

朝士掌外朝之法, 左嘉石【文石】平罷民焉, 右肺石【赤石】達窮民焉.

---

2 심문(深文): 없는 죄를 꾸며 낸 뒤에 법률 조문을 억지로 끌어다 맞춰서 벌을 받게 하는 것을 말한다.

주신(朱申)이 말하였다.

"가석은 왼쪽에 설치하고, 파산되어 급한 백성을 평안하게 하여 스스로 착한 일에 힘쓰도록 한다. 폐석은 오른쪽에 설치하여 궁곤한 백성들에게 호소하게 하여 그 사정을 펴게 한다."

朱申曰: "嘉石設於左, 平罷急之民, 使之自強於善; 肺石設於右, 達窮困之民, 使之申其情."

《주례(周禮)》〈하관사마(夏官司馬) 태복(太僕)〉에서 말하였다.

대침의 문밖에 노고(路鼓)를 건설하고 그 정무를 맡아 궁한 상황을 알리는 백성과 전달하라는 명을 기다렸다. 북소리가 들리면 어복과 어서자에게 속히 아뢴다.

〈太僕〉: 建路鼓於大寢之門外而掌其政, 以待達窮者與遽令, 聞鼓聲則速逆御僕與御庶子.

정현이 말하였다.

"대침은 노침(路寢)이다. 그 문밖은 내조(內朝) 가운데이다. 궁하다는 것은 궁하고 억울하여 직업을 잃어, 왕에게 호소하는 것이다. 거(遽)는 전하는 것이다."

鄭玄曰: "大寢, 路寢也, 其門外則內朝之中. 窮, 謂窮冤失職, 以達於王. 遽, 傳也."

왕안석(王安石)이 말하였다.

"노고는 사면으로 되어 있는데, 사방에 호소하지 못할 데가 없음을 보인 것이다. 대침의 문밖에는 밖에서 오는 자가 가까이 올 수 없으니, 빨리 듣고자 하는 것이다."

王安石曰: "路鼓四面, 示欲四方無所不達. 大寢之門外, 自外至者莫近焉, 則欲其聞之速也."

신은 이렇게 생각합니다. 관리의 다스림이 모두 착할 수는 없고, 백성의 실정을 쉽게 상달할 수는 없으므로, 주(周)나라가 발전했을 때에 은폐된 실정을 통하게 하고 단절되는 근심을 방지할 방법을 생각했습니다. 여기서 폐석이나 노고의 설치가 나온 것입니다. 백성 가운데 곤궁한 자는 폐석 위에 서 있게 하여 사람들이 볼 수 있게 했으며, 보면 곧 그 사람의 궁한 상황을 알 수 있었습니다. 백성 가운데 억울한 자는 노문에 있는 북을 치게 하여 사람들이 들을 수 있게 했으며, 들으면 곧 그 사람이 억울함을 알 수 있었습니다.

폐석은 외조(外朝)에 설치하여 대사구가 관장하였지만, 듣는 사람은 조사(朝士)였습니다. 조사가 폐석에 서 있는 자를 보고 사구에게 전달하면, 사구가 왕에게 복명했습니다. 노고는 침문(寢門) 밖에 있었고 태복(太僕)이 주관했지만, 지키는 자는 어복(御僕)이었습니다. 어복이 북을 치는 소리를 듣고 대복에게 전달하면, 대복이 왕에게 보고했습니다. 그 사람이 조정 사이에 우뚝 서 있어서 다 보이기 때문에 조사들이 사구에게 전달하지 않으려고 해도, 사구가 왕에게 전달하지 않으려고 해도 불가합니다. 둥둥 그 북소리가 노침 가운데서 울려 다 듣기 때문에 어복이 대복에게 보고하지 않으려고 해도, 대복이 천자에게 보고하지 않으려고 해도 할 수 없었습니다.

그러므로 여염의 은폐된 사정도 모두 전폐(殿陛) 위에 상달할 수 있었고, 천한 서민이 모두 면류관 앞에 통할 수 있었습니다. 백성이 궁하여 전달하지 못하는 일이 없고, 사(士)가 억울하게 펴지 못하는 일이 없으니, 이것이 조화로운 기운이 창달하는 방도였고, 천지가 이 때문에 교호하며, 치도가 이 때문에 태평해지는 것입니다.

臣按: 吏治不能以皆善, 民情未易以上達, 是以成周盛時, 思所以通幽隱之情·防壅隔之患, 於是有肺石·路鼓之設焉. 民之窮困者則俾之立肺石之上, 使人人得而見焉, 見之斯知其爲窮矣; 民之冤抑者則俾之擊路門之鼓, 使人人得而聞焉, 聞之斯知其爲冤矣. 肺石設於外朝, 大司寇掌之, 而聽之者朝士也, 朝士見有立肺石者則以達司寇, 司寇以複諸王; 路鼓在寢門之外, 太僕主之, 而守之者御僕也, 御僕聞有擊鼓聲者則以達大僕, 太僕以聞諸王. 巋然其人立於朝著之間無不見者, 朝士雖欲不達司寇·司寇雖欲不達諸王, 不可也; 坑然其聲鳴諸路寢之中無不聞者, 御僕雖欲不聞大僕·大僕雖欲不聞天子, 不能也. 是以閭閻之幽悉達於殿陛之上, 庶之賤咸通乎冕旒之前, 民無窮而不達, 士無冤而不伸, 此和氣所以暢達而天地以之而交, 治道以之而泰也歟.

한 명제(漢明帝) 때, 초왕 영(楚王英)이 역적모의한 옥사를 몇 년 동안 끝까지 다스리니, 옥사에 연루된 자가 수천 명이었다. 그 사람들이 열후(列侯)를 많이 끌어들였는데 모두 일찍이 만난 적이 없는 사이였다. 시어사 한랑(寒朗)[3]이 그 무고함을 상서하였다. 황제가 말하기를 "그렇다면 왜 끌어들였는가?" 하니, 대답하기를, "그 사람이 스스로 부도한 죄를 범했음을 알기 때문에 많이 거짓으로 끌어들여 스스로 해명되기를 바라는 것입니다." 하였다. 황제가 "그렇다면 왜 일찍 상주하지 않았는가?" 하고, 노하여 채찍을 치라고 하였다. 좌우에서 막 끌고 나가는데, 한랑이 "한 마디 하고 죽고 싶습니다." 하며, "신이 사건에 걸린 죄수를 조사하니 모두 요망한 악인의 큰 변고라고 공통적으로 말했으므로 신이 함께 우려하여 지금 내보내는 것은 죄에 넣는 것만 못하고 뒤에 문책이 없을 것이라고 생각한 것입니다. 그래서 한 사람을 조사하면 열 사람이 연루되고, 열 사람을 조사하면 백 사람이 연루되었습니다. 공경들이 모였을 때 폐하께서 잘잘못을 하문하였는데, 모두 꿇어앉아 옛 제도에 대죄는 구족에게 화가 미친다고 말했으나 폐하의 큰 은혜로 당사자에게만 판결이 미쳐 천하가 매우 다행으로 여겼습니다. 집으로 돌아가 입으로 말은 못하지만 지붕을 우러러 혼자 탄식하였으니 그 원통함을 모르지 않으면서도 감히 폐하에게 말하는 자가 없었습니다. 신이 지금 말하는 바는 진실로 죽어도 후회가 없습니다."라고 하였다. 황제의 마음이 풀려 이틀 뒤, 거가로 낙양에 가서 옥사에 기록된 죄수 가운데 천여 명을 내보냈다.

---

3 한랑(寒朗): 한랑은 한 명제(漢明帝) 때 알자수시어사(謁者守侍御使)로 초왕 영(楚王英)의 역옥을 조사하다가 이 옥사에 연루된 수향후(隧鄉侯) 경건(耿建), 낭릉후(郎陵侯) 장신(臧信), 호택후(護澤侯) 등리(鄧鯉), 곡성후(曲成侯) 유건(劉健) 등이 무고하게 걸린 것을 알고서 고하여 풀려나게 하였다. 《후한서(後漢書)》 권41 〈한랑열전(寒朗列傳)〉.

漢明帝時, 窮治楚王英謀逆獄者累年, 係獄者數千人, 其人多引列侯皆所未
嘗相見者, 侍御史寒朗上書言其誣, 帝曰: "卽如是, 何故引之?" 對曰: "其
人自知所犯不道, 故多有虛引, 冀以自明." 帝曰: "卽如是, 何不早奏?" 怒
捶之, 左右方引去, 朗曰: "願一言而死." 曰: "臣考囚在事者, 咸共言妖惡
大故, 臣子所同疾, 今出之不如入之, 可無後責. 是以考一連十, 考十連百.
及公卿相會陛下問以得失, 皆長跪言舊製大罪禍及九族, 陛下大恩, 裁止於
身, 天下幸甚. 及其歸舍, 口雖不言, 而仰屋竊歎, 莫不知其冤, 無敢爲陛下
言者. 臣今所言, 誠死無悔." 帝意解, 後二日, 車駕自幸洛陽獄錄囚徒, 理
出千餘人.

신은 이렇게 생각합니다. 한랑이 말한 바 "죄수가 대부분 귀하고 현
달한 자를 끌어들여 스스로 해명되기를 바란다", "내보내는 것은 죄
에 넣는 것만 못하고 뒤에 문책이 없을 것이라고 생각한 것이다", "공
경들이 모여 입으로 말은 못하지만 지붕을 우러러 혼자 탄식하였다"
는 것은 한나라 때만 그러한 것은 아니고, 후세의 옥을 맡은 관리나
사안을 담당하는 신하들이 왕왕 그러하니, 밝은 군주라면 깊이 거울
로 삼아야 할 것입니다.

臣按: 寒朗所言囚人多引貴顯者冀以自明, 及出之不如入, 可無後責,
與夫公卿相會口不言, 而歸仰屋竊歎, 非但漢時爲然, 而後世典獄之
吏·執事之臣往往皆然, 明主所宜深鑒也.

당 고종(唐高宗) 때, 당림(唐臨)이 대리경이 되었다. 황제가 항상 간힌 죄수를 기록하였다. 앞의 경이 처리한 자들이 대부분 원통하다고 호소하였는데, 당림이 처리한 자는 유독 말이 없었다. 당 고종이 괴이하여 그 까닭을 물으니, 죄수가 말하기를 "당림 경이 처리한 바는 본래 절로 원망이 없습니다."라고 하였다. 고종이 탄식하며 오래 있다가 "옥사를 다스리는 것은 이와 같아야 하지 않겠는가?"라고 하였다.

唐高宗時, 唐臨爲大理卿, 帝常錄係囚, 前卿所處者多號呼稱冤, 臨所處者獨無言, 高宗怪問其故, 囚曰: "唐卿所處本自無冤." 高宗歎息良久, 曰: "治獄者不當如是耶?"

신은 이렇게 생각합니다. 이전 시대의 제왕은 모두 몸소 죄수를 기록하였으니, 이는 인명을 중시했기 때문입니다. 비록 혼미한 고종이 사나운 황후에게 제어당했어도[4] 오히려 이 제도를 폐기하지 않았습니다. 후세에 한결같이 법사가 믿었지만, 원통한 사람이 위를 만나 호소할 길이 없었으니, 이것이 옥사가 맑아지지 않았던 이유입니다. 원통한 기운이 막혀 조화로운 기운이 이로 인해 손상되는 것은 이유가 있는 것입니다.

---

4 혼미한 … 제어당했어도: 사나운 황후는 측천무후(則天武后)를 말한다. 태종 때 열 네 살의 나이에 후궁으로 들어왔는데, 태종은 그에게 무미(武媚)라는 이름을 하사하고 몹시 총애하였다. 태종이 죽자 무후는 감업사(感業寺)로 출가하였다가 다시 고종(高宗)의 후궁으로 입궁해 치열한 권력 다툼 끝에 왕 황후(王皇后)를 내쫓고 황후가 되었다. 고종이 병이 든 뒤에는 섭정을 하면서 태자를 마음대로 바꾸는 등 전권을 행사했다.

측천무후 때, 밀고자가 남의 노예를 유인하여 주인을 고발하여 공로와
상을 구하였다. 두덕비(竇德妃)의 아비인 담(諶)의 처 방(龐)의 노예가 망녕
되이 요술을 부린 일이 있었다. 방이 두려워하여 야사(夜祠)에 청하여 풀
어 달라고 기도하였는데, 이어서 노예가 그 사건을 발설하였다. 감찰어
사 설계창(薛季昶)이 무함하여 덕비가 함께 저주하였다고 상주하였다. 방
씨가 참수되기에 이르자 그 아들 희감(希瑊)이 시어사 서유공(徐有功)에게
가서 억울함을 호소하였다. 서유공이 상주하여 무죄라고 논하였다. 계
창(季昶)이 상주하여 서유공이 악한 역적에게 아당하였다고 하였고, 법사
에 보냈다. 법사에서 서유공의 죄는 교형에 해당한다고 처분하였다. 서
유공이 탄식하기를 "어찌 나 홀로 죽겠는가? 여러 사람들은 모두 죽지 않
겠는가?"라고 하고, 밥을 먹은 뒤 깊이 잠이 들었다. 태후가 서유공을 불
러, 맞이하며 "경이 옥사를 조사하면서 잘못해서 내보낸 것이 어찌 많은
가?"라고 하니, 대답하기를 "잘못해서 내보내는 것은 신하의 작은 잘못
이지만, 살리기를 좋아하는 것은 성인(聖人)의 큰 덕입니다."라고 하였다.
이리하여 방씨는 감사(減死)될 수 있었다.

當斬, 其子希瑊詣侍御史徐有功訟冤, 有功上奏論之以爲無罪, 季昶奏有功
阿黨惡逆, 付法司, 法司處有功罪當絞, 有功歎曰: "豈我獨死, 諸人皆不死
邪?" 旣食熟寢, 太后召有功, 迎謂曰: "卿比按獄, 失出何多?" 對曰: "失出,
人臣之小過; 好生, 聖人之大德." 由是龐氏得減死.

신은 이렇게 생각합니다. 무후가 비록 죽이기를 좋아한다고 알려졌
지만, 유독 서유공은 용서하였습니다. 후세 군주는 그 신하가 한 번
뜻을 거스르면 그 좋은 점을 알지 못합니다. 서유공이 "잘못해서 내
보내는 것은 신하의 작은 잘못이지만, 살리기를 좋아하는 것은 성인
의 큰 덕입니다."라고 한 말은, 군주가 형벌을 결단할 때 거울이 될 만
합니다. 또한 "어찌 나 홀로 죽겠는가? 여러 사람들은 모두 죽지 않겠
는가?"라고 하였으니, 신하가 남을 모함할 때 경계가 될 만합니다.

臣按: 武后雖稱好殺, 然獨容徐有功, 後世人主, 其臣一拂其意卽不知
其善矣. 有功謂 "失出, 人臣之小過; 好生, 聖人之大德", 可爲人主斷刑
之鑒. 又曰 "豈我獨死, 諸人皆不死", 可爲人臣陷人之戒.

이상은 '억울한 사정을 펴 줌'이다.

以上伸冤抑之情

형법을 신중히 함[慎刑憲]

실수나 불운으로 지은 죄의 사면을 신중히 함[慎眚災之赦]

《주역(周易)》〈해괘(解卦) 대상(大象)〉에서 말하였다.

우레 치고 비가 내리는 것이 해이다. 군자는 이 상을 보고서 과실을 저지른 자를 사면하고 죄지은 자를 너그럽게 처리한다.

> 慎眚災之赦《易·解》大象曰: "雷雨作, 解. 君子以赦過宥罪."

정이(程頤)가 말하였다.

"천지(天地)가 풀어지고 흩어져 우레와 비를 이루므로, 우레와 비가 일어나는 것이 해(解)가 된다. 사(赦)는 풀어 줌이다. 유(宥)는 너그럽게 처리함이다. 과실은 사면해도 되지만 죄악인데도 사면하면 의(義)가 아니기 때문에 너그럽게 처리하는 것이다. 군자가 우레와 비의 발생이 해괘의 상(象)임을 관찰하여, 그 발육을 몸 받아 실천하면 은혜와 인(仁)을 베풀고, 그 풀어져 흩어짐을 몸 받아 실천하면 너그러움과 풀어 줌을 행한다."

程頤曰: "天地解散而成雷雨, 故雷雨作而爲解也. 赦釋之, 宥寬之. 過失則赦之可也, 罪惡而赦之則非義也, 故寬之而已. 君子觀雷雨作解之象, 體其發育則施恩仁, 體其解散則行寬釋也."

장자청(張子淸)이 말하였다.

"우레와 비가 번갈아 발생하면 해(解)가 된다. 우레는 하늘의 위엄이고 비는 하늘의 은택이다. 위엄 가운데 은택이 있고, 형옥에는 사면과 너그러움이 있다. 과실이 있는 자는 사면하여 묻지 않고, 죄가 있는 자는 너그럽게 하고 가벼운 벌을 따르니, 이것이 군자가 천지의 어진 마음을 확장하는 방법이다."

張子淸曰: "雷雨交作則爲解, 雷者天之威, 雨者天之澤, 威中有澤, 刑獄之有赦宥也. 有過者赦而不問, 有罪者宥而從輕, 此君子所以推廣天地之仁心也."

신은 이렇게 생각합니다. "우레 치고 비가 내리는 것이 해이다. 군자는 이 상을 보고서 과실을 저지른 자를 사면하고 죄지은 자를 너그럽게 처리한다."라고 했으니, 대개 《주역》의 괘의 상이 이와 같을 뿐이고, 군주가 과실이 있는 사람을 사면하고, 죄가 있는 자에게 너그러운 것 또한 《주역》에 이 상이 있는 것과 같습니다. 그렇지만 과실에는 대소가 있고, 과실이 작은 자는 본디 굳이 물을 것이 없지만, 만일 과실이지만 사체가 관계된 바가 커서, 예컨대 불을 내서 연달아 능묘(陵廟)를 태웠다거나, 부모나 어른을 잘못 쏘아 맞춘 자는 그 죄가 풀려나지 못합니다. 하지만 그 실정을 보면 고의가 아니기 때문에 시기에 따라 그 죄를 사면하여 관대하게 합니다.

관대하게 하는 것은, "유형으로 오형을 용서한다.[流宥五刑.]"라고 할 때의 '유(宥)'이니, 이른바, 죄를 지은 자가 과실로 인하여 죄에 들어간 경우를 말합니다. 만일 대단히 극악한 죄를 지어 사람을 죽이고도 죽지 않는다면, 죽은 자는 무슨 허물이겠습니까? 재물을 약탈하였는데도 죄를 받지 않으면 잃은 자는 무슨 고통입니까? 우레와 비가 내리는 것이 해라고 하였으니, 어찌 이런 사람이 있겠습니까?

臣按: "雷雨作, 解. 君子以赦過宥罪", 蓋言《易》卦之象如此爾, 人君於人之有過者而赦之, 有罪者而宥之, 亦猶《易》之有是象也. 然過有小大, 過失之小者固不必問, 若事雖過失, 而事體所關則大, 如失火延燒陵廟·射箭誤中親長之類, 其罪有不可釋者, 原其情則非故也, 故因時赦其罪以宥之. 宥如"流宥五刑"之宥也, 所謂罪者過失而入於罪者耳. 若夫大憝極惡之罪, 殺人不死則死者何辜? 攫財不罪則失者何苦? 雷雨作解, 豈爲如是之人哉?

《서경》〈순전(舜典)〉에서 말하였다.

실수나 불운으로 지은 죄는 사면한다.

《舜典》曰: 眚災肆赦.

주희(朱熹)가 말하였다.

"'실수나 불운으로 지은 죄는 사면한다.'라는 말은, 불행히 죄에 저촉된 자는 풀어 주어 사면한다는 말인데, 이것이 법 조문 밖의 의미이다."

朱熹曰: "眚災肆赦, 言不幸而觸罪者, 則肆而赦之, 此法外意也."

신은 이렇게 생각합니다. 이는 만세에 죄의 사면을 언급한 시초입니다. 제순(帝舜)의 치세에 이른바 사면이란 대개 범한 죄가 과오에서 나왔거나 혹 불행에서 나왔고, 본심은 본디 그런 짓을 저지르고자 하지 않았는데 마침 그와 같은 죄가 있으면, 통상의 형벌에 적용하지 않았을 뿐만 아니니, 비록 유배 정도로 용서하거나 벌금으로 속죄하는 것도 또한 적용하지 못하고, 곧장 사면하였습니다. 이는 한 사람, 한 가지 일에 대해서만 말했을 뿐이고, 후세에 대개 하나의 차자를 작성하여, 무릇 천하의 죄인은 과오나 고의를 묻지 않고 일체 제거했던 것과는 다릅니다.

臣按: 此萬世言赦罪者之始. 夫帝舜之世, 所謂赦者, 蓋因其所犯之罪或出於過誤·或出於不幸, 非其本心固欲爲是事也, 而適有如是之罪焉, 非特不可以入常刑, 則雖流宥金贖亦不可也, 故直赦之. 蓋就一人一事而言耳, 非若後世槪爲一箚, 並凡天下之罪人不問其過誤·故犯一切除之也.

《서경》〈여형(呂刑)〉에서 말하였다.

오형이 의심스러우면 사면을 하고, 오벌[5]로도 의심스러우면 용서를 하고, 잘 살펴서 그렇게 하라.

《呂刑》: 五刑之疑有赦, 五罰之疑有赦, 其審克之.

공영달(孔穎達)이 말하였다.

"오형이 의심스러우면 사면을 하니, 사면은 벌금형을 따른다. 오벌로도 의심스러우면 용서를 하니, 사면은 과실을 따른다. 과실이면 사면하는 것이다."

孔穎達曰: "五刑之疑有赦, 赦從罰也; 五罰之疑有赦, 赦從過也, 過則赦之矣."

---

5   오벌: 벌금으로 대체하는 낮은 형을 말한다.

채침(蔡沈)이 말하였다.

"형벌에 의심스러우면 벌금에 질정하는 것이고, 벌금에 의심스러우면 과실에 질정하여 너그럽게 사면한다."

蔡沈曰: "疑於刑則質於罰也, 疑於罰則質於過而宥免之也."

신은 이렇게 생각합니다. 여기서 이른바 사면이 있는 것은, 의심스러운 데가 있는 것을 사면할 뿐이니, 후세에 의심의 유무를 묻지 않고 일괄적으로 감형하는 것과는 같지 않습니다.

臣按: 此所謂有赦者, 赦其有疑者耳, 非若後世不問有疑無疑一概鐲除之也.

《주례(周禮)》〈사자(司刺)〉에서 말하였다.

첫 번째 너그럽게 하는 것은 알지 못하고 저지른 자이고, 두 번째 너그럽게 하는 자는 과실이고, 세 번째 너그럽게 하는 자는 잊은 자이다. 첫 번째 사면하는 것은 유약자이고, 두 번째 사면하는 자는 노약자이며, 세 번째 사면하는 자는 어리석은 자이다.

《周禮》〈司刺〉; 一宥曰不識, 再宥曰過失, 三宥曰遺忘; 一赦曰幼弱, 再赦曰老旄, 三赦曰蠢愚.

신은 이렇게 생각합니다. 사면에는 두 가지 뜻이 있는데, 정자(程子)가 말하기를 사면하여 풀어 주는 너그러움을 말하였으니, 오직 관대하게 할 뿐입니다. 범한 자의 인품을 보고, 범한 바의 실정을 살펴 사면하고 너그럽게 하는 것이니, 후세에 반포하는 사면과 다른 것입니다.

> 臣按: 赦有二者之義, 程子謂赦釋之宥, 惟寬之而已, 蓋就其所犯之人品, 原其所犯之情實而赦之宥之也, 其與後世所頒之赦異矣.

《춘추(春秋)》에서 말하였다.
장공(莊公) 22년 봄, 왕 정월, 큰 실수를 범한 자를 풀어 주었다.

> 《春秋》: 莊公二十二年春, 王正月, 肆大眚.

담조(啖助)가 말하였다.
"사(肆)는 풀어 주는 것이고, 생(眚)은 실수이다."

> 啖助曰: "肆者放也, 眚者過也."

호안국(胡安國)이 말하였다.
"실수한 자를 풀어 주는 것은 흠결을 씻어 주는 것을 말한다. 〈순전

〈舜典〉〉에 '실수나 불운으로 지은 죄는 사면한다.'라고 하였고, 《주역》
〈해괘(解卦)〉에 '군자는 이 상을 보고서 과실을 저지른 자를 사면하고
죄지은 자를 너그럽게 처리한다.'라고 하였으며, 〈여형(呂刑)〉에 '오형
이 의심스러우면 사면을 하고, 오벌로도 의심스러우면 용서를 하고,
잘 살펴서 그렇게 하라.'라고 하였고, 《주관(周官)》에 '사자(司刺)가 사
유(赦宥)하는 법을 관장한다.'라고 하였는데, '큰 실수를 범한 자를 풀
어 주었다'는 말은 듣지 못하였다. 큰 실수를 모두 풀어 주면 하늘의
토벌을 폐기하고, 나라의 법전을 상하게 하며, 죄 있는 자를 방종하게
하고, 무고한 자를 학대하여, 악한 자가 요행히 모면할 수 있다.

후세에 고식적으로 정치를 하면서 자주 은혜로운 사면을 시행하
여, 간사한 자들에게 혜택이 되고 선량한 백성들을 해치니, 그 폐단이
더욱 심한 것이 이런 연유에서 흘러나왔다. 제갈공명(諸葛孔明)은 '세상
을 다스리는 것은 큰 덕으로 하여야 하며, 작은 혜택으로 하는 것이
아니다.'라고 하여, 촉(蜀)나라에서 정치를 하면서 군대를 자주 일으켰
으나 사면을 함부로 내리지 않았으니, 《춘추》의 취지를 이해한 것이
다. 실수를 풀어 주었는데 큰 실수라고 쓴 것은 형벌의 잘못을 비판
한 것이다."

胡安國曰: "肆眚者, 蕩滌瑕垢之稱也. 〈舜典〉曰'眚災肆赦', 《易》於
〈解〉卦曰'君子以赦過宥罪', 〈呂刑〉曰'五刑之疑有赦, 五罰之疑有赦',
《周官》司刺掌赦宥之法, 未聞肆大眚也, 大眚皆肆則廢天討·虧國典·
縱有罪·虐無辜, 惡人幸以免矣. 後世有姑息爲政, 數行恩宥, 惠奸軌·
賊良民, 而其弊益滋, 蓋流於此故. 諸葛孔明曰'治世以大德, 不以小惠',
其爲政於蜀, 軍旅數興而赦不妄下, 斯得《春秋》之旨矣. 肆眚而曰大眚,

신은 이렇게 생각합니다. 후세에 천하에 대사면을 내리는 기원이 대개 여기에서 나왔습니다. 노(魯)나라에서 풀어 주는 것은 한 나라 안에서였고, 대상자는 실수한 자라고 말하였으니 사면한 자는 과실로 죄를 지은 자뿐이었습니다. 실수이면서 '크다'고 말한 이유는, 생각건대, 노나라에 지난날 사면 대상은 모두 작은 실수였는데, 지금은 큰 실수도 아울러 사면하였던 것입니다. 그렇지만 죄악에는 여전히 사면하지 않았으므로, 성인께서 기록하여 만세에 경계를 내려 이 말로 방지한 것입니다.

후세에 사면문은 천하에 두루 사면이 내려져, 발각되었거나 아직 발각되지 않았거나, 결정되었거나 아직 결정되지 않았거나, 죄의 대소를 막론하고 모두 사면하고, 심지어 십악(十惡)의 죄로 통상 사면에서는 조사 대상이 아닌 경우까지도 혹 사면합니다. 간사한 자들에게 혜택이 되고 선량한 백성들을 해치며, 세력을 믿고 날뛰는 자들이 뜻을 얻고, 선량한 사람들이 입을 다물어, 하늘이 내리는 토벌의 공정함을 잃고, 인간 욕심의 사사로움을 멋대로 하니, 모두 《춘추》의 죄인입니다.

臣按: 後世大赦天下, 其原蓋出於此. 夫魯所肆者一國之中, 而謂之眚則其所赦者過失焉耳, 眚而謂之大, 意者魯國向有所肆, 皆小眚也, 今則並其大者而肆之, 然於罪惡猶未赦也, 聖人書之以垂戒萬世, 以此爲

防. 後世赦文乃至遍赦天下, 已發覺未發覺·已結正未結正, 罪無大小
咸赦除之, 甚至十惡之罪·常赦所不原者亦或赦焉, 惠奸宄·賊良民, 怙
終得志, 善良喑啞, 失天討之公, 縱人欲之私, 皆《春秋》之罪人也.

관중(管仲)이 말하였다.

"문(文)에는 세 가지 정(情)이 있고 무(武)에는 하나의 사면도 없다. 사면
은 앞에서는 쉽지만 뒤에는 어렵고, 오래되면 그 화를 이길 수 없다. 법
은 앞에는 어렵지만 뒤에는 쉬우니, 오래되면 그 복이 말할 수 없다. 그
러므로 혜택은 사람의 원수이고, 법은 사람의 부모이다. 무릇 사면은 이
익이 적고 폐해가 크며, 사면이 없으면 폐해가 적고 이익이 큰 것이다.
도적을 이기지 못하면 선량한 사람이 위험하고, 금법이 서지 못하면 간
사한 자들이 번거롭게 하기 때문에 사면이란 날뛰는 말의 고삐를 놓는
격이다."

管仲曰: "文有三情, 武無一赦. 赦者先易而後難, 久而不勝其禍; 法者先難
而後易, 久而不勝其福. 故惠者人之仇讎也, 法者人之父母也, 凡赦者小利
而大害者也, 無赦者小害而大利者也. 夫盜賊不勝則良人危, 法禁不立則奸
邪煩, 故赦者奔馬之委轡也."

마단림(馬端臨)이 말하였다.

"요순, 3대의 사면이란, 혹 정상이 불쌍하거나, 혹 사실이 의심스럽

고, 3사(赦), 3유(宥), 팔의(八議)[6]의 예에 들어간 경우에 사면하였다. 대개 때가 되면 사안에 따라 참작하였으니, 이른바 사안을 의논하여 제정한 것이다. 후세에 대사면의 법이 있게 되자, 실정의 깊고 얕음, 죄의 경중을 묻지 않아서, 사면 전에 지은 범죄가, 살인자인데도 죽이지 않고, 사람을 다치게 한 자인데도 형벌을 주지 않았으며, 도적이나 간사란 죄를 범한 자도 꾸짖지 않았다. 이에 마침내 사면이 고식적인 법제이자 간사함을 기르는 통로가 되어버렸다. 지금 관중의 말과《사기(史記)》에 기재된 도주공(陶朱公)이 자식을 구한 사실[7]을 보니, 춘추전국 시대에 이미 대사면의 법이 있었음을 알았다."

馬端臨曰: "唐虞三代之所謂赦者, 或以其情可矜, 或以其事可疑, 以其在三赦·三宥·八議之列, 然後赦之, 蓋臨時隨事而爲之斟酌, 所謂議事以制者也. 至後世乃有大赦之法, 不問情之淺深·罪之輕重, 凡所犯在赦前, 則殺人者不死·傷人者不刑·盜賊及作奸犯科者不詰, 於是遂爲

---

6 팔의(八議): 죄를 감면해 주는 여덟 가지 은전을 팔의(八議)라고 하는데, 첫째는 왕의 친족의 죄를 논하여 형벌을 감면하는 것이고[議親], 둘째는 관직이 높은 자의 죄를 논하여 형벌을 감면하는 것이고[議貴], 셋째는 훌륭한 덕행을 지닌 자의 죄를 논하여 형벌을 감면하는 것이고[議賢], 넷째는 뛰어난 재능을 가진 자의 죄를 논하여 형벌을 감면하는 것이고[議能], 다섯째는 공로가 있는 자의 죄를 논하여 형벌을 감면하는 것이[議功], 여섯째는 국사에 노력한 자의 죄를 논하여 형벌을 감면하는 것이고[議勤], 일곱째는 왕의 친구의 죄를 논하여 형벌을 감면하는 것이고[議故], 여덟째는 국빈(國賓)의 죄를 논하여 형벌을 감면하는 것이다[議賓].《주례(周禮)》〈추관(秋官) 사구(司寇)〉.
7 《사기(史記)》에 … 사실: 도주공(陶朱公)은 춘추 시대 월(越)나라 대부(大夫) 범려(范蠡)를 가리킨다. 둘째 아들이 초나라에 갔다가 살인 혐의로 갇혔는데, 장남을 보내 사면을 받게 한 일이 있다. 그러나 일을 잘못 처리하여 동생은 처형되었고, 장남은 시신을 가지고 귀국하였다.

160

偏枯之物·長奸之門. 今觀管仲所言, 及《史記》所載陶朱公救子之事,
則知春秋戰國之時已有大赦之法矣."

진 이세(秦二世)가 처음 즉위하여 천하에 대사면을 내렸다.

秦二世初卽位, 大赦天下.

신은 이렇게 생각합니다. 사면[赦]이라는 말은 《서경》〈우서(虞書)〉에
처음 보입니다. 그렇지만 풀어 주고 사면한 대상은 실수나 불행으로
지은 죄뿐이었지, 죄가 있는 자에게 범범히 미친 적은 없었습니다.
《관자(管子)》라는 책에 비록 '이익이 적고 폐해가 크다'고 하였지만, 겨
우 그 나라에서 시행하였고 천하에 두루 시행하지는 못하였습니다.
사면하면서 '대규모'를 더한 조치가 처음 역사에 보이니, 후세에 마침
내 고사라고 여겨, 한 번 나라에 변혁이나 경사스러운 일이 생기면 군
주의 말에 나타내어 천하에 반포합니다. 실정의 고의와 오해, 죄의
당부를 불문하고, 일체 싹 다 탕감해 주는 은혜를 베풀었습니다. 아!
이 얼마나 3대 이후에 군자는 항상 불행하고 소인은 항상 다행한 일
이겠습니까?

臣按: 赦之爲言, 始見於《虞書》, 然所肆赦者眚災而已, 未嘗泛及於有
罪者焉. 《管子》之書雖云赦者小利而大害, 然僅行於其國中, 未遍及於

한 원제(漢元帝) 재위 15년 동안 모두 10차례 사면하였다. 광윤(匡胤)이
상소하기를 "폐하께서 성덕으로 태평의 길을 열고, 어리석은 백성들이
법에 저촉되고 금령을 위반하는 것을 불쌍히 여겨 해마다 대사면을 내
려 백성들이 행동을 고치고 스스로 새로워지도록 하였으니, 천하의 다행
한 일입니다. 신이 보건대, 대사면 이후에도 간사함이 줄어들거나 멈추
지 않습니다. 오늘 대사면을 내리고 내일 법을 범하여 서로 옥에 들어가
니, 이는 제대로 이끌어 주지 못했다고 할 것입니다. 백성을 보호하는 자
는 덕과 의를 펴고 호오를 보여, 실수를 보고 의당함을 제어하기 때문에
움직이면 조화롭고 쉽게 하면 편안했습니다. 지금 천하의 풍속이 재물을
탐하고 의리를 천시하며, 성색(聲色)을 좋아하고, 사치를 높이 치며, 염치
의 절조가 박약하고 음란하고 낭비벽이 방종하여, 기강은 차서를 잃었습
니다. 소원한 자를 더욱 안으로 들여, 친척의 은혜는 얇아지고 혼인의 파
당은 성대해져, 구차히 요행에 합하여 몸으로 이익을 삼습니다. 그 근원
을 고치지 않고 비록 해마다 사면을 하게 되면 형벌이 오히려 조치하기
어렵게 되고 쓰지 못할 것입니다."라고 하였다.

邪不爲衰止, 今日大赦, 明日犯法, 相隨入獄, 此殆導之未得其務也. 蓋保民者陳之以德義·示之以好惡, 觀其失而製其宜, 故動之而和, 綏之而安. 今天下俗貪財賤義, 好聲色, 上侈靡, 廉恥之節薄, 淫僻之意縱, 綱紀失序, 疏者逾內, 親戚之恩薄, 昏姻之黨隆, 苟合僥幸, 以身設利. 不改其原, 雖歲赦之, 刑猶難使錯而不用也."

신은 이렇게 생각합니다. 서한 시대가 사면령이 가장 많았습니다. 고제(高帝)는 재위 19년에 9번 사면하였는데, 이는 한나라가 처음 천하를 얻어 사람들이 진나라 습속에 깊이 물들었고, 진나라 폐단을 답습하는 일이 오래되어, 사면하지 않을 수 없었으니, 사면이 백성들과 함께 새로 시작하는 방도였기 때문입니다. 문제(文帝)는 재위 23년에 4번 사면하였는데, 문제는 여후(呂后)의 뒤를 이었으니, 대개 또한 부득이한 데가 있었습니다.

경제(景帝)가 16년 동안 5번 사면하고, 무제(武帝)가 55년 동안 18번 사면하며, 소제(昭帝)가 13년 동안 7번 사면하고, 선제(宣帝)가 25년 동안 10번 사면하며, 성제(成帝)가 26년 동안 9번 사면하고, 애제(哀帝)가 6년 동안 4번 사면하였으니, 대략 계산하면 3년이 지나 사면하지 않은 경우가 없었습니다. 이렇게 자주 사면하였으니 얼마나 선량한 백성을 위한 계책은 항상 부족한 데 비해 간사한 백성을 위한 계책은 항상 넘쳤겠습니까?

臣按: 西漢之世赦令最頻數, 高帝在位十九年凡九赦, 蓋漢初得天下,人之染秦俗者深, 事之襲秦弊者久, 不可不赦, 赦之所以與民更始也. 文帝在位者二十三年凡四赦, 文帝承呂后之後, 蓋亦有不得已焉者. 若夫景帝之十六年而五赦, 武帝五十五年而十八赦, 昭帝十三年而七赦, 宣帝二十五年而十赦, 成帝二十六年而九赦, 哀帝六年而四赦, 大約計之未有過三年而不赦者, 數赦如此, 何其爲良民計也, 恒不足而爲奸民地也, 恒有餘哉?

광무제(光武帝) 건무(建武) 20년(44), 오한(吳漢)이 병이 위중하였다. 광무제가 직접 가서 문안하고 바라는 바를 묻자, 대답하기를 "신은 어리석어 아는 것이 없습니다만, 오직 폐하께서 신중히 하여 사면하지 말기를 바랄 뿐입니다."라고 하였다.

光武建武二十年, 吳漢病篤, 車駕親臨問所欲言, 對曰: "臣愚無所知識, 惟願陛下愼無赦而已."

신은 이렇게 생각합니다. 오한은 무장(武將)인데도[8] 오히려 군주가 신중히 하여 사면하지 말기를 바랐으니, 사면은 가볍게 자주하지 말아

---

8 오한은 무장(武將)인데도: 오한은 후한 광무제(光武帝) 초기에 유영(劉永)에 의해 옹립된 해서왕(海西王) 동헌(董憲)과 반란 장수 방맹(龐萌) 등을 토벌하여 강회(江淮)와 산동 지방을 모두 평정하였다. 《후한서(後漢書)》 권18 〈오한열전(吳漢列傳)〉.

야 함이 분명합니다.

장제(章帝) 원화(元和) 2년(85), 명당(明堂)에 제사 지내며 천하에 대사면을
하였다. 갇힌 죄수는 사면 전의 죄를 1등 감해주고 태형을 하지 않고 금
성(金城)에 보냈으나, 사면 문서에서 도망쳐 발각되지 않은 자에 대해서는
언급이 없었다. 곽궁(郭躬)이 상주하기를, "성은(聖恩)은 사형을 감하여 변
방을 지키게 한 방도이니, 인명을 중시한 것입니다. 지금 사형죄를 짓고
도망친 자가 무려 만 명이고, 또 사면 이래 체포된 자가 매우 많은데, 조
령이 미치지 못하니 모두 무겁게 논해야 합니다. 삼가 생각건대, 은혜로
운 사면으로, 사형죄 이하가 모두 갱생을 입었으나, 도망쳤다가 체포된
자들만 홀로 혜택을 입지 못하였습니다. 신은 사면 전에 사형 죄를 범했
다가 사면 후에 잡힌 자는 모두 태형을 하지 말고 금성에 보내 인명을 온
전히 하면, 변방에 보탬이 있을 것입니다."라고 하니, 황제가 좋다고 생
각하여, 즉시 조서를 내려 사면하였다.

章帝元和二年, 以祀明堂大赦天下, 繫囚在赦前減罪一等, 勿笞, 詣金城,
而文不及亡命未發覺者. 郭躬奏曰: "聖恩所以減死使戍邊者, 重人命也. 今
死罪亡命毋慮萬人, 又自赦以來捕得甚衆, 而詔令不及, 皆當重論. 伏惟恩
宥, 死罪以下並蒙更生, 而亡命捕得獨不沾澤. 臣以爲赦前犯罪死而繫在赦
後者, 可皆勿笞, 詣金城以全人命, 有益於邊." 帝善之, 卽下詔赦焉.

신은 이렇게 생각합니다. 사면은 진실로 나라의 아름다운 일이 아닙니다만, 사형에 해당하는 죄를 이미 사면하고도 유독 도망친 자들에게 미치지 않는다면 안 될 것입니다. 예로부터 화란을 일으키는 자는 대부분 죄를 짓고 도망친 무리들입니다. 조정에서 일관되게 법으로 용서하지 않으면 그들은 본디 할 말 없이 달게 생각할 것입니다. 만일 죄를 탕감하는 은혜를 베풀면서 그들만 끼지 못한다면 실망하지 않을 수 있겠습니까. 곽궁의 우려는 멀리 보았다고 할 것입니다.

臣按: 赦固非國家之美事, 然死罪旣赦而獨不及亡命, 不可也. 蓋自古所以起禍亂者多犯罪亡命之徒也, 朝廷一持以法而無所貸, 彼固無辭而甘心焉, 苟施曠蕩之恩而彼獨不與焉, 能無觖望乎? 郭躬之慮可謂遠矣.

왕부(王符)가 말하였다.[9]

"선량한 백성을 심하게 해치는 것으로는 잦은 사면과 속죄보다 큰 것이 없다. 사속(赦贖)이 잦으면 악인이 창궐하고 선인이 손상을 입는다. 어떻게 밝힐 것인가? 삼가는 사람은 비리를 저지르지 않고, 또 정직하여 강포한 자를 피하지 않아 간활한 무리들이 함부로 무함하는 말을 가하는 경우가 있으니, 모두 사면이 오래지 않아 있을 것을 알기 때문이다. 선인과 군자가 침탈을 당하고도 궐정(闕庭)에 나가 스스로 밝힐 수 있는 경우는 만에 몇 사람 없고, 몇 사람 중에서 성문(省問)할 수 있는 자는 백에 하나도 되지 않는다. 상서(尙書)를 대하고도 부질없이 보내는 경우가 다시

9　왕부(王符)가 말하였다:《후한서(後漢書)》 49권 〈왕부전(王符傳)〉에 나온다.

열에 예닐곱이니, 경박한 간사한 자들이 범죄를 저지르면 피해를 당한 집안에서 그들이 벌을 받아 쌓인 분노를 풀기를 바라지만, 도리어 일거에 모두 사면을 받아 풀려난다. 결국 악인은 성대하게 잔치를 열며 자랑하고, 늙은 도둑은 장물을 가지고 문을 지나는데도, 효자가 원수를 보고도 토벌하지 못하고 도둑을 당한 자가 물건을 보고도 되찾지 못하니 이보다 원통한 일이 없다.

무릇 잡초를 기르는 자는 벼농사를 망치고, 간사한 자에게 은혜를 베풀면 선량한 백성을 해친다. 선왕(先王)이 형법을 만들 때, 사람의 피부를 상하게 하거나, 사람의 수명을 단축시키기는 좋아하지 않았고, 간사한 자를 위압하고 악인을 징계하여 사람에게 끼칠 폐해를 제거하는 데 주안점을 두었다. 옛날에 처음 천명을 받은 군주는 극도의 큰 혼란을 이어받아, 도적과 간악한 자들은 법으로 금하기 어려웠기 때문에 부득불 한 번 사면하여 더불어 다시 새로워짐으로써 만물을 길러 대단위 교화를 이루었던 것이다. 간사한 자들을 길러 죄를 살리고 큰 도적을 방종하게 했던 것이 아니다.

성질이 악한 백성은 백성의 이리떼이니, 비록 풀어 주는 은택을 입어도 끝내 뉘우치는 마음이 없어서 새벽에 질곡을 벗고는 저녁에 다시 감옥에 갇힌다. 논자들은 대부분 '오래 사면하지 않으면 간사한 자들이 치성해져 관리들이 통제할 수 없으니, 자주 사면하여 해산해야 한다'고 하지만, 이는 난리를 다스리는 본원에 밝지 못하고, 화복이 생기는 바를 살피지 못하는 것이다."

王符曰: "賊良民之甚者, 莫大於數赦贖. 赦贖數則惡人昌而善人傷矣, 何以明之? 謹飭之人身不蹈非, 又有爲吏正直不避彊禦, 而奸猾之黨橫加誣言

者, 皆知赦之不久故也. 善人君子被侵陷而能至闕庭自明, 萬無數人, 數人
之中得省問者百不過一, 既對尚書而空遣去者復十六七矣, 其輕薄奸軌, 既
犯罪法, 怨毒之家冀其辜戮以解蓄憤, 而反一槪悉蒙赦釋, 令惡人高會而誇
吒, 老盜服贓而過門, 孝子見仇而不得討, 遭盜者睹物而不可取, 痛莫甚焉.
夫養稂莠者傷禾稼, 惠奸軌者賊良民, 先王之制刑法也, 非好傷人肌膚 · 斷
人壽命也, 貴威奸懲惡, 除人害也. 古者惟始受命之君, 承大亂之極, 寇賊
奸軌, 難爲法禁, 故不得不有一赦, 與之更新, 頤育萬物, 以成大化. 非以養
奸活罪, 放縱大賊也. 夫性惡之民, 民之豺狼, 雖得放宥之澤, 終無改悔之
心, 且脫重梏, 夕還囹圄. 論者多曰'久不赦則奸軌熾而吏不制, 宜數赦以解
散之', 此不昭政亂之本源, 不察禍福之所生也."

신은 이렇게 생각합니다. 이는 왕부의 〈술사론(述赦論)〉[10]입니다. 이
를 보면 사면이 통치에 무익함을 알 수 있습니다.

臣按: 此王符《述赦論》也, 觀此則赦之無益於治可見矣.

순열(荀悅)이 말하였다.

---

10 왕부의 〈술사론(述赦論)〉: 후한(後漢) 때 왕부(王符)가 난세(亂世)를 만나서 강직한 지조 때문
에 세상에 용납되지 못함을 분개하여 은거하면서 당시의 폐정(弊政)을 통절히 비판한 《잠
부론(潛夫論)》 술사를 말한다.

168

"사면이란 임시로 적용하는 것이지, 항상 시행하는 제도가 아니다. 한나라가 흥하여, 진나라의 군대를 이어받은 뒤 집집마다 형을 가해야 했기 때문에 삼장의 법과 대사면령을 내려 묵은 때를 씻어 주고 백성들과 다시 시작하였으니, 당시 형편이 그러한 것이다. 후세에 과업을 이어 답습하면서 개혁하지 않았으니 시의를 잃은 것이다.

혜제와 문제 때는 사면이 없었으나 효경제 때는 7국이 모두 혼란스러웠고 다른 마음을 먹은 자들이 아울러 봉기하여 간사한 일이 하나가 아니었다. 무제 말년에 부역이 번거롭게 부과되자 도둑떼가 아울러 봉기하였고, 무고(巫蠱)가 화가 더해져 천하가 어지럽고 백성들은 희망이 없었다. 광무제 때 이르러 난리를 평정한 뒤에는 이러한 무리는 사면하는 것이 당연하였다."

荀悅曰: "夫赦者權時之宜, 非常典也. 漢興, 承秦兵革之後, 比屋可刑, 故設三章之法·大赦之令, 蕩滌穢流, 與民更始, 時勢然也. 後世承業襲而不革, 失時宜矣. 惠文之世無所赦之, 若孝景之時, 七國皆亂, 異心並起, 奸詐非一; 及武帝末年, 賦役繁興, 群盜並起, 加以巫蠱之禍, 天下紛然, 百姓無聊; 及光武之際, 撥亂之後, 如此之比, 宜爲赦矣."

신은 이렇게 생각합니다. 평화를 이은 시대에는 사면이 있어서는 안되며, 있으면 간사한 자들이 뜻을 얻고 선량한 백성들이 불안하며, 위험한 시대를 맞아서는 사면이 없어서는 안 되니, 없으면 두렵고 불안하여 화란이 풀리지 않습니다. 순열은 사면이 임시로 적용하는 것이라는 말했는데, 후세에 사면을 항상 시행하는 제도로 만들었으니, 어찌된 일입니까?

臣按: 當承平之世赦不可有, 有則奸宄得志而良民不安, 當危疑之時, 赦不可無, 無則反側不安而禍亂不解, 荀氏謂赦爲權時之宜, 而後世乃以之爲常典, 何哉?

한나라 황제 유선(劉禪) 연희(延熙) 6년(243) 옹립된 뒤 대사면이 있었다. 맹광(孟光)이 비인(費禕)을 책망하기를 "사면이란 불완전한 조치이며 밝은 세상에는 있어야 할 바가 아니고, 세속이 극도로 쇠퇴하여 반드시 부득이한 뒤에 임시로 시행할 뿐이다. 지금 주상이 어질고 백관이 직무를 잘 수행하고 있는데, 무슨 조석(朝夕)의 급한 일이 있다고 사주 비상한 은혜를 베풀어 간사한 자들의 악에 혜택을 주겠는가?"라고 하니, 비인이 사죄하였다. 처음에 승상 제갈량(諸葛亮)이 재상이 되어 14년 동안 두 번 사면하였는데, 당시 '공이 사면을 아낀다'는 말을 하는 사람이 있었다. 제갈량이 답하기를 "세상을 다스리는 것은 큰 덕으로 하며 작은 은혜로 하지 않기 때문에, 광형(匡衡)과 오한(吳漢)은 사면을 원치 않았다. 선제[先帝: 유비(劉備)] 또한 '진원방(陳元方)[11]과 정강성(鄭康成)[12] 사이에서 주선하면서, 매번 치란의 도를 알려 주는 것이 상세한 것을 보았는데, 일찍이 사면에 대해 말하지 않았다. 만일 유경승(劉景升) 부자[13]가 해마다 사면을 받는다면, 통치

---

11 진원방(陳元方): 원방은 후한(後漢) 진기(陳紀)의 자(字)이다.

12 정강성(鄭康成): 후한 북해(北海) 고밀(高密) 사람으로 이름은 정현(鄭玄, 127~200)이고, 자가 강성이다.

13 유경승(劉景升) 부자: 경승은 유표(劉表, 142~208)의 자로, 후한 말 산양(山陽) 고평(高平) 출신이

에 무슨 보탬이 되겠는가?'라고 하였다."

漢帝禪延熙六年立後, 大赦, 孟光責費諱曰: "夫赦者偏枯之物, 非明世所
宜有也, 衰敝窮極, 必不得已, 然後乃可權而行之耳. 今主上仁賢, 百僚稱
職, 何有旦夕之急而數施非常之恩, 以惠奸軌之惡." 諱謝之. 初丞相亮爲相
十四年才兩赦, 時有言公大惜赦者, 亮答曰: "治世以大德, 不以小惠, 故匡
衡·吳漢不願爲赦. 先帝亦言: '周旋陳元方·鄭康成間, 每見啟告治亂之道
悉矣, 曾不語赦也. 若劉景升父子歲歲赦宥, 何益於治?'"

진수(陳壽)가 말하였다.

"제갈량은 군대를 수차례 일으켰지만 사면을 함부로 내리지 않았
으니 탁월하지 않은가."

陳壽曰: "諸葛亮軍旅數興而赦不妄下, 不亦卓乎."

호인(胡寅)이 말하였다.

"사면이 치도(治道)에 무익한 것은 앞서 현인들이 여러 번 말하였지
만, 끝내 혁파하지 못하고 통상의 제도로 생각하고 시행하기에 이르

다. 삼국 시대 위(魏)나라 조조(曹操)가 손권(孫權)의 군대가 정연한 것을 보고 "자식을 낳으
려거든 의당 손중모처럼 낳아야 할 것이다. 유경승의 자식은 개돼지 같을 뿐이다." 하였
다.《태평환우기(太平寰宇記)》.

렀다. 그 사이에 경사(慶事), 전승(戰勝), 상서(祥瑞), 기도(祈禱) 같은 일이 있으면 또 반포하였으니, 2제와 3왕의 법을 믿지 않고 후세의 제도를 따른 것은 무슨 이유인가?

처음 명을 받으면 사면하고, 연호를 고치면 사면하고, 진기한 금수(禽獸)를 잡으면 사면하고, 황하가 맑아지면 사면하고, 국새를 새기면 사면하고, 황후를 세우면 사면하고, 태자를 세우면 사면하고, 황손을 낳으면 사면하고, 반란을 평정하면 사면하고, 강토를 열면 사면하고, 재이를 만나면 사면하고, 질병이 있으면 사면하고, 천지에 교제사를 지내면 사면하고, 중대한 전례를 행하면 사면하여, 혹 3년에 한 번 사면하고, 혹 해마다 한 번 사면하며, 혹 1년에 두 번, 세 번 사면한다.

사면령이 내려가면 죄가 있는 자는 면제되고, 부담해야 할 것[14]은 슬여 주며, 막힌 사는 통해 주니, 혹 지손에게 음보(蔭補)를 얻을 수 있고, 혹 조고(祖考)에게 봉작을 줄 수 있게 되는데, 이것이 전부이다. 명철한 군주라면 사면은 드물지만 실질이 있고, 혼란한 시대에는 사면이 잦지만 문서만 나올 뿐이다. 드물다는 것은 고사를 살펴보아 다 없애지 않은 것이고, 잦다는 것은 뜻이 복을 구하는 데 있어서 자기에 귀결되는 것을 말한다. 실질적이라는 것은 죄가 있으면 반드시 면제되고 부담해야 할 것은 반드시 줄여 주기 때문이며, 문서만 나온다는 것은 비록 이런 말은 있지만 사람들이 그 혜택을 입지 못한다는 말이다."

胡寅曰: "赦之無益於治道也, 前賢言之多矣, 而終不能革, 至按以常典

---

14 부담해야 할 것: 원문의 '부(負)'는 포부(逋負), 즉 미납한 세금을 말한다.

而行之, 於其間有吉慶‧克捷‧祥瑞‧祈禱之事則又頒焉, 不信二帝三王
之法而循後世之制, 是何也? 始受命則赦, 改年號則赦, 獲珍禽奇獸則
赦, 河水清則赦, 刻章璽則赦, 立皇后則赦, 建太子則赦, 生皇孫則赦,
平叛亂則赦, 開境土則赦, 遇災異則赦, 有疾病則赦, 郊祀天地則赦, 行
大典禮則赦, 或三年一赦, 或比歲一赦, 或一歲再赦三赦. 赦令之下也,
有罪者除之, 有負者蠲之, 有滯者通之, 或得以蔭補子孫, 或得以封爵
祖考, 如是而已耳. 明哲之君則赦希而實, 昏亂之世則赦數而文, 希者
尚按故事而不盡去也, 數者則意在邀福而歸諸己也, 實者有罪必除‧有
負必蠲也, 文者雖有是言而人不被其澤也."

신은 이렇게 생각합니다. 사면이란 말은 그 죄를 풀어 준다는 것입
니다. 후세의 사면은 바로 미납 세금을 줄여 주고, 은둔한 인재를 천
거하고, 자손에게 음직을 주고, 조고에게 봉작하고, 심지어 법제를 세
우고 금령을 시행하는 것도 모두 사면령에서 행하니, 옛사람들이 '실
수와 불행으로 지은 죄를 사면한다'든지, '과실을 사면하고 죄를 너그
럽게 한다'든지 하는 뜻을 잃었습니다.

신이 생각건대, 사면령의 반포는 죄를 너그럽게 하는 외에, 미납분
을 덜어 세금을 줄여 주고, 형벌을 줄이고 공채(公債)를 탕감하며, 공
사를 천천히 하고 신역을 없애며, 부세를 가볍게 하고, 도망간 자를
오게 하는 등, 무릇 백성들에게 관대하고 아래에 혜택을 주는 방도가
사면을 통해서 행해져야 하지, 이런 것들을 일체 유사에게 맡겨 시행
할 것이 아닙니다.

사면 문서를 처음 작성할 때, 조건을 처음 논의하면서 반드시 집정 대신을 모이게 하고, 각각 맡은 관청이 시행할 조건들을 논의하고, 공공의 의견에 따르되, 반드시 법률에 구애됨이 없어야 하고, 반드시 사체에 어긋나지 말아야 하며, 반드시 인정에 거슬리지 말아야 하니, 단연코 반드시 행할 수 있고 분명하여 필시 폐단이 없어야 합니다.

밀린 세금을 줄여주는 경우, 그 물건을 반드시 제거한 뒤 결코 나중에 추징하는 데 이르지 않아야 하고, 부세를 가볍게 해 주는 경우, 그 일이 반드시 그만둔 뒤에 결코 다시 만드는 데 이르지 않아야 합니다. 사면문서의 뜻은 반드시 해석하면 이래도 되고 저래도 되는 데 이르러서는 안 되며, 그 전후에 반드시 말한 것과 서로 어긋나서는 안 됩니다. 사의를 처리한 뒤에 다시 그 문서의 논리를 강론하여, 명백하고 적절한 뒤에 사면 분서에 드러내고 천하에 시행하면, 위에서 반포한 것에 헛된 문장이 없고, 아래에서 받는 것도 모두 실질적인 혜택이 될 것입니다.

臣按: 赦之爲言釋其罪之謂也, 後世之赦乃以蠲逋負·擧隱逸·蔭子孫·封祖考, 甚至立法製·行禁令皆於赦令行焉, 失古人眚災肆赦·赦過宥罪之意矣. 臣愚以爲, 赦令之頒, 宥罪之外, 蠲逋減稅·省刑已責·弛工罷役·寬征招亡, 凡寬民惠下之道因赦而行可也, 非此屬也一切付之有司行焉. 凡夫赦文之初作, 條件之初擬也, 必須會集執政大臣各擬所司合行條貫, 從公計議, 必於律例無礙, 必於事體無違, 必於人情不拂, 斷然必可行, 的然必無弊, 如蠲逋也, 其物必可除後決不至於複追, 如寬征也, 其事必可已後決不至於再作, 其文意必不至解而兩通, 其前後必不至言而相戾, 旣處置其事宜, 復講解其文理, 明白切當, 然後著於赦文, 行於天下, 則上之所頒者無虛文, 下之所沾者皆實惠矣.

남송 무제(武帝) 영초(永初) 2년, 남교에서 제사를 지내고 대사면을 내렸다.

南宋武帝永初二年, 祀南郊, 大赦.

배자야(裴子野)가 말하였다.

"천지에 교제사를 지내는 것은 연례행사를 하는 것인데, 저 죄 있는 자들에 대한 사면을 왜 하는가?"

裴子野曰: "郊祀天地, 修歲事也, 赦彼有罪, 夫何爲哉?"

당 태종(唐太宗)이 일찍이 시신들에게 "옛말에, 사면은 소인들의 다행이고, 군자들의 불행이며, 1년에 두 번 사면하니 착한 사람이 입을 다문다고 했다. 옛날 문왕이 벌을 제정하면서 형벌에는 사면이 없었다. 소인(小人)은 대인(大人)의 도적이기 때문에 내가 천하를 다스린 이래 그다지 사면을 하지 않았다. 지금 사해가 안정되어 예의가 흥기되었으니, 잦은 사면은 바로 어리석은 사람이 항상 요행을 바라고, 오직 법을 범하려고만 하고 고칠 수가 없으니, 응당 신중히 사면해야 할 것이다."

唐太宗嘗謂侍臣曰: "古言赦者小人之幸, 君子之不幸, 一歲再赦, 善人喑啞. 昔文王作罰, 刑茲無赦, 小仁者大仁之賊, 故我有天下以來不甚放赦. 今四海安靜, 禮義興行, 數赦卽愚人常冀僥幸, 惟欲犯法不能改過, 當須愼赦."

신은 이렇게 생각합니다. 3대 이하에 현명한 군주라고 불리는 자는 반드시 당 태종일 터인데, 당 태종은 사면에 대해 이렇게 신중했으니, 사면이 치도에 무익한 것이 분명합니다.

臣按: 三代以下稱賢君者必曰唐太宗, 太宗之於赦也, 其愼也如此, 則赦無益於治道也明矣.

당 선종(唐宣宗) 대중(大中) 원년(847), 가뭄 때문에 동평장사 노상(盧商)과 어사중승 봉오(封敖)가 경성의 죄수를 소결하였다. 대리경 마식(馬植)이 상주하여 "노상 등이 죄수에게 너그럽게 행하려고 노력하여, 극법(極法)에 저촉된 자를 일체 죽음을 면해 주었습니다. 그 관원이 훔친 장물이나 고의 살인을 맡고 있는데, 평소 대사면에서는 면제되지 못하다가, 지금 소결을 통해 용서하여, 탐관오리를 징계할 방법이 없고 죽은 자는 원통함을 고할 데가 없으니, 가뭄을 해소하여 조화로운 기운을 회복할 방도가 아니라고 생각합니다. 옛날 주나라가 기근이 들었을 때 은나라를 쳐서 이기고 나니 풍년이 들었고, 위나라가 가뭄이 들었을 때 형나라를 토벌

하니 비가 내렸습니다.[15] 이는 죄를 주벌하고 간사한 자를 기록한 것이
혹 하늘의 뜻에 부합한 것이고, 원망을 씻어 주고 적체된 사건을 결정해
주어 황제의 마음에 부응한 것입니다."라고 하였다.

宣宗大中元年, 以旱故, 命同平章事盧商與御史中丞封敕疏理京城係囚, 大
理卿馬植奏稱: "盧商等務行寬宥, 凡抵極法者一切免死, 彼官典犯贓及故
殺, 平日大赦所不免, 今因疏理而原之, 使貪吏無所懲畏, 死者含冤無告,
恐非所以消旱災致和氣也. 昔周饑, 克殷而年豊, 衛旱, 討邢而雨降, 是則
誅罪錄奸或合天意, 雪冤決滯乃副聖心也."

   신은 이렇게 생각합니다. 오대(五代) 진(晉)나라 천복(天福) 연간에, 장
윤(張允)이 《박사론(駁赦論)》을 올렸는데, "홍수와 가뭄으로 덕음을 내
려 과실을 용서하고 죄수를 풀어 주어 천심을 감동시켜 재해를 막는
것은 잘못입니다. 예를 들어 두 사람이 송사를 하는데, 사면을 받으
면 죄가 있는 자가 요행히 모면하고 죄가 없는 자는 억울함을 품게 됩
니다. 억울한 기운이 하늘로 올라가면 바로 재해가 내리는 것이지 재
이를 그치는 것이 아닙니다. 천도는 선행에 복을 주고 음란함에 화를
주니, 만일 악행을 저지른 사람을 사면하여 재이가 복으로 변한다면
이는 하늘이 악인을 돕는 것입니다."라고 하였으니, 이 말을 보면 사
면이 재해를 구제하는 데 무익함이 분명합니다.

---

15 옛날 … 내렸습니다: 《춘추좌씨전(春秋左氏傳)》 희공(僖公) 19년에 나온다.

臣按: 五代晉天福中, 張允進《駁赦論》曰: "以水旱降德音, 宥過放囚, 冀感天心以救災, 非也. 假有二人訟, 遇赦則有罪者幸免, 無罪者銜冤, 冤氣升聞, 乃所以致災, 非弭災也. 天道福善禍淫, 若以赦爲惡之人而變災爲福, 是則天助惡人也." 觀於此言, 則赦無益於救災明矣.

　　오대(五代) 때, 온도(溫韜)가 당(唐)나라의 황릉들을 파헤쳤는데, 당 장종 (唐莊宗) 때 입조하였는데, 성명을 하사하여 '이소충(李紹衝)'이라고 하였다. 온도가 황금과 비단을 잔뜩 가지고 와서 유 부인(劉夫人)과 권귀(權貴)들에게 뇌물로 주었다. 열흘이 지나 돌아가려고 할 때, 곽종도(郭宗韜)가 "온도는 당나라 산릉을 파헤친 것이 거의 대부분이니, 그 죄는 주온(朱溫)[16]과 같은데, 어찌 다시 방진(方鎭)에 거처하게 하겠습니까? 천하의 의사(義士)들이 우리를 보고 뭐하고 하겠습니까?"라고 하니, 장종이 "변주(汴州)에 처음 들어왔을 때 이미 그 죄를 사면하였다."라고 하고, 마침내 돌려보냈다.

五代時, 溫韜發唐諸陵, 唐莊宗時入朝, 賜姓名曰李紹衝, 韜多齎金帛賂劉夫人及權貴, 旬日遣還, 郭宗韜曰: "溫韜發唐山陵殆遍, 其罪與朱溫相埒耳, 何得復居方鎭, 天下義士謂我何?" 莊宗曰: "入汴之初已赦其罪." 竟遣之.

---

16 주온(朱溫): 주온은 오대 양(梁)나라 태조 주전충(朱全忠, 852~912)의 처음 이름이다. 904년에 당나라 소종(昭宗)을 죽이고 소선제(昭宣帝)를 세웠으며, 907년에 소선제를 폐하고 후량을 세웠다. 황소(黃巢)의 난을 평정하는 데 공이 많았지만 성격이 잔인하여 많은 사람을 죽였다.

호인이 말하였다.

"죄인은 주벌하지 않으면 안 되고, 사면령은 지키지 않으면 안 되는데, 두 가지를 장차 어떻게 처리해야 하는가? 반드시 사면하기 전에 사정과 법령을 상량하고, 경중을 헤아려 구별함으로써, 사면 대상자에 주벌할 죄를 지은 자가 없어야 하고, 형을 당할 자 가운데 용서해야 할 사람이 없다면, 일거양득일 것이다."

胡寅曰: "罪人不可不誅, 赦令不可不守, 二者將何處? 必於未赦之前, 揆情法·審輕重而區別之, 使預赦者無可誅之罪, 被刑者無可恕之人, 則一擧而兩得矣."

신은 이렇게 생각합니다. 사태는 여러 계기로 일어나고 변고는 하나가 아니니, 사람들의 행위와 범죄를 사면 문서에 조목별로 갖추는 것이 어찌 일일이 다 상세할 수 있겠습니까. 그렇지만 여염은 실상을 파악하기 어렵고 고을은 멀어서, 사태가 일시에 발생하여 혹 실제와 다른 경우에는 위에 있는 사람이 본디 다 알고 예측할 수 없을 것입니다. 만일 기강을 해치고 상도를 어지럽히는 일은 인륜에 관계되어 큰 악행에 들어가고, 훤히 천하의 이목에 들어가는데, 어찌 권한을 가지고 기록을 하는 사람 가운데 한 사람도 알지 못한다는 말입니까?

온도가 황제의 능들을 도굴하여 보물을 절취한 일은, 비록 아녀자나 군졸이라도 혹 아는데, 이런 자는 신하들이 조칙이 있기 전에 논의에 부쳐 어떤 사람, 어떤 일은 결코 사면해서는 안 된다고 분명히 거론하여 미리 처리해서 우리 조칙을 천하에 반포하고 유사가 받드는

데 장애가 없게 함으로써, 만세의 의리를 범하고 일시의 신의를 잃는 데 이르지 않도록 했다면 옳았을 것입니다.

臣按: 事幾多端, 變故不一, 人之所爲所犯, 赦文所條具者, 豈能一一該盡之哉? 然閭閻之幽·郡邑之遠, 事出於一時, 或有反常殊異者, 上之人固無由周知而豫料之, 若夫干紀亂常之事, 關於人倫, 入於大惡, 昭昭於天下耳目者, 豈應用事秉筆之人無一人知哉? 如溫韜發諸帝陵以竊取寶玉, 雖婦人走卒亦或知之, 若是者宜於群臣計議詔條之前, 明擧某人某事決不可赦, 豫有以處之, 使吾詔條頒布天下, 有司奉行之無有妨礙, 不至犯萬世之義·失一時之信, 則得之矣.

송나라는 조종 이래, 3년에 교제사를 할 때마다 사면하였으니, 이는 떳떳한 제도가 아니다. 세상에서 3년에 한 번 사면한다고 하는데, 옛날에 없었던 일이다. 경우(景祐)[17] 연간에, 논자가 말하기를 "3왕의 시대에 원구(圓丘)에 제사 지냈으나, 그때마다 사면하는 적은 없었습니다. 당나라 군대가 발흥한 이후 하늘을 섬기는 예식을 정상적으로 시행하지 않았고 이어 대사면으로 어지러운 옥사를 탕감하였습니다. 또한 죄가 있는 자를 사면하였으나 반드시 새로워지지 않았으며, 피해자의 억울함이 반드시 원한이 없게 된 것도 아니었습니다. 스스로 새로워질 수 없으니 장차 다시 악행을 저지르고, 원한이 없을 수 없으니 장차 선행을 후회할 것이므로, 한 번 사면하면 백성들로 하여금 선행을 후회하고 악행을 조장

---

17 경우(景祐): 북송(北宋) 인종(仁宗)의 세 번째 연호로, 1034년에서 1038년까지이다.

180

하였으니, 정교(政敎)의 큰 걱정입니다. 원컨대, 3년에 한 번 사면하는 것을 파하여, 선량한 백성들이 은혜를 간직하고, 흉악한 사람들이 금법을 알게 하십시오. 혹자는 다 없앨 수는 없다고 말하는데, 즉시 유사에게 명하여 교제사 사흘 전에 죄수를 심리하여 과오인 자가 있으면 데려와 사면하고, 주현에도 조서가 도착하기를 기다려 이처럼 하게 하십시오."라고 하였다.

宋自祖宗以來, 三歲遇郊則赦, 此常制也. 世謂三歲一赦, 於古無有, 景祐中言者以爲: "三王歲祀圜丘, 未嘗輒赦, 自唐兵興以後, 事天之禮不常行, 因有大赦以蕩亂獄, 且有罪者宥之未必自新, 被害者抑之未必無怨, 不能自新將復爲惡, 不能無怨將悔爲善, 一赦而使民悔善長惡, 政敎之大患也. 願罷三歲一赦, 使良民懷惠, 凶人知禁. 或謂未可盡廢, 卽請命有司前郊三日理罪人, 有過誤者引而赦之, 州縣須詔到仿此."

신은 이렇게 생각합니다. 군주가 하늘의 아들이 되어 하늘에 제사를 받드니, 마땅히 하늘의 마음을 본받아 하늘의 백성에게 은혜를 베풀어야 합니다. 하늘의 백성이 부득이하여 잘못 죄에 빠졌다면 사면해야 할 것이고, 불행하게 남에게 해를 입었는데 천자 된 자가 공손히 하늘의 토벌을 시행하지 못하여 하늘의 백성들로 하여금 원한과 고통을 펴지 못하게 하니, 어찌 하늘의 뜻이 바라는 바이겠습니까? 대개 사면이 처음 설치된 것은 과실과 불행 때문이었는데, 후세에 서로 이어 간 지 이미 오래되어 옛 제도를 회복할 수 없었습니다. 그렇지만 우레와 비를 내려 주듯이 죄를 탕감해 주는 은혜는 불시에 조치하여 사람들이 예측할 수 없게 해야 할 것입니다. 송나라 사람들이 이를 규칙적인 제도로 만들어 정해진 시기가 있었으니, 사람들이 예상할 수 있어 그 시기를 기다리게 하였으니, 비단 형법이 사람들을 두렵게 할 수 없고, 사면령 또한 사람들을 감동시킬 수도 없었습니다.

臣按: 人君爲天之子, 奉天之祀則當體天之心, 以惠天之民, 天之民不得已而誤入於罪, 赦之可也, 不幸而爲人所害焉, 爲天子者不能恭行天討, 使天之民冤苦莫伸, 豈天意所欲哉? 蓋赦之初設爲眚災也, 後世相承旣久, 不能復古, 然曠蕩之恩如雷雨之施, 不時而作, 使人莫可測知可也. 宋人爲之常制而有定時, 則人可揣摩, 以需其期, 非獨刑法不足以致人懼, 而赦令亦不足以致人感也.

송 인종(宋仁宗) 가우(嘉祐) 연간에, 학사 장방평(張方平)이 말하기를 "중외 관원이 대부분 사람들의 누적된 죄상을 드러내고, 자주 사람들의 사면 이전의 일 및 상주하여 논핵했던 일을 조사하여, 그때마다 사면하지 않고 감면하기를 청하니, 일시의 작은 분노를 상쾌하게 하지만 천하의 큰 신뢰를 잃었습니다. 이제부터 이와 같은 부류는 제서(制書)를 고의로 위배한 죄로 다스리십시오."라고 하였다. 어사 여회(呂誨) 또한 그렇게 말하였다. 이에 조서를 내려 "근래 중외에서 상장하여 사람들의 과실을 말하는 경우가 많은데, 겉으로는 공정한 말 같지만 속으로는 사사로운 분노와 연관되어 있고, 억울한 사람을 속이고 선량한 사람을 죄에 빠트리고 있다. 또한 사면령이란 천하와 함께 다시 새로워지는 방도인데, 유사가 자주 사면 이전의 일을 조사하니 명령을 신중히 하고 형벌을 중시하여 사람들에게 시원하게 스스로 새로워지게 하는 뜻이 아니다. 이제부터 상장하여 사람들의 죄를 고하고 사면 이전의 일을 언급하는 자는 신문하라."라고 하였다.

仁宗嘉祐中, 學士張方平言: "中外官多發人積年罪狀, 數按人赦前事及奏効事, 輒請不以赦原減, 快一時之小忿, 失天下之大信, 自今有類此者以故違制書坐之." 御史呂誨亦以爲言, 乃下詔曰: "比者中外多上章言人過失, 外視公言, 內緣私忿, 詆欺曖昧, 苟陷善良, 又赦令者所以與天下更始, 而有司多按赦前事, 殆非愼命令·重刑罰, 使人灑然自新之意也. 自今有上章告人罪及言赦前事者, 訊之."

신은 이렇게 생각합니다. 일도 없이 사면하는 것은 본디 나라의 훌륭한 일이 아닙니다. 일이 있어서 사면하지만 또한 지킬 수 없어서 사람들에게 신뢰를 잃게 하였으니 더욱 나라의 좋은 정치가 아닙니다. 나라는 백성을 보물로 생각하고 백성은 신뢰를 보물로 생각하는데, 위에서 한 번 명을 내리면 백성들에게 불신을 받고, 나중에 다시 말을 하면 백성들이 불신합니다. 그래서 선으로 다스리는 자는 반드시 명 내리기를 가벼이 하지 않고, 명을 이미 낸 뒤에는 반드시 지켜서 믿게 하니, 비단 그 명령을 반드시 시행하고자 하는 것이 아니라, 그 사실의 연계성을 확보하고자 하는 것입니다.

臣按: 無事而赦, 固非國家美事, 有事而赦而又不能守, 使失信於人, 尤非國家善治也. 蓋國寶於民, 民寶於信, 上之出令一有不信於民, 異時

再有所言則民不信之矣, 是以善爲治者必不輕於出令, 命旣出矣而必守
之以信, 非但欲其令之必行, 蓋欲其事之可繼也.

원(元)나라 서역 승려가 해마다 불사(佛事)를 일으켰는데, 더러 자의로
죄수를 풀어 주어 간사한 자들을 불러들이고, 선량한 자들이 입 다물고
한을 품게 만들었다.

元西僧歲作佛事, 或恣意縱囚以售其奸宄, 俾善良者喑啞而飮恨.

신은 이렇게 생각합니다. 사면과 용서가 위에서 나오는 것을 정치
의 원칙을 아는 자는 오히려 그르다고 하였습니다. 원나라 사람들이
오랑캐 승려의 말을 듣고 매번 불사를 일으키고 그때마다 죄수를 풀
어 주어 복과 보답을 기대하였으니, 은혜가 위에서 나오지 않고 아래
에서 나왔고, 사람들이 황제의 은혜에 감동하지 않고 승려에게 감동
하였습니다. 그래서 매번 장차 불사를 일으키기 전에 죄를 짓고 잡힌
자들이 그때마다 승려에게 뇌물을 주어 모면하고자 하니, 마침내 흉
악한 자들이 승려의 세력을 석권하여 악행을 심고 선량한 사람들이
원통함과 굴욕을 품고 호소할 데가 없습니다. 오랑캐 풍속이 한 짓은
책망할 것도 없지만, 중국의 정치가 어떻게 그토록 심하게 본받는다
는 말입니까?

臣按: 赦宥出於上, 識治體者猶以爲非, 元人信胡僧之言, 每作佛事輒縱罪囚, 以希福報, 恩不出於上而出於下, 人不感帝之恩而感乎僧, 是以每遇將作佛事之先有罪在係者輒賂僧以求免, 遂使凶頑席僧勢以稔惡, 善良抱冤屈而莫訴. 胡俗所爲無足責也, 中國之治烏可效而尤之哉?

이상은 '실수나 불운으로 지은 죄의 사면을 신중히 함'이다.

以上愼眚災之赦

대학연의보

(大學衍義補)

—

권110

형법을 신중히 함[愼刑憲]

복수의 뜻을 밝힘[明復仇之義]

《주례(周禮)》〈조인(調人)〉에서 말하였다.

조인은 만민의 원수 관계【난(難)은 서로 원수가 되는 것이다.】를 맡아서 조정하는【해(諧)는 조화와 같다.】 일을 맡는다. 과실로【과(過)는 본래의 의도가 없다는 말이다.】 사람을 죽이거나 다치게 한 자는 백성들의 증언을 가지고 옳고 그름을 평정(平定)하며【성(成)은 평정하는 것이다.】, 남의 가축을 죽이거나 다치게 한 자도 이와 같이 한다. 원수를 조화시킬 때, 부모의 원수는 피해서 해외로 가서 살게 하며, 형제의 원수는 피해서 천 리 밖에 가서 살게 하며, 종부(從父)나 종형제(從兄弟)의 원수는 한 나라에 안에 살지 않게 한다. 임금의 원수는 부모의 원수에 비기며, 스승의 원수는 형제의 원수에 비기며, 친한 친구의 원수는 종부나 종형제의 원수에 비긴다. 원수가 피해 가지 않으면 서절(瑞節)을 주어 그를 체포하게 한다. 무릇 사람을 죽인 자를 되갚아 죽이는 자가 있으면 방국(邦國)들로 하여금 서로 그를 원수로 대하게 한다. 무릇 사람을 죽였으되 의로운 경우에는 한 나라 안에 살지 못하게 하되 복수하지 말도록 하며 복수하면 죽인다. 싸우면서 노한 자가 있으면 평정하고 평정할 수 없는 경우에는 기록하며, 먼저 움직여 싸움을 건 자는 주벌한다.

《周禮》: 調人掌司萬民之難【謂相與爲仇讎】而諧【諧猶調也】和之, 凡過【謂無本意也】而殺傷人者, 以民成【平也】之, 鳥獸亦如之. 凡和難, 父之仇辟諸海外, 兄弟之仇辟諸千里之外, 從父兄弟之仇不同國, 君之仇視父, 師長之仇視兄弟, 主友之仇視從父兄弟, 弗辟則與之瑞節而以執之. 凡殺人有反殺者, 使邦國交仇之. 凡殺人而義者, 不同國, 令勿仇, 仇之則死. 凡有鬪怒者, 成之, 不可成者則書之, 先動者誅之.

정현(鄭玄)이 말하였다.

"일설에는, 향리의 백성들에 의해 공동으로 화해하게 한다고 한다."

鄭玄曰: "一說, 以鄕里之民共和解之."

오징(吳澂)이 말하였다

"부모를 위해 원수를 갚는 것은 사람의 사사로운 정이고, 죄수를 결단하여 형벌을 주는 것은 임금의 공정한 법이다. 만약 천하에 공법이 없으면 그만이지만, 공법이 있다면 사사로운 정은 행할 수 없다. 사도가 교화를 관장하여 백성들에게 육덕(六德)[1]의 조화를 가리키고 또 육행(六行)²의 화목을 가르치는 것은 오직 이 백성들의 조화와 협동을 위해서이다. 만일 가르침에 따르지 않으면 화목하지 않은 형벌을 이어서 가하고, 사면하지 말아야 한다. 하지만 그 관속이 바로 만민의 원수 관계를 피하게 하는 일을 관장하고 있으니, 이는 천하 사람들이 그들의 사사로운 정을 마음대로 부릴 수 있고 임금의 공법이 다시 세상에 행해지지 않아, 대사도의 가르침과 상반되고 굳이 사람의 사사로운 정을 따르겠다고 한다면, 부모의 원수는 함께 하늘을 이고 살수 없으므로 해외로 가서 살게 하는 것도 옳지 않으니 어찌 또한 하늘을 이고 살지 않은 뒤에 가한 것이 아니겠는가."

또 말하였다.

"사람을 죽인 자를 되갚아 죽이는 자가 있으면 방국들로 하여금 서로 그를 원수로 대하게 하고, 사람을 죽였으되 의로운 경우에는 한 나라 안에 살지 못하게 하되 복수하지 말도록 하며 복수하면 죽인다고 하였다. 정말 이와 같다면, 거의 장차 천하로 하여금 무력으로 서로 능멸하고 서로 도륙하며, 오가며 보복하는 일이 그칠 때가 없을 것이니, 성왕(聖王)의 아름다운 법전에는 결코 이러한 오류가 없을 것이다."

吳澂曰: "爲親復仇者人之私情, 蔽囚致刑者君之公法, 使天下無公法則已, 如有公法則私情不可得而行矣. 夫司徒掌教, 教民以六德之和, 又教之以六行之睦, 唯欲斯民之和協也, 如其不從教, 則不睦之刑從而加

---

1 육덕(六德): 지(知)·인(仁)·성(聖)·의(義)·충(忠)·화(和)를 말한다.
2 육행(六行): 효(孝)·우(友)·목(睦)·인(嫻)·임(任)·휼(恤)을 말한다.

焉, 在所不赦也, 而其官屬乃掌萬民之難使之相避, 是使天下之人得以
肆其私情而人君之公法不復可行於世, 與大司徒之教相反, 如必曰從人
之私情, 則父之仇不與共戴天, 辟諸海外亦未爲得, 盍亦使之弗共戴天
而後可也."
又曰: "凡殺人有反殺者, 使邦國交仇之, 凡殺人而義者, 不同國勿令仇,
仇之則死. 果如是, 殆將使天下以力相陵, 交相屠戮, 往來報複, 無有已
時, 聖王令典決不若此之繆."

신은 이렇게 생각합니다. 조인이 원수 관계를 조화시키는 것은 대개
과오로 사람을 죽이거나 다치게 한 경우입니다. 율문에서 말하는 오
살(誤殺), 희살(戲殺), 과실살(過失殺) 등의 경우, 본래 의도 없이 사람을
죽인 것인데, 더러 그 사람을 죽이는 일이 있으니, 비록 미워할 만하
지만 사정이 불쌍합니다. 하지만 죽은 사람은 다시 살아날 수 없고,
효자나 우애 있는 동생, 충신, 열사라면 부형이나 스승의 죽음으로 천
수를 누리지 못했으니 살인범이 아무리 고의로 살해할 마음이 없었
어도, 그 부형이나 스승이 그로 인해 죽었으니 마음에 잊을 수가 없을
것입니다. 그렇지만 그 사람이 혹 십의(十議)의 죄에 해당하고 세상에
보탬이 있으며, 그 범죄를 살펴보면 죄에 이르지 않기 때문에, 선왕이
조인이라는 관직을 두어 원수 관계를 조화시킨 것입니다.

'과실로 사람을 죽이거나 다치게 한 자는 백성들의 증언을 가지고
옳고 그름을 평정한다'는 데 대해, 정씨는 "과는 본래의 의도가 없다
는 말이다. 성은 평정하는 것이다. 향리의 백성들에 의해 공동으로

화해하게 한다."라고 하였으니, 이는 원수를 갚는 것은 천하의 공의
(公義)이고, 과오의 용서는 성인(聖人)의 작은 권도(權道)라는 말입니다.
법으로 시행하면 효자의 마음을 상하게 되니 우선 다른 곳으로 피하
게 하여 조금 보복하려는 분노를 누그러뜨리는 것입니다. 선왕의 치
세에는 전적으로 법으로만 하지 않았고 법 가운데 정이 있었으며, 전
적으로 어짊으로만 하지 않았고 어짊 가운데 이렇게 의로움이 있었
습니다.

우리 성조(聖祖)께서 백성을 가르치는 방문(榜文)을 지어 여항(閭巷)에
반포하였는데, 거기에 "백성들 사이에 십악(十惡)을 범한 자와, 강도,
살인 외에, 간교한 도둑질과 사기로 사람 목숨을 범한 자가 있으나,
본 고을, 본 마을 안에서 스스로 참고 생활할 수 있고 관청에 고발하
여 가두고 고통을 받기를 원치 않으며, 피고가 죄를 인정한 경우 또한
몸에 형벌로 인한 화를 입는 것은 면제하고, 노인에게 처결을 그만두
는 것은 허락한다." 아! 성조의 뜻이 《주례》의 조인에서 "과실로 사람
을 죽이거나 다치게 한 자는 백성들의 증언을 가지고 옳고 그름을 평
정한다."는 것과 약속하지 않았는데도 같았습니다.

臣按: 調人之和難, 蓋謂過而殺傷人者也, 如律文所謂誤殺・戱殺・過失
殺之類, 以其本無意而殺人而或致其人於死事, 雖可惡而情則可矜. 然
死者不可復生, 孝子・弟弟・忠臣・義士其於父兄・師主之死不以其天
年, 彼雖無故殺之心, 而其父兄・師主實因之而死, 其心有不能忘者, 然
其人或在十議之辟及有益於斯世, 原其所犯罪不至死, 是以先王立調人
之官以和其難, 凡過而殺傷人者以民成之, 鄭氏謂"過, 無本意也. 成,
平也. 以鄕里之民共和之", 蓋以謂報仇天下之公義, 宥過聖人之微權,

若施之以法則傷孝子之心, 姑避之於他, 少舒報者之憤. 先王治世不專以法, 法之中有情, 不專以仁, 仁之中有義如此. 夫我聖祖作爲教民榜文, 頒示閭里, 有曰: "民間除犯十惡及強盜殺人外, 其有犯奸盜詐僞人命, 本鄕本里內自能含忍省事, 不願告官係累受苦, 被告伏罪, 亦免致身遭刑禍, 止於老人處決斷者聽." 嗚呼, 聖祖之意, 其與《周禮》調人 "凡過而殺傷人者以民成之"者不約而同也.

《주례》〈조사(朝士)〉에서 말하였다.

원수를 갚으려는 자가 관리에게 문서를 보내 알리면 죽여도 죄가 없다.

朝士, 凡報仇讎者書於士, 殺之無罪.

정현(鄭玄)이 말하였다.

"'원수를 갚으려는 자가 관리에게 문서를 보내 알리면 죽여도 죄가 없다.'라는 말은, 같은 나라에서 서로 피한 자가 장차 갚으려고 할 때는 반드시 관리에게 먼저 말해야 한다는 것과 같다."

鄭玄曰: "凡報仇讎者書於士, 殺之無罪, 謂同國之相辟者將報之, 必先言之於士."

신은 이렇게 생각합니다. 이른바 사(士)란 조정 관리[朝士]가 아니다. 향사(鄕士), 현사(縣士), 방사(方士)에서 문서를 보내는 것이 모두 이것이다. 이미 관리에게 문서를 보내 알렸으면, 조정 관리에게 올려 관장합니다.

臣按: 所謂士者非謂朝士也, 凡書於鄕士·縣士·方士皆是也, 旣書於士而上於朝士而掌之.

《예기》〈곡례 상(曲禮上)〉에서 말하였다.

아버지의 원수와는 함께 하늘을 이고 살지 못하고, 형제의 원수에 대해서는 복수하기 위해 항상 무기를 가지고 다니며, 친구의 원수와는 나라를 같이하여 살지 않는다.

曲禮曰: 父之仇弗與共戴天, 兄弟之仇不反兵, 交遊之仇不同國.

여대균(呂大鈞)이 말하였다.

"사람을 죽인 자를 사형에 처하는 것은 고금의 공통된 형벌이다. 살인을 했지만 의로우면 죄가 없는 것이기 때문에 원수로 삼지 못하게 하니, 조인(調人)의 직무가 이것이다. 살인을 했는데 의롭지 않으면 죽인 자는 사형에 처해야 하므로 의당 유사에게 고하여 죽이니, 사사(士師)의 직무가 이것이다. 두 직책은 모두 원수를 갚는 데는 일이 없지만, 원수를 갚는 문장이 경전에 섞여 나오는데, 그 이유를 고찰하면 필시 그 사람의 세력이 번성하여 느슨하게 하면 잡을 수 없기 때문에 만나면 죽이고 유사에게 고할 겨를이 없었던 것이다. 아버지란 자식의 하늘이니, 아버지의 원수를 갚지 못하면 우러러 황천(皇天)을 볼 수 없다. 보복의 뜻으로 원수와 함께 살지 않겠다고 서약한 것이니, 이 것이 하늘을 함께 이지 않는다고 한 까닭이다."

> 呂大鈞曰: "殺人者死, 古今之達刑也. 殺之而義則無罪, 故令勿仇, 調 人之職是也; 殺而不義則殺者當死, 宜告於有司殺之, 士師之職是也. 二者皆無事乎復仇也, 然復仇之文雜見於經傳, 考其所以, 必其人勢盛, 緩則不能執, 故遇則殺之, 不暇告有司也. 父者子之天, 不能復父仇, 仰 無以視乎皇天矣, 報之之意誓不與仇俱生, 此所以弗共戴天也."

마희맹(馬希孟)[3]이 말하였다.

"선왕은 은혜로 인정을 논하고, 인정으로 의로움에 합하였으니, 은 혜가 큰 것은 그 인정이 두텁고, 그 인정이 두터운 것은 그 의로움이 융성하다. 이런 까닭에 아버지나 형제나 교유하는 벗의 경우나, 원수 가 되는 것은 하나이지만 보복하는 방도는 같지 않다. 혹 함께 하늘 을 이지 않아야 하니, 장차 죽어서 그와 더불어 살아 있는 것을 부끄 럽게 여기고, 혹 항상 무기를 가지고 다니며 장차 잡아 죽이려고 하여

---

3 마희맹(馬希孟): 마희맹(馬晞孟)으로도 쓴다. 자는 언순(彦醇)으로, 송(宋)나라 길주(吉州) 여릉 (廬陵) 사람이다. 신종(神宗) 희령(熙寧) 6년(1073)에 진사(進士)가 되었고, 저서에 《예기해(禮記 解)》가 있다. 《예기집설(禮記集說)》에 그의 주가 실려 있다.

그에 대비하기도 하며, 혹 나라를 같이하여 살지 않아서 장차 멀리하면서 그와 어울리기를 싫어하는 것이다.

아! 성인이 세상에 원수가 없게 할 수도 없었고, 또한 원수 관계를 풀어서 보복하지 못하게 하지 못하였으니, 오직 인정과 의로움에 맞게 하였을 뿐이다. 예컨대,《춘추공양전(春秋公羊傳)》에서 논하기를, 9대에 걸친 원수는 너무 지나친 잘못에 빠진 것이고, 보복 대상이 아니라고 논하였다.[4] 한나라 때는 효자가 원수를 보고도 감히 갚지 못하였으니 너무 엄격한 잘못에 빠진 것이고, 효제(孝弟)의 인정을 펼 데가 없었다."

馬希孟曰: "先王以恩論情, 以情合義, 其恩大者其情厚, 其情厚者其義隆, 是故父也·兄弟也·交遊也, 其爲仇則一, 而所以報之者不同. 或弗共戴天, 將死之而恥與之俱生也; 或不反兵, 將執殺之而爲之備也; 或不同國, 將遠之而惡其比也. 嗚呼, 聖人不能使世之無仇, 亦不能使之釋仇而不報, 惟稱其情義而已矣. 若夫《公羊》論九世之仇則失於太過, 而所報非所敵矣. 漢之時孝子見仇而不敢復, 則失於太嚴, 而孝弟之情無所伸矣."

---

4 《춘추공양전(春秋公羊傳)》에서 … 논하였다: 춘추 시대에 기후(紀侯)가 제 애공(齊哀公)을 주(周)나라에 참소하여 주나라에서 제애공을 팽살(烹殺)한 사건이 있었다. 제양공 때에 이르러 자기에게 왕통(王統)으로 구세조(九世祖)가 되는 애공을 위해 기국(紀國)을 멸망시켜 원수를 갚았던 일을 말한다. 제후는 구세의 원수를 갚아도 되지만 경대부는 안 된다고 하였다. 장공(莊公) 4년의 일이다.

유계(遊桂)가 말하였다.

"성인(聖人)이 천하를 다스릴 때에 난폭한 사람에게는 공법으로 다스렸다. 만일 공법에서 제어하여도 부족하면 사의(私義)를 통하여 제어한다. 그래서 난폭한 자는 죄에서 도망칠 데가 없었고 사람들은 편안히 살 수 있었다. 이른바 원수[仇]에 대해 모두 왕의 주벌이 미치지 못하고, 공법도 때로는 실수를 하므로, 성인께서 예(禮)를 통하여 법을 만들어 '어떤 원수는 그 자식이 함께 하늘을 이고 살지 못하고, 어떤 원수는 그 형제가 반드시 갚아야 하고 복수하기 위해 항상 무기를 가지고 다니며, 어떤 원수는 교유하는 친구가 나라를 같이하여 살지 않는다.'라고 한 것이다. 세 원수는 모두 사람을 죽인 경우를 말하였으니, 사람의 자제나 친구가 모두 보복하여 죽일 수 있다. 함께 하늘을 이지 못하니 세상의 난폭한 자가 감히 남의 부모를 해치지 못하고, 복수하기 위해 항상 무기를 가지고 다니니 세상의 난폭한 자가 감히 남의 형제를 해치지 못하며, 나라를 같이하여 살지 않으니 세상의 난폭한 자가 감히 남의 벗을 해치지 못한다. 진(秦)나라 이래 사사로운 원수는 모두 보복을 허락하지 않았으니, 사사로이 서로 해치다 죽은 아래 백성들 가운데 고할 데 없는 경우가 얼마나 많았겠는가? 자식이 원수를 갚았다가 그 옥사가 올라갔는데도 유사가 늘 처리할 방도를 알지 못하였다. 당(唐)나라에 이르러 진자앙(陳子昻)·한유(韓愈)·유종원(柳宗元)의 의논이 일어났다. 진자앙의 의견은, 아버지의 원수를 갚은 경우는 주벌하되 정려(旌閭)하자는 것이었고, 유종원은 본디 논의를 피하였는데, 피하였어도 당초 일정한 논의가 없었다. 한유는 말하기를 '자식이 부모의 원수를 갚으면, 그 옥사를 상서성에 올려 백관이 모여 의논하여 보고하게 하십시오.'라고 하였다. 이 설이 대략 옳지만, 또한 선왕의 전례를 밝히지는 못하였다. 원수를 갚는 일에 대해 진실로 옛것을 따르고자 한다면, 천하의 도가 될 방도는 모두 삼대(三代)를 따라야 될 것이다. 삼대 시대에는 황극(皇極)이 서고 공법이 시행되어, 통치가 법에서만 나온 것이 아니고, 사사로운 의리가 그 사이에 참여하였다. 지금 옛사람들이 원수를 갚았던 바를 따르고자 한다면, 유사는 도리와 법에 상호 불비한 데가 있고, 복수를 불허하면 효자(孝子)와 동생, 현인(賢人)과 의사(義士)의 마음을 상하게 할 것이다.”

遊桂曰: “聖人之治天下, 於暴亂之人以公法治之, 苟制之於公法而不足, 則由於私義而制之, 是以暴亂者無所逃罪, 而人安其生. 夫所謂仇皆王誅所不及, 公法有時而失之者, 聖人因禮而爲之法, 曰某仇也是其子與弗共戴天者也, 某仇也是其兄弟所必報而不反兵者也, 某仇也是其交遊之所不同國者也. 三仇皆以殺人而言, 人之子弟·交遊皆得報而殺之, 弗共戴天則世之暴者不敢害人之父母矣, 不反兵則世之暴者不敢害人之兄弟矣, 不同國則世之暴者不敢害人之交遊矣. 自秦以來私仇皆不許報復, 下之私相殘死而無告者不知其幾何, 子報仇而以其獄上者, 有司常不知所以處之, 至唐而陳子昂·韓愈·柳宗元之議起, 陳之議報父仇者誅之而旌其閭, 柳固已辟之, 雖辟之而初無一定之論, 韓之言曰: ‘子報父母仇, 以其獄上尙書省, 使百官集議聞奏.’ 此說粗爲得之, 然亦不能明先王之故復仇之事, 苟欲從古, 則其所以爲天下之道舉必如三代而後可, 三代之時皇極立而公法行, 治不一出於法, 而私義得以參乎其間, 今欲依古許人復仇, 則爲有司者道法交有所不備, 不許復仇則傷孝子順弟·賢人義士之心.”

고원상(顧元常)이 말하였다.

"다스려지고 평안한 태평성태에는 질서정연하게 기강이 있으니, 어떻게 사사로이 원수를 갚는 일이 있겠는가? 하지만 상황이 갖가지로 변화하니 어찌 일률적으로 논하겠는가? 마치 부모가 길에 나섰다가 갑자기 강도나 도둑을 만나 살해되었다면 그 자식이 어떻게 용서하겠는가? 단지 자신이 곁에 있다면 반드시 힘껏 싸우다가 함께 죽겠지만, 곁에 없었을 때는 반드시 탐문하여 찾아내서 죽이고야 말 것이니, 이것이 자식의 지극한 통분이고 추모하는 마음으로 거의 살려 두려고 하지 않을 것이다. 만일 살해자가 먼 궁벽한 곳에 있다 해도 반드시 찾아내어 죽여서 부모의 원한을 풀려고 할 것이기 때문에 하늘을 함께 이지 못하는 것이다. 그렇지만 원수 또한 한 가지 단서가 아니고 또 경중이 어떠한가를 살펴야 한다. 예컨대, 부모가 사건 때문에 남에게 모함을 당했다면 자식 된 자 또한 마땅히 평심하게 스스로 돌아보아야 하고, 마음대로 보복하겠다는 마음을 가져서는 안 된다. 혹 남이 왕명을 빙자하여 기만하여 살해했다고 하더라도 비록 자식의 지극한 한인데 성 안에 사는 여우와 사당에 사는 쥐를 동요시킬 수 없으니 또 마땅히 한을 품겠지만, 반드시 보복하겠다는 마음을 가져서는 안 된다. 이 모든 부류는 사안에 따라 참작해야 하고, 만일 사안의 곡직이나 상황의 가부를 돌아보지 않고 각각 복수하려는 뜻을 가지고 서로 해친다면 이는 형벌을 받아야 할 백성이고, 크게 혼란한 도이다."

顧元常曰: "治平盛世, 井井有綱紀, 安有私相報仇之事? 然事變萬端, 豈可以一律論, 如父母出於道忽被強寇劫盜殺害, 其子豈容, 但已在旁必力鬥與之俱死, 不在旁必尋探殺之而後已, 此乃人子之至痛追思, 殆不欲生, 縱彼在窮荒絕域, 亦必欲尋殺之以雪父母之冤, 故不與共戴天也. 然仇亦非一端, 又看輕重如何, 如父母因事被人擠陷, 爲人子者亦當平心自反, 不可專以報復爲心; 或被人挾王命以矯殺, 雖人子之至恨, 然城狐社鼠不可動搖, 又當爲之飮恨而不容以必報爲心也. 凡此之類皆宜隨事斟酌, 儻不顧事之曲直·勢之可否, 各挾復仇之義以相構害, 則是刑戮之民·大亂之道也."

《춘추공양전(春秋公羊傳)》에서 말하였다.

아버지가 죄를 지어 주살(誅殺)된 경우가 아니면 그 자식이 복수해야 하지만, 죄를 지어 주살되었는데도 그 자식이 복수하면 이는 복수가 반복되는 것으로, 복수가 반복되어 폐해를 없앨 수 없다.【정공(定公) 4년이다.】

《春秋公羊傳》曰: 父不受誅, 子復仇可也. 父受誅, 子復仇, 推刃之道也, 復仇不除害.【定公四年】

하휴(何休)가 말하였다.

"주살되지 않았다는 것은, 죄가 주벌에 해당되지 않는다는 말이다. 만일 아버지가 죄를 지어 주살되었는데 자식이 원수를 갚는다면 다시 그 자식을 토벌한다. 한 번 가고 한 번 오는 것을 추인이라고 한다. 원수가 되는 것은 당사자뿐이며 그 자식까지 겸하여 원수가 될 수는 없다. 복은 장차 자기를 해칠까 두려워 죽이는 것이다."

何休曰: "不受誅, 罪不當誅也. 若父受誅, 子復仇, 則復討其子, 一往一
來曰推刃, 取仇身而已, 不得兼仇其子, 復將恐害已而殺之."

한유(韓愈)가 말하였다.
"주(誅)란, 위에서 아래에 시행할 때 쓰는 말이다."

韓愈曰: "誅者, 上施於下之辭."

신은 이렇게 생각합니다. 《춘추공양전》에서 오자서(伍子胥)가 원수를
갚은 일에 대해 논의하는 길에 이렇게 언급하였으니, 이는 열국(列國)
에서 다투어 보복하는 일은 왕법(王法)이 아니고, 군주가 그 신민(臣民)
을 주벌하면 보복할 이치가 없다는 말입니다. 만일 유사가 법을 빌려
사람을 죽음에 이르게 하면 마땅히 군주에게 호소하여 그 죄를 바로
잡아야지, 또한 사사로이 스스로 보복해서는 안 됩니다.

臣按: 《公羊》因論伍子胥報仇而言此, 蓋謂列國爭殺報復之事非王法
也. 人君誅其臣民無報復之理, 若有司假法以致人於死, 則當赴訴於君
以正其罪, 亦不當私自報之.

당 무후(唐武后) 때, 하규(下邽) 사람 서원경(徐元慶) 아버지 상(爽)은 현위(縣尉)였는데, 조사온(趙師韞)에게 살해되자 서원경이 직접 살해하고 스스로 묶인 뒤 관청으로 갔다. 무후가 사형을 사면시켜 주려고 하자, 우습유 진자앙(陳子昂)이 상소하여 "선왕께서 예를 세워 인재를 쓰고, 벌을 밝혀 정치를 가지런히 했습니다. 창을 베고 자면서 원수를 잊지 않는 것은 자식의 의리이고, 죄지은 자를 주벌하여 혼란을 금하는 것은 왕정의 강령입니다. 그렇지만 의리가 없으면 남을 가르칠 수 없고 강령을 어지럽히면 법을 밝힐 수 없습니다. 서원경이 아버지의 원수를 갚고 몸을 묶어 죄를 받겠다고 하였으니, 비록 옛날 열사(烈士)라도 이보다 낫지는 않을 것입니다. 하지만 사람을 죽인 자는 죽이는 것이 일관된 제도이며 법은 둘일 수가 없으니, 서원경은 벌을 받아야 합니다. 전(傳)에 "아버지의 원수는 하늘을 함께하지 않는다"고 하였으니, 사람에게 권하는 가르침입니다. 가르침이 구차하지 않으려면 원경은 사면해야 합니다. 신이 듣건대, 형벌은 혼란을 막는 데 그쳐야 하고, 인(仁)은 덕을 높이는 것을 이롭게 하는 방도입니다. 지금 아버지의 원수를 갚은 것은 혼란이 아니며, 자식의 도리를 행한 것은 인입니다. 인인데 이로움이 없으면 혼란과 같아서 주벌하니 이를 '형을 줄 수 있으니, 가르침이 될 수 없다'고 한 것이다. 그렇다면 사(邪)는 정(正)에서 나오고 치(治)는 반드시 난(亂)에서 일어나기 때문에, 예방(禮防)⁵이 이길 수 없어서 선왕이 형을 제정한 것입니다. 지금 서원경의 절개를 의롭게 여기면 형벌을 폐해야 합니다. 서원경이 의로움으로 천하를 움직인 것을 추적해 보면 생을 잊고 덕에 이르렀기 때문입

---

5   예방(禮防): 예로써 법을 넘지 못하게 막는 것이다. 《예기》〈경해(經解)〉에 "예가 난이 생기는 것을 금하는 것이 마치 물이 넘치는 것을 막는 것과 같다."라는 말에서 나왔다.

니다. 만일 죄를 풀어 주어 그 삶을 이롭게 한다면 이는 그 덕을 빼앗고, 의로움에 흠을 내는 것이며, 이른바 '살신성인(殺身成仁)', '전사망생(全死忘生)'의 절개는 아닙니다. 신은 생각건대, 마땅히 나라의 법전을 바르게 하고 형벌에 처치한 뒤에, 여묘(閭墓)에 표창해야 할 것입니다. 청컨대, 명령에 편집하여 길이 국전(國典)으로 삼으십시오."라고 하였다.

唐武後時, 下邽人徐元慶父爽爲縣尉趙師韞所殺, 元慶手殺之, 自囚詣官, 武後欲赦死, 右拾遺陳子昂上疏曰: "先王立禮以進人, 明罰以齊政. 枕戈仇敵, 人子義也; 誅罪禁亂, 王政綱也. 然無義不可訓人, 亂綱不可明法, 元慶報父仇, 束身歸罪, 雖古烈士何以加. 然殺人者死, 畫一之制也, 法不可貳, 元慶宜伏辜; 傳曰父仇不同天, 勸人之敎也, 敎之不苟, 元慶宜赦. 臣聞刑所以止遏亂也, 仁所以利崇德也, 今報父之仇非亂也, 行子之道仁也, 仁而無利, 與同亂誅, 是曰能刑, 未可以訓, 然則邪由正生, 治必亂作, 故禮防不勝, 先王以制刑也. 今義元慶之節則廢刑也, 跡元慶所以能義動天下, 以其忘生而及於德也, 若釋罪以利其生, 是奪其德虧其義, 非所謂殺身成仁·全死忘生之節也. 臣謂宜正國之典, 置之以刑, 然後旌閭墓可也. 請編之令, 永爲國典."

유종원(柳宗元)이 말하였다.

"예의 큰 근본은 혼란을 방지하는 것이며, 형의 큰 근본 또한 혼란을 방지하는 것이다. 표창과 주벌은 한꺼번에 시행할 수 없으니, 표창할 만한 사람을 주벌하면 이를 남형(濫刑)이라고 하고, 주벌할 만한 사람을 표창하면 이를 참람하다고 한다. 과연 이것으로 천하에 보이고 후세에 전하면, 의리를 좇는 자는 지향할 바를 알지 못하고, 해를 피하려는 자는 설 곳을 알지 못할 것이니, 법전으로 삼아서는 안 된다. 대개 성인의 제도는 이치를 궁구하여 상벌을 정하고, 인정에 근본을 두고 포폄을 바로잡으니, 하나로 통일될 뿐이다. 서원경의 아버지는 공죄(公罪)에 빠지지 않았으니, 조사온의 주륙이 오직 사사로운 원한으로 하여 관리의 기세를 떨쳐 무고한 사람을 학대한 것이다. 그런데도 주목(州牧)이 죄를 모르고 형관(刑官)이 물을 줄 몰라, 상하가 몽매하니 호소해도 들을 곳이 없어, 서원경이 함께 하늘을 이고 사는 것을 대단히 부끄럽게 여기고 창을 베고 자는 것을 예를 지키는 것이라고 여겨, 마음에 두고 쌓아 온 생각으로 죄인의 가슴을 찔러 바로 죽여도 유감이 없었으니, 이는 예를 지키고 의를 행한 것이다. 일을 맡은 사람이 의당 부끄러워 장차 사과하기에 겨를이 없어야 하는데, 또 무슨 주벌이란 말인가? 혹시 서원경의 아버지가 죄를 면치 못하였고, 조사온의 주벌은 법에 허물이 없다면, 이는 관리에게 죽은 것이 아니라 법에 따라 죽은 것이니, 법을 어떻게 원수로 삼을 수 있겠는가. 천자의 법을 원수로 삼고 법을 받드는 관리를 해쳤다면 이는 패륜이고 위를 능멸한 것이니, 잡아서 주륙하는 것이 나라의 법을 바로잡는 것이니 또 무슨 표창을 하겠는가.”라고 하였다.

柳宗元曰: “禮之大本以防亂也, 刑之大本亦以防亂也, 旌與誅莫得而並焉, 誅其可旌玆謂濫, 旌其可誅玆謂僭, 果以是示於天下, 傳於後世, 趨義者不知所向, 違害者不知所立, 不可爲典. 蓋聖人之制, 窮理以定賞罰, 本情以正褒貶, 統於一而已矣. 若元慶之父不陷於公罪, 而師韞之誅獨以其私怨, 奮其吏氣, 虐於無辜, 州牧不知罪, 刑官不知問, 上下蒙

冒, 籲號不聞, 而元慶能以戴天爲大恥, 以枕戈爲得禮, 處心積慮以衝

囚人之胸, 卽死無憾, 是守禮而行義也, 執事者宜有慚色, 將謝之不暇,

又何誅焉? 其或元慶之父不免於罪, 師韞之誅不愆於法, 是非死於吏也,

死於法也, 法其可仇乎? 仇天子之法而戕奉法之吏, 是悖驁而淩上也,

執而誅之, 所以正邦典, 而又何旌焉?"

당 헌종(唐憲宗) 때, 부평(富平) 사람 양열(梁悅)의 아버지가 진과(秦果)에게
살해되었다. 양열이 원수를 죽이고 현(縣)에 가서 죄를 청하였다. 조서에
"예에 아버지의 원수는 하늘을 함께하지 않고, 법에 사람을 죽인 자는 반
드시 죽인다고 하였다. 예와 법은 왕의 교화의 중대한 단서인데 두 설이
다르니, 상서성에 내려 의논하라."라고 하였다.

憲宗時, 富平人梁悅父爲秦果所殺, 悅殺仇詣縣請罪, 詔曰: "在禮父仇不同

天, 而法殺人必死, 禮法王敎大端也, 二說異焉, 下尙書省議."

한유(韓愈)가 말하였다.

"자식이 아버지의 원수를 갚는 일은 《춘추(春秋)》와 《예기(禮記)》에
나오고, 《주관(周官)》 및 제자서(諸子書)와 역사에 나오는 것이 부지기
수인데, 잘못이라고 하여 죄를 주어야 한다고 한 적은 없었습니다.
율문에 가장 상세해야 하는데 율문에는 그 조문이 없으니, 궐문(闕文)
이 아닙니다. 대개 복수를 허락하지 않으면 효자의 마음을 상하게 되

고 선왕의 가르침과 괴리가 있고, 복수를 허락하면 사람들이 법에 의거하여 마음대로 살인을 해도 그 단서를 금지할 수 없습니다. 무릇 율문이 비록 성인(聖人)에 뿌리를 두고 있지만, 권한을 가지고 시행하는 것은 유사이고, 경(經)이 밝힌 것은 유사를 제어하는 것입니다. 그 뜻이 경서에 엄연한데, 그 조문이 율문에 빠졌으니, 그 뜻은 장차 법을 맡은 관리가 일관되게 법에 따라 판단하게 하고, 경술(經術)에 밝은 학자가 경서를 가져와 의논하도록 한 것입니다.

《주관(周官)》에 '사람을 죽였으나 의로운 경우에는 원수로 삼지 말고, 원수로 삼으면 죽인다.'라고 하였으니, 의(義)란 의당함[宜]으로, 사람을 죽였으나 그 의당함을 얻지 못한 경우는 자식이 복수할 수 있음을 밝힌 것이니, 이는 백성들이 서로 원수가 되는 것입니다. 《공양전(公羊傳)》에 '아버지가 주벌을 받지 않은 경우는 자식이 복수해도 된다.'라고 하였으니, 주벌을 받지 않은 것은 죄가 주벌에 해당되지 않는다는 말입니다. 주벌은 위에서 아래에 시행하는 말이지, 백성들이 서로 죽이는 것이 아닙니다. 또 《주관》에 '원수를 갚으려는 자가 관리에게 문서를 보내 알리면 죽여도 죄가 없다.'라고 하였는데, 이 말은 장차 원수를 갚을 때 반드시 먼저 관청에 알리면 무죄라는 것입니다. 지금 폐하께서 전장(典章)을 내려 일정한 제도를 세우려고 생각하며, 유사의 직무 수호를 애석해 하고 효자의 마음을 가련히 여겨, 스스로 독단하는 모습을 보이지 않고 신하들에게 의견을 물으셨습니다.

신의 어리석은 생각에는, 복수라는 명칭은 비록 같지만 그 사안은 각각 다릅니다. 혹 《주관》에서 말한 바와 같이 백성들이 서로 원수가 되더라도 지금 행할 수 있는 것이 있고, 혹 《공양전》에서 말한 바와 같이 관청에서 주벌을 받았더라도 지금 행할 수 없는 것이 있습니다.

또한 《주관》에서 '원수를 갚으려는 자가 관리에게 문서를 보내 알리면 죽여도 죄가 없다.'라고 한 것은, 어린 고아나 병약한 사람은 미약한 마음을 품었지만 상대편 사람을 살펴보고는 아마도 관청에 스스로 말할 수 없을 것이니, 오늘날 판단할 수 없을 것입니다.

그러니 죽이는 것과 사면하는 것은 한 가지 예로 해서는 안 되며, '무릇 아버지의 원수에게 복수한 자는, 사건이 발각되면 그 사실을 갖추어 상서성에 아뢰고, 상서성에서 모여 의논한 뒤 상주하고, 그 사의(事宜)를 참작하여 처리한다.'라고 정한다면, 경서나 율문의 취지를 잃음이 없을 것입니다."

韓愈曰: "子復父仇, 見於《春秋》《禮記》, 又見《周官》及諸子史, 不可勝數, 未有非而罪之者也. 最宜詳於律, 而律無其條, 非闕文也. 蓋以爲不許復仇則傷孝子之心, 而乖先王之訓; 許復仇, 人將倚法專殺, 無以禁止其端. 夫律雖本於聖人, 然執而行之者有司也, 經之所明者, 制有司者也. 丁寧其義於經而深, 沒其文於律者, 其意將使法吏一斷於法, 而經術之士得引經而議也. 《周官》曰: '凡殺人而義者令勿仇, 仇之則死.' 義, 宜也, 明殺人而不得其宜者, 子得復仇也, 此百姓之相仇者也. 《公羊傳》曰: '父不受誅, 子復仇可也.' 不受誅者, 罪不當誅也. 誅者上施於下之辭, 非百姓之相殺者也. 又《周官》曰: '凡報仇讎者書於士, 殺之無罪.' 言將復仇, 必先言於官則無罪也. 今陛下垂意典章, 思立定製, 惜有司之守, 憐孝子之心, 示不自專, 訪議群下. 臣愚以爲, 復仇之名雖同而其事各異, 或百姓相仇如《周官》所稱, 可行於今者; 或爲官所誅, 如《公羊》所稱, 不可行於今者. 又《周官》所稱將復仇先告於士則無罪者, 若孤稚羸弱, 抱微誌而伺敵人之便, 恐不能自言於官, 未可以爲斷於今也. 然則殺之與赦不可一例, 宜定其制曰'凡有復父仇者, 事發具其事申尙書省, 尙書省集議奏聞, 酌其宜而處之', 則經律無失其指也."

당 현종(唐玄宗) 개원(開元) 29년(741), 준주 도독(嶲州都督) 장심소(張審素)에 대해, 그 죄를 고발한 사람이 있었는데, 감찰어사 양왕(楊汪)에게 조사하게 하였다. 고발자가 다시 장심소가 총관 동원례(董元禮)와 모반을 했다고 고하였다. 동원례는 병사로 양왕을 포위하고, 장심소의 죄를 씻어 주라고 협박하였다. 나중에 관리들이 함께 동원례를 참한 뒤에 양왕이 빠져나올 수 있었다. 마침내 장심소가 실제로 반란을 일으키게 되자 참하고 그 집안을 몰수했다. 당시 장심소의 아들 황(瑝), 수(琇)가 모두 어렸는데, 연좌되어 영표(嶺表)로 귀양을 갔다. 얼마 후 도망쳐 돌아와 직접 도성에서 양왕을 살해하였다. 도끼에 표를 붙이고 아버지의 억울한 실상을 말하다가 유사에게 붙잡혔다. 중서령 장구령(張九齡) 등이 모두 그의 효열(孝烈)을 칭찬하며 사형을 용서해야 한다고 하였다. 배요경(裴耀卿), 이임보(李林甫) 등은 불가하다고 진달하였고, 황제 또한 그렇게 생각하여 장구령에게 말하기를 "효자의 인정은 의리상 죽음을 돌아보지 않는다. 그렇지만 사람을 죽였는데도 사면하는 이런 길을 열어 놓아서는 안 된다."라고 하고, 이어 칙서를 내려 "나라에서 법을 만든 것은 기어코 살인을 중지하기 위해서이다. 각각 자신의 뜻을 펴고자 한다면 누가 효성을 따르는 사람이 아니겠으며, 돌아가며 서로 원수가 된다면 어찌 끝이 있겠는가. 고요(皋繇)가 사를 만든 것[6]은 법은 반드시 실행해야 한다는 뜻이고, 증삼(曾參)이 사람을 죽여도 또한 용서할 수 없었다.[7] 하남부에 보내 장살(杖殺)하라."라고 하니, 사민(士民)이 모두 딱하게 여겼다.

玄宗開元二十九年, 嶲州都督張審素人有告其罪者, 詔監察御史楊汪按之, 告者復告審素與總管董元禮謀反, 元禮以兵圍汪脅使雪審素罪, 旣而吏共斬元禮, 汪得出, 遂當審素實反, 斬之, 沒其家. 時審素子瑝·琇俱幼, 坐流嶺表, 尋逃歸, 手殺汪於都城, 係表於斧, 言父冤狀, 爲有司所得. 中書令張九齡等皆稱其孝烈, 宜貸死, 裴耀卿·李林甫等陳不可, 帝亦謂然, 謂九齡曰: "孝子之情, 義不顧死, 然殺人而赦之, 此塗不可啓也." 乃下敕曰: "國家設法期於止殺, 各伸爲子之誌, 誰非徇孝之人, 展轉相仇, 何有限極. 咎繇作士, 法在必行, 曾參殺人, 亦不可恕. 宜付河南府杖殺." 士民皆憐之.

호인(胡寅)이 말하였다.

"복수는 사람의 지극한 정으로 신자(臣子)의 대의(大義)를 세우는 것이다. 원수인데도 복수하지 않으면 사람의 도리가 끊어지고 하늘의 도리가 없어지기 때문에, '아버지의 원수는 함께 하늘을 이지 못한다'고 한 것이다. 임금의 원수는 아버지에 비할 수 있다. 장심소는 반란을 일으킨 적도 없는데 남의 망령된 고발을 당했고, 양왕은 명을 받

---

6 고요(咎繇)가 … 깃: 고요(皐陶)라고도 쓰는데 중국 우순(虞舜)시대의 형벌을 맡았던 판관의 이름이다.

7 증삼(曾參)이 … 없었다: 증삼(曾參)과 동명이인인 사람이 살인을 저지르자, 어떤 사람이 증삼의 어머니를 찾아가 아들이 살인을 저질렀다고 하였는데, 베를 짜던 증삼의 어머니가 믿지 않다가, 세 번이나 똑같은 말을 듣자 결국 북을 내던지고 담을 넘어 도망갔다. 《戰國策 秦策2》.

고 가서 조사하여 마침내 돌아와 보고함으로써 장심소가 연루되어 참수되었으니, 이는 양왕의 죄이다. 장황과 장수가 그 아버지의 억울한 죽음에 분노하여 도망쳐서 보복하였으니, 그 잘못은 사구(司寇)에게 소송하지 않은 것이고, 그 뜻 또한 불쌍하다고 하겠다. 장구령이 용서하고자 하였으니 어찌 이 때문이 아니겠는가. 그렇지만 배와 이, 칙서에 내린 말에 어찌 허물이 있겠는가. 법을 둔 의도는 진실로 살인을 멈추는 것이지만, 자식의 뜻을 펴지 못했으니 어찌 가르침이 되겠는가? 또한 '증삼(曾參)이 사람을 죽여도 또한 용서할 수 없었다'라고 하였으니, 이는 사람을 죽인 자는 죽인다는 견해가 있지만, 복수의 의리에는 견해가 없는 것이다. 양왕이 도리가 아닌데도 장심소를 죽였고, 장황과 장수가 양왕을 죽였으니, 사안은 균등하지만, 사구가 아닌데도 마음대로 살해하였고, 이어 그 뜻을 불쌍하게 여겼다면 죽음을 면하고 유배를 보내도 되었을 것이다. 곧장 죽인다면, 이는 양씨 한 사람으로 장씨 세 사람의 목숨을 치른 셈이니 또한 지나치지 않은가."

胡寅曰: "復仇因人之至情, 以立臣子之大義也. 仇而不復則人道滅絶, 天理淪亡, 故曰父之仇不與共戴天, 君之仇視父. 張審素未嘗反爲人妄告, 楊汪受命往按, 遂以反聞, 審素坐斬, 此汪之罪也. 瑝與琇忿其父死之冤, 亡命報之, 其失在不訟於司寇, 其志亦可矜矣. 張九齡欲宥之, 豈非爲此乎, 而裴·李降敕之言, 何其戾哉! 設法之意固欲止殺, 然子志不伸, 豈所以爲教? 且曰曾參殺人亦不可恕, 是有見於殺人者死而無見於復仇之義也. 楊汪非理殺張審素, 而瑝琇殺汪, 事適均等, 但以非司寇而擅殺當之, 仍矜其志, 則免死而流放之可耳. 若直殺之, 是楊氏以一

신은 이렇게 생각합니다. 복수의 의리는 곧 생민(生民)이 지켜야할 도리이고, 천지(自然)의 자연스러운 이치입니다. 사안이 비록 변하는 듯하지만, 변해도 정(正)을 잃지 않으면 이것이 상도가 됩니다. 오행(五行)의 이치로 논하면, 마치 금(金)이 수(水)를 낳고, 금은 화(火)에게 극복되며 수가 반드시 갚으며, 수가 목(木)을 낳고, 수는 토(土)에게 극복되며 목이 반드시 갚으니, 목, 화, 토의 삼행(三行)이 모두 그러합니다. 사람은 오행을 받아 태어나고, 살아갈 수 있으면 반드시 보답하는 바가 있습니다. 사람이 살아 있으면 반드시 삶을 준 사람에게 보답하니, 그래서 서로 보호하고 사랑하며 서로 지켜 주면서 함부로 죽이지 못하는 것이니, 단지 공법(公法)만이 아니라 또한 사의(私義)도 두렵고, 천리(天理)만 생각할 것이 아니라 인정(人情)도 생각해야 합니다. 이는 사람이 다른 사람과 서로 편안하고 서로 잊고, 그 생명의 즐거움을 이룰 수 있는 방도입니다.

하지만 인간 세상에는 무궁한 변화가 있고, 왕법(王法)은 닿지 못하는 곳이 있으며, 천리(天理)는 일정하지 못할 때가 있습니다. 그래서 혹 살인이 있어도, 죄가 아닌데 죽이기도 하고, 사라져 자취가 남아 있지 않기도 하며, 급하게 하여 완만함을 용인하지 않기도 합니다. 이런 까닭에 살해한 사람이 아버지이면 그 자식은 '아버지는 나를 낳아 준 사람이다'라고 하고, 남이 살해를 하면 이는 나를 업신여기는 것이니 내가 어떻게 살겠는가, 하고 반드시 살해하여 나를 낳아 준 분을 위해 보복합니다.

살해한 사람이 그 형이나 동생이면, 그 동생이나 형은 "형이나 동생은 나와 같은 부모에게서 태어났다." 하고 덮어 주고, 남이 살해를 하면, 이는 나를 멸시하는 것이다, 하고 반드시 살해하여 나의 형제를 위해 보복합니다. 내가 보복하지 않는다면, 남이 만일 나를 살해했는데 우리 형제가 보복하지 않았을 때 내가 뭐라고 하겠습니까.

살해한 사람이 교유하는 친구라면, 그 교유하는 친구는 "저 사람과 나는 교유하는 친구라는 것을 그가 모르지 않을 텐데 살해했으니 저것은 나를 하찮게 여기는 것이다, 하고 반드시 죽여서 내가 아는 사람을 위해 보복합니다. 내가 보복하지 않는다면, 남이 만일 나를 살해했는데 나와 교유하는 사람이 보복하지 않았을 때 내가 뭐라고 하겠습니까.

천하 사람들은 모두 낳은 사람이 있고, 그들은 다 그를 위해 죽을 것이니, 저 딴 마음을 먹은 무리와 어질지 못한 무리들이 함부로 사람을 죽이려는 생각을 갖지 못하는 것은, 대개 그 사람의 자손이나 형제, 친구들이 위로 천자에게 고하고 아래로 방백에게 고하며, 유사에게 호소하고 고석(鼓石)에 원망을 털어놓을까 염려하기 때문입니다.

하지만 왕법이 비록 공정하고 형관이 비록 분명하더라고 고소하지 않으면 그 원망 또한 위로 전달할 방법이 없습니다. 이것이 성인(聖人)께서 예(禮)에 바탕을 두고 법(法)을 제정하여, 자식이나 형제 된 자들로 하여금 부모형제의 원수가 있으면 반드시 관청에 고소하게 하고, 불행히 자손과 형제가 없으면 교유하는 친구가 비록 혈연은 아니라도 그들을 위해서 이치를 펼 수 있게 한 것입니다. 만일 공법에 호소했는데도 공법이 그를 위해 보복하지 않을 때, 혹 형편이 멀고 힘이

약하며, 일은 급하고 인정이 절실하여, 일시에 여러 공법에 진달하지 못한 채 그 의리를 떨쳐 보복하면 또한 공의(公義)가 허락하는 바이다.

예(禮)에서 말한 '하늘을 함께 이지 않는다', '복수하기 위해 항상 무기를 가지고 다닌다', '나라를 같이하여 살지 않는다'는 것은 대개 자식 된 사람, 형이나 동생 된 사람, 교유하는 사람에게는 항상 각각 이것이 마음에 있어서, 반드시 우리 아버지를 갚고, 반드시 형이나 동생을 갚고, 반드시 내 친구를 갚아야지, 그렇지 않으면 나는 내 아버지를 죽인 자와 함께 이 하늘을 이지 못하고, 내 형제를 죽인 자를 만나면 반드시 무기를 가지고 다니다 죽이며, 내 친구를 죽인 자는 내가 그와 반드시 같이 이 나라에 살지 않을 것이며, 심하면 반드시 죽여서 원수를 갚을 것이라고 말하기를 그치지 않을 것입니다. 예를 해설하는 자가 이에 오로지 사사로운 복수를 말했다고 생각하는 것은 협애합니다. 예는 대개 공과 사를 겸하여 말합니다. 공적으로 보복하지 못하면 반드시 사적으로 보복하는 것은 여지없이 필연적이니, 이는 선왕이 예를 세운 뜻입니다.

삼대(三代)의 시대에는 황극(皇極)이 서고 공도(公道)가 밝아, 사사(土師)가 아니면 마음대로 죽이는 관리가 없었으며, 천명(天命)이 아니면 억울하게 죽는 사람이 없었으니, 비단 갚지 못하는 원수가 없었을 뿐 아니라, 또한 갚을 만한 원수도 없었습니다. 하지만 선왕께서 살리기를 좋아하는 것을 덕(德)이라고 생각하고, 항상 한 사람이라도 자기 삶을 살지 못하고 혹 그 목숨을 해치게 될까 우려하였기 때문에, 이미 천지의 상생(相生)의 이치에 뿌리를 두고, 형벌의 일정함을 제정하여 가르침을 보필하였으며, 또 오행의 상극(相克)의 이치를 통하여 보복의 의리를 밝혀 가르침을 내림으로써, 사람들에게 남의 친한 친구를 죽이면 반드시 죽고, 자기의 친한 친구를 죽이면 반드시 보복하게 하였고, 모두 감히 서로 해침으로써 삶을 손상하거나, 용인하여 죽음을 잊게 하지 않았습니다. 이것이 옛날 태평성대에 사람들의 원성이 없었고 하늘에 노여운 기운이 없었던 이유이며, 세상에 화란이 일어나지 않았던 이유입니다.

진한(秦漢) 이래, 이러한 뜻이 밝지 못하여 일체 법률로 세상을 지탱하여 오직 위에 법이 있는 것만 알고 아래에 의리가 있는 것을 알지 못하니, 이른바 복수의 의리가 세상에서 다시 강론되지 않았습니다. 당나라에 이르러 진자앙(陳子昻), 한유(韓愈), 유종원(柳宗元)이 처음 마침 아버지의 원수에게 보복한 일이 있어서 각각 소견을 말하였는데, 요약하자면 모두 이와 같았지만 미진하였습니다.

삼가《주관》〈조사(朝士)〉에서 "원수를 갚으려는 자가 관리에게 문서를 보내 알리면 죽여도 죄가 없다."라고 하였으니, 이른바 '원수를 갚는 자'란 살해당한 자의 자식이나 동생이 직접 원수인 자를 칼로 찌르는 것을 말하는 것이 아닙니다. 무릇 그 부당하게 죽은 연고와 살해해야 할 이유를 갖추어 관청에 진달하는 것이 모두 '원수를 갚는 것'입니다. 정범(情犯: 범죄의 동기)을 적어 관청에 고발하고, 그 원수인 자가 혹 숨거나, 혹 도망하거나, 혹 복종하지 않거나 하여 보복하는 사람이 마음대로 살해하여 부모의 원수를 갚으면 죄가 없습니다.

대개 임금이 법을 세워 사람을 살리니, 죄가 없는 자에 대해서는 본디 남이 억울하게 살해하는 것을 허락하지 않거니와, 죄가 있는 자도 남이 멋대로 살해하는 것을 용납하지 않는 것이니, 하늘의 토벌을 밝히고 사람의 삶을 편안하게 하기 위해서입니다. 만일 살인한 자에 대해 남들도 살해하여 보복하면서 "나는 내 부모나 친구의 원수를 갚은 것이다"라고 하면, 그 이치의 가부, 사안의 고의와 과실을 구분하지 않고 서로 보복하게 되어 그칠 날이 없을 것이니, 또한 어디에 국법을 적용하겠습니까?

맹자(孟子)가 말하기를 "사사(士師)가 되면 사람을 죽일 수 있다."라고 하였으니,[8] 사사가 아니면 사람을 죽일 수 없음을 밝힌 것입니다. 조정에서는 마땅히 밝히는 법을 만들어 "부형이나 친속이 남에게 살해된 경우, 오살(誤殺)·희살(戲殺)·과실살(過失殺)을 제외하고, 만일 고의나 비리로 치사(致死)했다면, 친속이나 이웃이 곧 그를 보호하고, 그 자식이나 손자 및 보복할 사람이 관청에 와서 고소한다. 만일 친속이 없으면 그 이웃의 교유하던 자에게도 허락한다. 부현(府縣)에 고소하는 데 장애가 있으면 번얼(藩臬)에 가서 고소하고, 번얼에 장애가 있으면 궐정(闕庭)에 가서 고소하며, 지레 고소하는 것은 월소(越訴)[9]의 제한에 해당되지 않는다. 관청이 사사로움을 따르고 세력을 두려워하여 시간을 끌면서 그 사람을 구속하여 심리하지 않아서 보복한 사람이 분노하여 원수인 사람을 보복 살해하면, 소재를 즉 위에 보고하고 특별히 조칙을 내려 관원을 다스리고 국문하여 조사한다. 만일 피살된 사람이 억울한 실상을 알렸는데도, 관청에서 그 사람을 구속하지 않고 옥사를 갖추지 않았다면, 즉시 경유한 관청을 조사하여 장죄(贓罪)를 걸어 제명하되, 원수를 갚은 자는 간여시키지 않는다. 만일 해당 관청이 곧 구속을 시행하였으되, 혹 다른 이유로 늑장을 부렸다

---

8 맹자(孟子)가 … 하였으니:《맹자》〈공손추 하(公孫丑下)〉에 나온다.

9 월소(越訴): 송사(訟事)를 하급 관아부터 제출해서 상소(上訴)하지 않고, 직접 상급 관아에 제출하는 것을 말한다.

면, 즉시 살인한 자는 '유죄인 자를 마음대로 죽인 죄'로 걸되 죽이지
는 않는다. 관청에 고하지 않았으나, 그날을 넘기지 않고 살해를 보
고한 경우, 관청에서 국문하여 조사하고, 살인한 죄에 걸지 않는다.
만일 이날 이외에 나와, 관청에 고하지 않고 마음대로 죽인 자는, 즉
시 그 친속과 이웃을 '사정을 알고 일부러 놔둔 죄'에 걸고, 보복한 사
람이 죽인 원수가 과연 살해할 만했으면, '정상이 불쌍하다'고 헌의하
고, 그 죄를 적용하되 죽음을 면해 준다. 만일 관리가 왕법을 가탁하
여 사람에게 죽임을 막는다면 율문에 일정한 조문이 있고, 사사로이
보복을 허락하지 않고 반드시 명백하게 호소하기를 기다리며, 만일
여러 번 호소했으나 뜻을 펴지 못하여 살해한 자는 위에 보고하여 대
신에게 맡겨 국문하고 조사한다. 만일 피살자가 원통한 데가 있으나
담당 관청에서 펴 주지 못하였다면 원수를 갚은 자의 죽음을 면해 주
고 귀양 보내니, 호씨(胡氏)가 장황(張瑝)을 처리하고 경유한 관청의 죄
를 무겁게 건 것과 같이 한다. 만일 피살자가 죄가 없다고 할 수 없으
나 다만 죽음에 이르지 않는다면, 또한 사정에 따라 그 경중을 따진
다."라고 하십시오. 이와 같다면 경(經)이나 율(律)에 어긋남이 없을 것
이고, 사람들이 원수는 반드시 갚아야 함을 알면서도 함부로 서로 살
해하지 않아 삶을 온전히 할 수 있으며, 법에 금지하는 것이 있음을
알고 함부로 그때마다 마음대로 살해하여 법을 범하지 않을 것이니,
천하에 난처한 일이 없고 나라에 판단하기 어려운 옥사가 없으며, 세
상에 갚지 못할 원수가 없고 지하에 억울한 귀신이 없을 것입니다.

臣按: 復仇之義乃生民秉彝之道, 天地自然之理. 事雖若變, 然變而不
失正, 斯爲常矣. 以五行之理論之, 如金生水, 金爲火所克, 水必報之,

水生木, 水爲土所克, 木必報之, 木·火·土三行皆然. 人稟五行以有生,
有以生之必有以報之, 人之所生者必報其所由生, 是以相保愛·相護衛,
不敢相戕殺, 非但畏公法亦畏私義, 非但念天理亦念人情, 此人所以與
人相安相忘而得以遂其有生之樂也. 然人世有無窮之變, 王法有不到之
處, 天理有未定之時, 或相殺焉殺之不以其罪, 泯之不存其跡, 急之不
容其緩. 是故所殺之人其父也, 其子曰父生我者也, 而人殺之, 是無我
也, 我何以生爲? 必殺之以報我所生; 所殺之人其兄若弟也, 其兄若弟
曰兄若弟我同生者也, 而人殺之, 是蔑我也, 必殺之以報我同生, 我不
報之, 人設殺我而我兄若弟不爲報, 吾謂之何; 所殺之人其交好遊從也,
其交好遊從者曰若與我交好遊從, 彼非不知也, 而殺之, 是藐我也, 必
殺之以報我所知, 我不報之, 人設殺我而我交好遊從不爲報, 吾謂之何.
天下之人凡有生者皆相爲死, 則彼不逞之徒·不仁之輩不敢起殺人之
念, 蓋慮其人之有子若孫·有兄若弟·若交好·若遊從, 將必上告天子,
下告方伯, 赴訴於有司, 聲冤於鼓石也. 然而王法雖公, 刑官雖明, 然無
訴告者則其冤又不能以上達, 此聖人制其法於禮, 使凡爲人子·爲人兄
若弟, 有父母兄弟之仇則必赴訴於官, 不幸而無子孫兄弟, 則其所交遊
者雖非血屬, 亦得以爲之伸理焉, 苟訴於公而公不爲之報, 或其勢遠而
力弱, 事急而情切, 一時不能達諸公, 奮其義而報之, 則亦公義之所許
也. 禮所謂不共戴天·不反兵·不同國, 蓋謂爲人子·爲人兄若弟·爲人
交遊恒各以是存諸心, 必報吾父·必報吾兄若弟·必報吾交遊, 不然, 吾
不與殺吾父者同戴此天, 殺吾兄弟者吾遇之必不反兵, 殺吾交遊者吾與
之必不同居此國, 甚言必殺之以報所仇, 不但已也. 解禮者乃專以爲私
報所仇, 狹矣, 禮蓋兼公私言也, 不能報以公必報以私, 斷斷乎其必然,

此先王以立禮之意也. 三代之時, 皇極建而公道明, 非士師無擅殺之
吏, 非天命無枉死之人, 非獨無不報之仇, 而亦無仇可報也. 然先王以
好生爲德, 恒恐一人之不得其生, 而或有以戕其生者, 故旣本天地相生
之理, 制刑罰之常以弼敎, 又因五行相克之理, 明報復之義以垂訓, 使
人人知殺人之親交者必死, 殺己之親交者必報, 而皆不敢相戕害以喪其
生, 相容忍以忘其死, 此古昔盛時所以人無冤聲·天無戾氣而世無禍亂
之作也. 自秦漢以來, 此義不明, 一切以法律持世, 惟知上之有法而不
知下之有義, 所謂復仇之義世不複講, 至於有唐陳子昂·韓愈·柳宗元
始因適有報復父仇者而各言所見, 要之皆是也, 而未盡焉. 謹按《周官》
朝士"凡報仇讐者書於士, 殺之無罪", 所謂報仇讐者非謂爲人子若弟者
親手劓刃於所仇之人, 凡具其不當死之故與所殺之由達於官者, 皆是欲
報其仇讐也. 旣書其情犯而告於官, 而其所仇者或隱蔽·或逋逃·或負
固, 而報仇之人能肆殺之以報其所親之仇, 則無罪焉. 蓋人君立法將以
生人, 無罪者固不許人之枉殺, 有罪者亦不容人之擅殺, 所以明天討而
安人生也. 苟殺人者人亦殺以報之, 曰吾報吾所親交之仇也, 不分其理
之可否·事之故誤, 互相報復, 無有已時, 又烏用國法爲哉? 孟子曰"爲
士師則可以殺人", 明不爲士師則不可以殺人也. 朝廷當明爲之法, 曰:
"凡有父兄親屬爲人所殺者, 除誤殺·戲殺·過失殺外, 若以故及非理致
死者, 親屬鄰保卽爲之護持其子若孫及凡應報復之人, 赴官告訴, 如無
親屬, 其鄰里交遊皆許之, 府縣有礙赴藩臬, 藩臬有礙赴闕庭, 徑赴者
不在越訴之限. 若官司徇私畏勢, 遷延歲月, 不拘係其人而爲之伸理,
其報復之人奮氣報殺所仇者, 所在卽以上聞, 特敕理官鞫審. 若其被殺
者委有冤狀而所司不拘其人·不具其獄, 卽根究經由官司, 坐以贓罪除

名, 而報仇者不與焉; 若所司方行拘逮而或有他故以致遷延, 卽坐殺者
以擅殺有罪者之罪而不致死焉. 若不告官, 不出是日而報殺者, 官司鞫
審, 殺當其罪者不坐; 若出是日之外, 不告官而擅殺者, 卽坐其親屬·
鄰保以知情故縱之罪, 而其報復之人所殺之仇果係可殺, 則讞以情有可
矜, 坐其罪而免其死. 若官吏假王法以制人於死, 律有常條, 不許私自
報復, 必須明白赴訴, 若屢訴不伸而殺之者, 則以上聞, 委任大臣鞫審.
如果被殺者有冤而所司不爲伸理, 則免報仇者死而流放之, 如胡氏之所
以處張瑝者, 而重坐經由官司之罪; 若被殺之人不能無罪, 但不至於死,
則又在隨事情而權其輕重焉." 如此, 則於經於律兩無違悖, 人知仇之必
報而不敢相殺害以全其生, 知法之有禁而不敢輒專殺以犯於法, 則天下
無難處之事, 國家無難斷之獄, 人世無不報之仇, 地下無枉死之鬼矣.

송 고종(宋高宗) 소흥(紹興) 말, 도적이 왕공애(王公哀)의 어머니의 무덤을
도굴했는데, 담당관리가 풀어 주었다. 왕공애가 직접 도적을 살해했다.
이 사건이 보고되었는데, 형 왕좌(王佐)가 이부원외랑이 되어 관청에 벌금
을 내고 왕공애의 죄를 속죄해 달라고 청하였다. 영급(令給)·사의(舍議)·
양춘(楊椿) 등에게 조서를 내려 의논하게 하니, 이르기를, "무덤을 도굴하
고 관을 연 것은 사안이 교형에 해당합니다. 왕공애가 당초 도둑을 잡아
죽이지 않고 관청에 보냈는데, 옥사가 성립한 뒤 관리가 내보내어 의기
양양하게 그 도둑이 여항의 백성들 사이에서 살게 만들었으니, 지하에
있는 사람의 치욕이 매우 통탄스럽고 억울한데도 끝내 풀지 못하였으니
사람의 자식 된 자가 여전히 스스로 사람에 비할 수 있겠습니까. 왕공애

가 도굴한 자를 살해한 것은 법이 사형에 처해야 할 일이고 사람은 무죄가 되며, 관청에 벌금을 내고 속죄하겠다는 청은 마땅히 허락할 수 없습니다. 고종(故縱)[10]으로 형벌을 잘못했으니, 유사의 죄는 의당 율대로 처벌하십시오."라고 하였다. 황제가 옳게 여기고, 왕공애는 관직 1등을 낮추고 예전대로 직무를 보게 하였다. 소흥부(紹興府)에서 직무를 맡았던 관원은 모두 죄를 받았다.

宋高宗紹興末, 盜發王公哀母塚, 有司釋之, 公哀手殺盜, 事聞, 兄佐爲吏部員外郞, 乞納官以贖公哀之罪, 詔令給·舍議, 楊椿等謂: "發塚開棺者, 事當絞, 公哀始獲盜不敢殺而歸之官, 獄成而吏出之, 使揚揚出入閭巷與齊民齒, 則地下之辱沉痛鬱結, 終莫之伸, 爲人子者尙當自比於人. 公哀殺掘塚, 法應死之, 人爲無罪; 納官贖罪之請, 當不許; 故縱失刑, 有司之罪, 宜如律." 上是之, 詔公哀降一官, 依舊供職, 紹興府當職官皆抵罪.

신은 이렇게 생각합니다. 사람의 시신이나 산 몸을 해치는 것은, 비록 생사의 차이는 있지만, 효자의 부모를 사랑하는 마음에는 생사의 차이가 없습니다. 왕공애가 무덤을 도굴한 도둑을 관청에 고발하였으나, 관청에서 다스리지 않아 살해하였으니, 대개 살해된 자는 도굴로 응당 죽어야 할 도둑이었고, 보복한 자는 하늘을 함께 이고 살 수 없는 원수였습니다. 조정에서 유사의 죄를 적용한 것은 옳지만, 왕공

---

10 고종(故縱): 죄상을 알고도 고의로 놓아주는 것으로, 여기에 적용되는 법률을 지정고종률(知情故縱律)이라고 한다.

애의 관직 1등을 낮춘 것은 어찌 가르침이 되겠습니까? 왕공애가 관청에 보고하지 않고 마음대로 살해했다면 죄를 주어도 되지만, 지금 이미 관청에 보고했는데 관청에서 내보냈으니, 고종(故縱)으로 형벌을 잘못한 것은 죄가 제대로 적용된 것입니다.

臣按: 戕人之屍與其身, 雖有死生之異, 孝子愛親之心則不以死生而異也. 王公哀訴發塚之盜於官, 官不爲之理而殺之, 蓋所殺者發塚應死之盜, 所報者不共戴天之仇, 朝廷坐有司之罪, 是也, 而降公哀一官, 豈所以爲訓乎? 夫公哀不聞之官而擅殺之, 罪之可也, 今旣聞之官, 而官出之, 則故縱失刑, 罪有所歸矣.

이상은 '복수의 뜻을 밝힘'이다.

以上明復仇之義

대학연의보

(大學衍義補)

―

권111

치국평천하의 요체[治國平天下之要]

형법을 신중히 함[愼刑憲]

옥을 담당하는 관원을 선발함[簡典獄之官]

《서경》〈순전(舜典)〉에 말하였다.

제순(帝舜)이 말씀하였다. "고요(皐陶)야! 만이(蠻夷)가 중하(中夏)를 어지럽히며 약탈하고 죽이며 밖을 어지럽히고 안을 어지럽히므로 너를 사(士)로 삼는다."

> 《舜典》: 帝曰: "皐陶, 蠻夷猾夏, 寇賊奸宄, 汝作士."

정현(鄭玄)이 말하였다.

"활(猾)은 어지럽힘[亂]이다. 무리를 지어 공격하고 약탈하는 것을 구(寇)라고 하고 사람을 죽이는 것을 적(賊)이라고 한다. 밖에서 저지르는 것을 간(奸)이라고 하고 안에서 저지르는 것을 귀(宄)라고 한다.

사(士)는 다스리는 관원이다."

신은 이렇게 생각합니다. 이는 만세에 관리에게 명하여 형벌을 관장
하게 한 시초입니다. 대개 제순의 시대에는 군대와 형벌을 합하여 하
나로 다스렸으니, 이른바 '만이(蠻夷)가 중하(中夏)를 어지럽힌다'는 것
은 삼대 이후에는 병관(兵官)에 속하고, 형관(刑官)이 관장하는 것은 '약
탈하고 죽이며 밖을 어지럽히고 안을 어지럽히는' 일 뿐입니다. 후세
에는 '무리를 지어 공격하고 약탈하는 것' 또한 병관에 속하였습니다.

臣按: 此萬世命官掌刑之始. 蓋帝世兵刑合而爲一, 所謂"蠻夷猾夏", 三
代以後則屬之兵官, 而刑官所掌者寇賊奸宄而已, 而後世群行攻劫之
寇, 則亦以屬兵焉.

《서경》〈주관(周官)〉에서 말하였다.
사구(司寇)는 나라의 금법을 관장하니, 간특한 자를 다스리고 포악하여
난을 일으키는 자들에게 형벌을 준다.

《周官》: 司寇掌邦禁, 詰奸慝, 刑暴亂.

여조겸(呂祖謙)이 말하였다.

"간특함은 은밀하여 알기 어려우므로 '힐(詰)'이라고 말하였으니, 추국(推鞫)하고 힐문하여 그 실정을 구하는 것이다. 폭란함은 드러나서 보기 쉬우니 곧바로 형벌할 뿐이다."

呂祖謙曰: "奸慝隱而難知, 故謂之詰. 推鞫窮詰而求其情也; 暴亂顯而易見, 直刑之而已."

채침(蔡沈)이 말하였다.

"추관경(秋官卿)은 구적(寇賊)과 법금(法禁)을 주관하니, 간특함을 다스리고 강포하여 난을 일으키는 자들에게 형벌을 준다. 형(刑)을 관장하는 것을 두고 형이라고 말하지 않고 금(禁)이라고 말한 것은 미연에 금지하기 때문이다."

蔡沈曰: "秋官卿主寇賊法禁, 詰奸慝, 刑強暴作亂者. 掌刑不曰刑而曰禁者, 禁於未然也."

신은 이렇게 생각합니다. 사구는 육경(六卿)의 하나입니다. 순(舜)임금의 조정에서는 사사(士師)라고 불렀고, 주(周)나라에서는 사구(司寇)라고 하였으며, 한(漢)나라에서는 정위(廷尉)라고 하였고, 당송(唐宋) 이래 형부상서시랑이 이것입니다.

臣按: 司寇, 六卿之一, 在虞廷謂之士師, 在周謂之司寇, 在漢謂之廷尉, 唐宋以來刑部尙書侍郞是也.

《서경》〈입정(立政)〉에서 말하였다.

주공(周公)이 다음과 같이 말씀하였다. "태사(太史)야! 사구(司寇)인 소공(蘇公)이 해야 할 옥사(獄事)를 공경히 수행하여 우리 왕국을 장구히 하였으니, 이에 본보기로 삼아 삼가면 줄지어 형벌에 맞을 것이다."

《立政》: 周公若曰: "太史, 司寇蘇【國名】公式敬爾由獄, 以長我王國. 玆式有愼, 以列用中罰."

채침(蔡沈)이 말하였다.

"이는 주공(周公)이 이어 형벌을 삼감을 말하고, 소공이 옥사를 공경히 처리한 일을 태사(太史)에게 일러 주어, 아울러 기록해서 후세에 옥을 맡은 자의 법식으로 삼게 한 것이다. 《좌전(左傳)》에 '소분생(蘇忿生)이 온읍(溫邑)으로 사구가 되었다.'라고 하는데, 주공이 태사에게 고하기를 '소분생을 사구로 삼아, 그가 말미암을 옥사를 공경하고, 기본을 배양하여 우리 왕국을 장구하게 하였으니, 여기에서 법을 취하여 삼가게 하면 경중(輕重)에 따라 줄지어 형벌에 맞고, 잘못 차이가 나는 우려가 없을 것이다.'라고 하였다."

진력(陳櫟)이 말하였다.

"소공이 사구가 된 이유는 경(敬)에 있었는데, 후인이 소공을 본보기로 삼은 것은 신(愼)에 있었다. 삼갈 수 있으면 공경할 수 있으니, 진실로 후대의 옥을 맡은 자를 위해 우려가 되고, 더욱이 후대의 임금이 인재를 등용하여 옥을 맡게 할 경우에도 우려가 된다. 소공처럼 할 수 있으면 등용하고, 그렇지 못하면 배척하는 것이다."

陳櫟曰: "蘇公所以爲司寇在乎敬, 後人之法蘇公在乎愼, 能愼則能敬
矣, 固爲後之司獄者慮, 尤爲後之君用人以司獄者慮, 能如蘇公者則用,
否則斥."

신은 이렇게 생각합니다. 소공은 한 사람의 옥관(獄官)입니다. 그가 하게 되는 옥사를 공경히 한다는 말은, 천하에 억울한 옥사가 없게 하면 되지만 주공이 우리 왕국을 장구히 하라고 이르고, 또 태사에게 기록하여 후세에 옥사를 다스리는 법으로 삼게 했다는 말입니다. 그러니 천하에 어찌 다른 방도가 없어서 굳이 형옥으로 나라의 기본을 배양했겠습니까? 맹자(孟子)가 말하기를 "삼대(三代)가 천하를 얻은 것은 인(仁)으로였고, 천하를 잃은 것은 불인(不仁)으로였다."라고 하였습니다.[1] 인이 천하에 효과를 미치는 것은 백 년이 아니면 흡족하지 않지만, 불인의 효과는 하루만 행해져도 하루의 피해가 있고 일 년 행해지면 일 년의 피해가 있으니, 이는 아침나절이 끝나기도 전에 이미 세상에 두루 퍼지기 때문입니다. 이렇게 되는 이유는 진실로 그 임금의 마음에서 나오지만, 임금의 포학을 천하에 퍼뜨리는 것은 그 신하가 하는 것이니, 진(秦)나라나 수(隋)나라 이래를 보면 알 수 있습니다.

임금의 불인한 정치는 본디 한 가지 일이 아니지만, 모두 형벌을 가탁하여 행해지는데, 형벌을 가탁하여 위엄을 세우는 것이 더욱 중대한 불인의 정치입니다. 주공이 성왕(成王)에게 정치를 세우고 인재를 등용하는 일을 고하면서, 끝에 소공이 옥사를 공경히 하였다는 말을 한 것은 또한 천하와 후세에 본보기로 삼고자 한 것입니다. 그렇지만 '옥을 다스린다'고 말하지 않고 '옥을 공경히 하였다'고 말하였고, 또 후대 사람들이 본보기로 삼아 신중함이 있고자 하였다.

이른바 공경과 신중함이란, 공경하면 마음에 있는 것을 소홀히 하지 않고, 신중하면 일에 드러나는 것을 함부로 하지 않으니, 비록 바로 태사에게 고하더라도 실제로는 그것을 왕에게 고하는 것으로, 옥관이 공경과 신중함으로 옥을 다스리게 하고, 옥관을 임용하는 자 또한 공경하고 신중한 사람을 택하여 임용하게 한 것입니다. 그러므로 옥을 다스리는 방도가 인하지 않음이 없고 불인한 일이 시행되지 않을 수 있었으며, 시행이 인하지 않음이 없는 것은 곧 백성들의 목숨을

---

1   맹자(孟子)가 … 하였습니다:《맹자》〈이루 상(離婁上)〉에 나온다.

중시할 수 있었던 것이고, 백성들의 목숨을 중시하였으니 나라의 운명을 연장할 수 있었습니다. 백성의 목숨이 영원한 것이 바로 천명이 영원할 수 있는 근거이기 때문입니다.

臣按: 蘇公一獄官也, 敬其所由之獄, 謂其能使天下無冤獄可矣, 而周公乃謂之能長我王國, 且使太史書之以爲後世司獄之法, 然則治天下豈無他道而必以刑獄培植國家之基本乎? 孟子曰: "三代之得天下也以仁, 其失天下也以不仁." 仁之效及於天下非百年而不洽, 不仁之效一日行之則有一日之害‧一年行之則有一年之害, 蓋不終朝而已遍於寰區矣. 所以爲此者, 固出於其君之心, 而所以廣君之慮於天下者則其臣爲之也, 觀諸秦隋以來可見已. 人君不仁之政固非一事, 然皆假刑以行之, 假刑以立威尤不仁之政之大者也. 周公告成王以立政用人之事, 而末擧蘇公敬獄爲言, 且欲以爲式於天下後世, 然不謂之治獄而謂之敬獄, 而又欲後人取法而有愼焉. 所謂敬‧所謂愼, 敬則存於心者不敢忽, 愼則見於事者不敢肆, 雖則以告太史而實以之而告於王也, 使爲獄官者能用敬愼以治獄, 而用獄官者又能擇敬愼之人而用之, 則凡所以治獄者無非仁而不仁之事則有所不行矣, 所行無非仁是能重民命矣, 能重民命則足以延國命矣, 民命之有永乃天命之所由永也.

《서경》〈군진(君陳)〉에서 말하였다.

왕이 말하기를 "은나라 백성이 법에 걸렸을 때, 내가 처벌하라고 하여도 너는 처벌하지 말며, 내가 용서하라고 하여도 너는 덮어놓고 용서하지 말고 오직 중용을 따르라."라고 하였다.

채침이 말하였다.

"은나라 백성 가운데 형벌을 받을 대상에 대해, 임금의 말에 따라 죽이고 살려서는 안 되며, 오직 경중의 중용을 살펴야 한다는 말이다."

蔡沈曰: "言殷民之在刑辟者, 不可徇君以爲生殺, 惟當審其輕重之中也."

진경(陳經)이 말하였다.

"임금의 기쁨과 분노는 일정한 정이 없고, 법의 경중은 일정한 이치가 있으니, 임금을 따르지 말고 이치를 따르는 중용이어야 된다. 임금의 말이 옳다면 임금을 따르면 되니, 임금을 따르는 것이 아니라 이치를 따르는 것이다. 임금의 말이 옳지 않다면 이치를 따르면 되니, 이치를 따르는 것이 곧 임금을 따르는 방도이다."

陳經曰: "君之喜怒無常情, 法之輕重有常理, 不徇君而徇理之中可也. 君言苟是, 從君可也, 非從君, 乃從理也; 君言苟未是, 則從理可也, 從理乃所以從君也."

신은 이렇게 생각합니다. 성왕(成王)이 이런 말을 군진(君陳)에게 고하였으니, 바로 주공이 성왕에게, 문왕은 뭇 옥사를 겸하지 않았다든가, 뭇 옥사에 잘못하지 않았다고 했던 뜻입니다. 후세 임금은 오직 신하들이 자기를 따르지 않을까 걱정하여, 자기를 따르지 않는 자에게는 노여워하거나 배척하기도 하니, 성왕이 군진에게 고하여 오직 신하가 혹 자기를 따를까 걱정한 것과 비교할 때 그 인간의 현, 불초가 어떻습니까? 이는 본디 아버지의 전수, 보필의 가르침에서 얻은 것이지만, 그 타고난 자질의 아름다움 또한 여기서 볼 수 있으니, 후세 임금이 본보기로 삼아야 할 것입니다.

臣按, 成王以是告君陳, 卽周公告成王以文王罔兼庶獄及不誤於庶獄之意也. 後世人主惟恐其臣之不徇己, 有不徇己者或怒或斥, 其視成王之告君陳惟恐其臣之或徇乎己, 其人之賢不肖何如也? 是固其得於家庭之傳·輔弼之訓, 然其天質之美亦於是乎見之, 後世人主所當取法者也.

《서경》〈여형(呂刑)〉에서 말하였다.

왕이 말하기를 옥(獄)을 맡은 자는 위세【위(威)는 권세이다.】에만 법을 다할 것이【흘(訖)은 다하는 것이다.】 아니라, 뇌물【부(富)는 뇌물이다.】을 주는 부자에게도 다해야 하니, 공경하고 조심하여 가릴 말이 자기에게 있지 않게 하고 하늘의 덕을 간직할 수 있어야 스스로 큰 명(命)을 만들어 짝하여 누리며 아래에 있을 것이다."라고 하였다.

《呂刑》: 王曰: "典獄非訖【盡也】於威【權勢也】, 惟訖於富【賄賂也】. 敬忌, 罔有

채침이 말하였다.

"당시에 옥(獄)을 맡은 관원은 권세 있는 집안에만 법을 다한 것이
아니라 또한 뇌물을 주는 사람에게도 법을 다해야 하니, 위엄에 굽히
지 않고 이익에 유혹되지 않음을 말한 것이다. 공경하고 조심함이 지
극하여 가릴 말이 자기에게 없으면 크게 공변되고 지극히 정당하여,
하늘의 덕에 순수해서 털끝만큼이라도 들어서 남에게 보일 수 없는
것이 없을 것이다. 하늘의 덕이 나에게 있으면 큰 명(命)이 나로부터
만들어져 아래에서 짝하여 누리는 것이다. 아래에 있다는 것은 하늘
과 상대한 표현이니, 옥사를 주관하는 자가 형벌을 쓰는 지극한 공을
미루어서 하늘과 더불어 하나가 됨에 이름이 이와 같은 것이다."

蔡沈曰: "當時典獄之官非惟得盡法於權勢之家, 亦惟得盡法於賄賂之
人, 言不爲威屈·不爲利誘也. 敬忌之至, 無有擇言在身, 大公至正, 純
乎天德, 無毫發不可擧以示人者. 天德在我, 則大命自我作而配享在下
矣. 在下者對天之辭, 蓋推典獄用刑之極功而至於與天爲一者如此."

여조겸(呂祖謙)이 말하였다.

"옥을 맡아 공정하게 수행하지 못하는 자는 위세에 협박되지 않으
면 이익에 유혹을 받으니, 위세가 굴복시킬 수 없고 뇌물이 음란하

게 할 수 없으려면 오직 공경하고 근신하여 가릴 말이 몸에 없어야 한다."

또 말하였다.

"옥을 맡은 관원은 백성의 생사가 달려 있으니, 반드시 터럭만큼도 사사로운 뜻이 없어야 하고, 말하는 바가 공정한 이치가 아님이 없어야 백성의 생사를 나누어 맡길 수 있는 것이다. 하늘의 덕은 이른바 지공무사한 덕이 스스로 원명(元命)의 지위에 도달한 것이다. 명은 명령으로, 형을 제정한 명은 모두 원선(元善)으로 다시 더할 수 없는 명이어야 한다. 후세에 대부분 옥 담당관을 법가(法家)로 삼아, 사민(士民)의 생사를 천하게 여겨 불학무식한 사람에게 맡기어 조화로운 기운을 불러오지 못하고 어긋난 기운이 항상 있음으로써, 천하의 다스림을 정착시킬 수 없었다. 형을 관장하는 관원은 하늘을 대신하여 벌을 시행하니, 하늘이 죄 있는 자를 토벌하는 것이다. 하늘이 천하의 백성을 가지런히 하는 이유는 원래 스스로 할 일이 아니다. 오직 오형(五刑)을 공경히 하여 삼덕(三德)을 이루는 것이니, 오형을 공경히 하는 것이 오로지 천리(天理)를 공경히 하는 것이다. 삼덕은 혹 정직(正直)을 써야 하고, 혹 강극(剛克)을 써야 하며, 혹 유극(柔克)을 써야 하니, 각각 마땅함을 얻을 것이다. 만일 천명(天命)을 공경하지 않으면 피해에 핍박당하고 이익에 유혹을 받아, 형벌 적용에 반드시 차이가 있을 것이다. 그러니 반드시 화복을 도외시하고 오로지 천명을 공경하여 형벌에 마땅하지 않음이 없으면 백성들은 수족을 둘 곳이 있을 것이니, 이것이 근본을 배양하였기 때문에 삼대(三代)가 천하를 인으로 얻었던 이유이다."

呂祖謙曰: "典獄不得行其公者, 非爲威脅則爲利誘, 欲威不能屈·富不得淫, 惟在敬忌, 無擇言在身而已."

又曰: "典獄之官, 民之死生係焉, 須是無一毫私意, 所言無非公理, 方可分付以民之死生. 天德所謂至公無私之德, 到自作元命地位, 命是命令, 所制刑之命皆是元善不可復加之命方可. 後世多以典獄爲法家, 賤士民之死生寄於不學無知之人, 和氣不召, 乖氣常有, 所以不能措天下之治. 蓋掌刑之官代天行罰, 天討有罪, 天所以整齊天下之民, 元不是自家事, 惟敬五刑以成三德, 敬五刑是專敬天理, 三德是或當用正直·或當用剛克·或當用柔克各得其當. 若不敬天命, 爲害所逼·爲利所誘, 用刑必差, 須是置禍福於度外, 專敬天命, 刑無不得其當, 則民有所措手足, 此所以培養根本, 故三代得天下以仁."

신은 이렇게 생각합니다. 형옥의 사안은 실로 하늘에 관계되니, 형을 맡은 자는 오직 한결같이 천리(天理)의 공정함을 따라야지 인욕(人慾)의 사사로움을 따라서는 안 됩니다. 권세(權勢)가 뜻을 바꾸지 못하고 재리가 움직이지 못하니, 이와 같으면 형벌을 쓰는 자가 마음에 부끄러움이 없고 형벌을 받는 자도 그 죄를 당연히 여길 것이고, 나의 마음이 하늘의 마음에 합하게 됩니다. 그렇지만 나에게 있는 것이 아니면, 경(敬)에 일관하여 소홀하지 않고 삼감에 일관하여 멋대로 하지 않고, 몸으로 행한 것은 모두 입으로 말할 수 있고, 한 가지 일이라도 다른 사람의 말에 대응할 수 없는 것이 없는 단계는 불가능합니다. 진실로 이와 같다면 내가 보존한 것이 천심에 합하고 내가 얻은 것이 천덕에 순수할 것입니다.

저 생사(生死)와 수요(壽夭)의 운명은 바로 하늘이 이 사람을 제어하는 수단이니, 지금 나의 덕이 하늘과 하나가 되면 생명이 있는 사람의 운명을 제어하는 힘이 나에게 있는 것입니다. 하늘은 높고 높은 위에 있으면서 사람의 운명을 제어하는 존재입니다. 옥을 맡은 자가 비록 아래에 있지만 맡은 직임 또한 사람의 운명을 제어하는 일이니, 어찌 짝하여 누리며 아래에 있는 것이 아니겠습니까. 옥을 맡은 직무가 관계된 것이 이토록 중대하고, 천명에 부응하여 생령의 운명을 제어하는 자를 적당한 사람을 택하여 임용하지 않을 수 있겠습니까.

요컨대, 옥이 공정하지 못한 이유는, 밖으로는 권세의 촉탁 때문이고, 안으로는 재물을 뇌물로 주기 때문입니다. 그렇지만 옥을 맡은 관원이 위세와 재물에 꺾이지 않는 것은, 그 근본이 또한 윗사람에게 달려 있습니다. 윗사람이 진실로 조종의 법을 엄하게 밝혀 죄가 있는 자는 뇌물로 징계를 모면하지 못하게 하고, 좌우 사람에게 신칙하여 법을 관장하는 자로 하여금 아뢰게 해야 합니다. 또 임용되어 이 관직에 있는 사람 또한 반드시 마음이 공경하고 윤리가 강직한 사람을 얻어서 임용한다면 법이 사사로운 남용에 이르지 않을 것이고, 사람이 비명에 죽지 않을 것입니다. 인심이 진실로 천심에 부합한다면 거스르는 기운이 조화로운 기운을 해치지 못할 것입니다.

아! 신하가 하는 일은 바로 임금의 명한 바를 따를 것이니, 신하가 백성의 운명을 만드는 근거는 임금이 신하의 운명을 만드는 데서 유래합니다. 신하의 덕이 하늘에서 형통할 수 있다면 임금의 덕을 알 수 있을 것입니다. 혹자는 옥을 맡아 형을 적용하는 것은 신하의 일이라고 하는데, 채침이 "지극한 공을 미루어서 하늘과 더불어 하나가 된다."라고 말한 것은 왜이겠습니까? 하늘은 공(公)일 뿐이니, 하늘은 지극한 공의 도리를 임금에게 부여하였고, 임금은 하늘이 토벌하는 공정함을 신하에게 부여한 것입니다. 신하가 공정함을 받드는 것이 하늘과 차이가 없으면, 이는 곧 임금이 하늘과 차이가 없는 방법인 것입니다.

臣按: 刑獄之事實關於天, 典刑者惟一循天理之公而不徇乎人欲之私, 權勢不能移, 財利不能動, 如此, 用刑者無愧於心, 受刑者允當其罪, 吾之心合天之心矣. 然非在我者一於敬而不敢忽·一於忌而不敢肆, 行之於身皆可言之於口·無一事而不可對人言者不能也, 允若茲, 則吾之所存者合乎天心, 而吾之所得者純乎天德矣. 彼其生死壽夭之命乃天所以制斯人者, 今我德與天一, 則制生人之命在我矣. 夫天高高而在上, 所以制人之命者也, 典獄者雖在於下而其所典之職亦以制人之命焉, 豈非配享在下乎? 典獄之職所係之重如此, 膺天命而制生靈之命者可不擇其人以用之乎? 要之, 獄所以不公者, 外爲權勢之囑托·內爲財利之賄賂故也. 然典獄之官所以不訖於威富者, 其根本則又在於上之人焉. 上之人誠嚴申明祖宗之法, 使有罪者不以賄免戒, 飭左右之人使掌法者得以執奏, 而所用以居是官者, 又必得夫存心敬畏秉性剛直之人用之, 則法不至於私濫, 人不死於非命, 人心允合於天心, 逆氣不傷於和氣乎. 吁, 臣之所爲乃承君之所命, 臣之所以作民之命由君作臣之命也, 臣德克享於天, 則君德可知也. 或曰典獄用刑, 人臣事也, 蔡氏謂推其極至於與天爲一, 何哉? 天者公而已矣, 天以至公之道付之君, 君以天討之公付之臣, 臣能奉公與天無間, 是卽君之所以無間於天也.

왕(王)이 말하였다. "아! 사방의 정사를 맡아 옥을 주관하는 자들아. 네가 하늘의 목동이 되지 않았는가? 이제 너는 무엇을 볼 것인가? 이 백이(伯夷)가 형벌을 베풀어 인도함이 아니겠는가. 지금 너는 무엇을 징계할 것인가? 이 묘민(苗民)들이 옥사에 걸림을 살피지 않으며, 길인(吉人)을 가려 오형(五刑)의 알맞음을 보여 주게 하지 않고, 이 여러 위세로 재물을 빼앗는 자들이도다."라고 하였다.[2]

王曰: "嗟, 四方司政典獄, 非爾唯作天牧? 今爾何監? 非時伯夷播刑之迪? 其今爾何懲? 惟時苗民匪察於獄之麗(附也), 罔擇吉人觀於五刑之中, 惟時庶威奪貨."

채침이 말하였다.

"사정(司政), 전옥(典獄)은 제후(諸侯)이니, 제후 중에 형옥(刑獄)을 주관하는 자이다. 이 말은, 너 제후는 하늘을 대신하여 이 백성을 기르는 것이 아니겠는가, 하늘을 대신하여 백성을 기른다면 지금 너는 무엇을 보고 징계할 것인가, 마땅히 보아야 것은 백이(伯夷)가 아니겠는가, 마땅히 징계해야 할 것은 묘(苗)가 아니겠는가, 라는 말이다. 백이가 형벌을 베풀어 이 백성을 깨우쳤으니, 고요(皋陶)를 버리고 백이를 말한 것은 근본을 탐구하는 말이다. 묘족(苗族)이 옥의 진술에 걸림을 살

---

2 왕(王)이 … 하였다:《서경》〈여형(呂刑)〉에는 이 뒤로 "오형(五刑)을 천단하여 무고(無辜)한 자들을 어지럽히자, 상제(上帝)가 용서하지 아니하여 허물을 묘(苗)에 내리시니, 묘민(苗民)이 하늘의 벌에 할 말이 없어 마침내 그 대를 끊게 되었다."라는 구절이 이어진다.

피지 않으며 또 길인(吉人)을 구별하여 오형(五刑)의 알맞음을 보여 주
게 하지 않고, 오직 귀한 자는 위세로 정사를 어지럽히고, 부유한 자
는 재물로 법을 빼앗는다."

> 蔡沈曰: "司政·典獄, 諸侯也, 爲諸侯主刑獄, 而言非爾諸侯爲天牧養
> 斯民乎? 爲天牧民則今爾何所監懲? 所當監者非伯夷乎? 所當懲者非有
> 苗乎? 伯夷布刑以啟迪斯民, 舍皐陶而言伯夷者, 探本之論也. 苗民不
> 察於獄辭之所麗, 又不擇吉人, 俾觀於五刑之中, 惟是貴者以威亂政·
> 富者以貨奪法."

신은 이렇게 생각합니다. 형은 하늘이 죄 있는 자를 토벌하는 방법
이고, 죄 있는 자를 토벌하는 것은 죄 없는 백성이 편안해지는 방법입
니다. 사정(司政)과 전옥(典獄)을 아울러 언급한 것은 제후가 천자의 명
을 받아 한 방면의 주인이 되어, 민정(民政)을 맡은 뒤 또 형옥을 담당
하기 때문입니다. 정사는 민생을 편안히 하는 방도이고 옥사는 백성
의 죄를 다스리는 방도입니다. 모두 천자의 명을 받아 그 백성을 기
르는 것인데, 천자의 명이 바로 천명이고 천자의 백성은 바로 천민(天
民)입니다. 민생을 편안히 하는 것은 진실로 천명을 온전히 하는 것
이고 백성의 죄를 다스리는 것 또한 천명을 온전히 하는 방도입니다.
유죄자를 다스리면 감히 다시 악행을 저지르지 못하고, 죄 없는 백성
은 모두 그들의 삶을 마무리하고 천성을 온전히 할 것입니다.

> 臣按: 刑者天所以討有罪, 討有罪所以安無罪之民也. 司政·典獄並言

者, 以諸侯受天子之命以爲一方之主, 旣司夫民政復典夫刑獄也. 政
所以安民生, 獄所以治民罪, 皆奉天子之命以牧養其民, 然天子之命卽
天命也, 天子之民卽天民也, 安民生固所以全其天命, 治民罪亦所以全
其天命也. 有罪者治之則不敢復爲惡, 而無罪之民皆得遂其生而全其
天矣.

왕이 말하였다. "아! 생각할지어다. 백부(伯父)와 백형(伯兄)과 중숙(仲叔)
과 계제(季弟)와 유자(幼子)와 동손(童孫)들아. 모두 짐(朕)의 말을 들어라. 거
의 지극한【격(格)은 지극함이다.】 명령이 있을 것이다. 지금 네가 위로함이
날로 부지런하지 않음이 없으니, 너는 혹시라도 부지런하지 않음을 경계
할 것 없다."

王曰: "嗚呼, 念之哉. 伯父·伯兄·仲叔·季弟·幼子·童孫皆聽朕言, 庶有
格【至也】命. 今爾罔不由慰日勤, 爾罔或戒不勤."

채침이 말하였다.

"이는 동성(同姓)의 제후에게 고한 것이다. 잘못 들쭉날쭉 심문하고
국문하여 천하의 수고로움이 극에 이른 것으로는 옥사보다 더한 것
이 없으니, 만일 털끝만치라도 게으른 마음이 있으면 백성들이 그 올
바른 죽음을 얻지 못하는 자가 있을 것이다. '위로함이 날로 부지런
하지 않음이 없다'는 것은 스스로 위로함이 날로 부지런하지 않음이

없으므로 직책이 거행되어 형벌이 마땅한 것이다. '너는 혹시라도 부지런하지 않음을 경계하지 말라'는 것은 형벌 적용이 한 번 이루어지면 다시는 변경할 수 없으니, 만일 경각이라도 부지런하지 않으면 형벌이 중용을 잃어서 비록 깊이 경계하더라도 이미 형벌을 시행한 자에게는 미칠 수가 없다. 경계함은 진실로 좋은 마음이나 형벌 적용에 어찌 혹시라도 경계할 수 있겠는가."

蔡沈曰: "此告同姓諸侯也. 參錯訊鞫, 極天下之勞者, 莫若獄, 苟有毫發怠心則民有不得其死者矣. 罔不由慰日勤者, 爾所用以自慰者無不以日勤, 故職擧而刑當也. 爾罔或戒不勤者, 刑罰之用, 一成而不可變者也, 苟頃刻之不勤則刑罰失中, 雖深戒之而已施者亦無及矣. 戒固善心也, 而用刑豈可以或戒也哉?"

신은 이렇게 생각합니다. 삼대(三代)의 세상에는 봉건(封建)의 법이 시행되었기 때문에, 목공이 경계한 백부·백형·중숙·계제·유자·동손 등은 모두 동성(同姓) 제후들이었습니다. 대개 천하에는 천하의 형이 있고, 한 나라에는 한 나라의 형이 있습니다. 천하의 형은 천하의 죄 있는 자를 그 옥에 가두고, 한 나라의 형은 한 나라의 죄 있는 자를 그 옥에 금고(禁錮)합니다. 사람이 한 사람이 아니고, 삼목(三木)[3]을 그 몸에 채우고 온갖 근심이 그 마음에 걸려 있으니, 하루를 지내는 것이

---

3 삼목(三木): 죄인에게 채우는 세 가지 형구(刑具). 곧 머리·손·발에 끼우는 칼·차꼬·족쇄 따위이다.

삼년 같았습니다.

하지만 방국(邦國)의 군주가 되어 형옥의 정사를 맡아서 자신의 몸을 안일한 데 두고 곤액에 빠진 사람을 잊는다면 제 죽음을 못하는 자가 있을 것이니, 내가 어떻게 경각의 수고를 아끼며 나의 마음을 다하지 않음으로써 그 사람이 죄도 없이 죽음에 이르게 하겠습니까. 한순간이라도 혹 태만하여 몇 사람을 죽음에 이르게 하면 뒤에 아무리 후회해도 도리가 없을 것이니, 내 마음이 어떻게 편안하겠습니까? 이것이 형을 적용하여 위로함이 필시 날로 부지런한 뒤에 직무를 수행하되 형이 마땅한 것입니다.

臣按: 三代之世, 封建之法行, 故穆王所戒者伯父·伯兄·仲叔·季弟·幼子·童孫, 皆其同姓諸侯也. 蓋天下有天下之刑, 一國有一國之刑, 天下之刑則天下之有罪者係累於其獄, 一國之刑則一國之有罪者禁錮於其獄, 人非一人也, 三木具其身, 百憂嬰其心, 度一日有如三秋者矣, 而爲邦國之君典刑獄之政, 置其身於安逸之地, 忘其人在困阨之中, 則有不得其死者矣, 吾何惜夫頃刻之勞而不盡吾心焉, 而使斯人無罪而就死地哉? 一息或怠而致數人之死命, 後雖悔之亦無及矣, 吾心何由而安哉? 此所以用之慰者必以日勤, 然後職擧而刑當也.

말 잘하는 자가 옥사를 결단할 것이 아니라 선량한 자가 옥사를 결단하여야 한다.

非佞折獄, 惟良折獄.

채침이 말하였다.

"영(佞)은 말재주이다. 말재주가 달변인 사람이 옥사를 결단할 수 있는 것이 아니고, 오직 온후하고 선량한 어른으로서 백성을 다친 사람처럼 여기는 자가 옥사를 결단하여야 중용에 있지 않음이 없을 것이다."

蔡沈曰: "佞, 口才也. 非口才辯給之人可以折獄, 惟溫良長者·視民如傷者能折獄, 而無不在中也."

임지기(林之奇)⁴가 말하였다.

"영인(佞人)은 사람을 말재주로 제어하니, 마치 주아부(周亞夫)가 징위(廷尉)에게 가서 질책하며 묻기를 '군후(君侯)가 반란을 일으켰는데, 왜인가?'라고 하니, 답하기를 '신이 샀던 도구는 장례 도구인데, 어찌 반란이라고 하는가?'라고 하였고, 관리가 '군후가 설사 지상에서 반란을 일으키지 않았지만, 곧 지하에서 반란을 일으킨 것이다.'라고 하였으니, 이른바 말재주로 옥사를 판단하는 것이다."

林之奇曰: "佞人禦人以口給, 如周亞夫詣廷尉責問曰: '君侯欲反, 何也?' 答曰: '臣所買器乃葬器也, 何謂反乎?' 吏曰: '君縱不反地上, 卽反

---

4 임지기(林之奇, 1112~1176): 임지기의 자는 소영(少穎), 호는 졸재(拙齋)·삼산(三山) 선생, 시호는 문소(文昭)이다. 여본중(呂本中)을 사사했으며, 왕안석의 《삼경신의(三經新義)》를 사설(邪說)이라 하여 배척했다. 경학 연구에 진력하여 《상서(尚書)》와 《주례(周禮)》를 해설했는데, 새로운 뜻이 많았다.

地下矣.' 所謂佞折獄也."

신은 이렇게 생각합니다. 옥사를 결단하는 관원은 인명이 관계되기 때문에 옛날부터 옥사를 맡는 관원에 반드시 곧고 어진 어른을 등용하여 맡겼습니다. 몽둥이 아래에서는 무엇을 구한들 얻지 못하겠습니까만, 화락한 안색으로 물어도 오히려 위엄과 형벌을 두려워하여 그 실정을 다 말하지 못하는데, 하물며 말재주로 제어하겠습니까.

臣按: 折獄之官, 人命所係, 是以自古典獄之官必用易直仁厚之長者以任之, 蓋以棰楚之下何求不得, 和顏悅色以詢之猶恐畏威懼刑而不敢盡其情, 況禦之以口給乎?

왕이 말하였다. "아! 공경할지어다. 옥사를 맡은 관원【관(官)은 옥을 맡은 관원이다.】과 제후【백(伯)은 제후이다.】와 동족【족(族)은 동족이다.】과 이성【성(姓)은 이성이다.】들아. 짐이 말하려 함에 많이 두렵노라. 짐은 형벌을 공경하니, 덕이 있어야 형을 줄 수 있는 것이다. 지금 하늘이 백성을 도우시니, 짝이 되어 아래에 있을지어다."

王曰: "嗚呼, 敬之哉. 官【典獄之官】伯【諸侯】族【同族】姓【異姓】, 朕言多懼. 朕敬於刑, 有德惟刑. 今天相民, 作配在下."

채침이 말하였다.

"이는 총괄하여 고한 것이다. 짐은 형벌에 대하여 말하는 것도 대단히 두려운데, 하물며 형벌을 적용할 때에랴. 짐은 형벌을 공경한다는 것은 두려움이 지극한 것이고, 덕이 있어야 형을 줄 수 있다는 것은 지극히 후덕한 것이다. 지금 하늘이 형벌로써 도와 이 백성들을 다스리시니, 너는 진실로 책임을 맡아 짝이 되어 아래에 있어야 하는 것이다."

蔡沈曰: "此總告之也. 朕之於刑言且多懼, 況用之乎? 朕敬於刑者, 畏之至也. 有德惟刑, 厚之至也. 今天以刑相治斯民, 汝實任責, 作配在下可也."

신은 이렇게 생각합니다. 선유가 관백(官伯)이라고 한 것은 관청의 우두머리입니다. 앞에서는 "스스로 큰 명(命)을 만들어 짝하여 누리며 아래에 있을 것이다."라고 하였고, 지금은 "지금 하늘이 백성을 도우시니, 짝이 되어 아래에 있을지어다."라고 하였으니, 옥관(獄官)은 바로 하늘과 짝한 자입니다. 임금이 옥관은 하늘과 짝한다는 것을 안다면 이 관직을 명할 때 반드시 가벼이 해서는 안 되며, 신하가 옥관은 하늘과 짝한다는 것을 안다면 이 관직에 있을 때 반드시 자중할 수 있어야 합니다.

목왕이 앞에서 이미 "생각할지어다."라고 하였는데, 생각하라고 한 것은 바로 제순(帝舜)의 '불쌍하게 생각하라'는 뜻입니다. 또 "공경하여라."라고 하였는데, 공경하라는 것은 바로 제순이 '공경하라[欽之]'는 뜻입니다. 목왕이 이 글을 지을 때 비록 늙었다고는 하지만 제왕의 심법(心法)의 전수가 천 년이 지나도 여전히 상상할 수 있습니다. 이것이 〈여형〉이라는 글을 공자(孔子)가 선택한 이유일 것입니다.[5]

臣按: 先儒謂官伯, 官之長. 前曰"自作元命, 配享在下", 今曰"今天相民, 作配在下", 則獄官乃配天者也. 人君知獄官可以配天, 則於命是官也必不敢輕; 人臣知獄官可以配天, 則於居是官也必能自重. 穆王於前旣曰"念之哉", 念之云者卽帝舜恤之之意也; 又曰"敬之哉", 敬之云者卽帝舜欽之之意也. 穆王之作此書雖曰耄荒, 然帝王心法之傳千載猶可想見, 此《呂刑》之書所以見取於孔子也歟.

《주례(周禮)》에서 말하였다.

형관(刑官) 소속은, 대사구 경 1인, 소사구 중대부 2인, 사사 하대부 4인, 향사 상사 8인, 중사 16인, 여하사 32인, 부 6인, 사 12인, 서 12인, 도 120인이다.

《周禮》: 刑官之屬, 大司寇卿一人, 小司寇中大夫二人, 士師下大夫四人, 鄕士上士八人·中士十有六人, 旅下士三十有二人, 府六人·史十有二人·胥十有二人·徒百有二十人.

---

5 이것이 … 것입니다: 공자가 《서경》〈여형〉에서 오형을 인용한 것을 두고 하는 말로 보인다. 공자가 "오형에 관한 종류가 3천 가지나 되지만 불효보다 더 큰 죄는 없다.[五刑之屬三千, 而罪莫大於不孝.]"라고 하였다. 《효경(孝經)》 전(傳) 8장(章).

정현(鄭玄)이 말하였다.

향사는 6향(鄉)의 옥사를 담당한다.

> 鄭玄曰: "鄉士主六鄉之獄."

가공언(賈公彥)이 말하였다.

"형관(刑官)에 대해, 순(舜)임금 때는 사(士)라 하였고, 하(夏)나라 때는 대리(大理)라고 했으며, 주(周)나라 때는 대사구라고 하였다."

> 賈公彥曰: "刑官, 有虞氏曰士, 夏曰大理, 周曰大司寇."

신은 이렇게 생각합니다. 대사구 1인은 바로 지금의 형부상서이고, 소사구 2인은 지금의 좌우 시랑입니다. 향사 이하에 대해, 정현의 주석에 6향의 옥사를 주관한다고 하였으니, 바로 지금 13사가 각 도의 형옥을 분장하는 것이 이것입니다. 당(唐)나라 이래 나누어 6부가 되었고, 형부는 4속(屬)으로 나누었는데, 헌부(憲部)·비부(比部)·사문부(司門部)·도관부(都官部)입니다.

국초에 그대로 따랐고, 홍무(洪武) 23년에 이르러 비로소 고쳐서 13부가 되었습니다. 뒤에 또 귀주(貴州) 교지(交阯)를 더하여 14부가 되었는데, 그 뒤 교지을 버리고 13부만 남겨 두었습니다. 대개 《주관(周官)》 형관의 소속에서 향사가 6향을 관장하던 제도에 부합하였으니, 전성(前聖)과 후성(後聖)의 마음은 그 계획이 하나임을 알 수 있습니다.

臣按: 大司寇一人, 卽今刑部尙書; 小司寇二人, 卽今左右侍郎. 鄕士以下, 鄭注謂主六鄕之獄, 卽今十三司分掌各道刑獄是也, 自唐以來分爲六部而刑部分四屬, 曰憲部·曰比部·曰司門部·曰都官部. 國初因之, 至洪武二十三年始改爲十三部, 後又加以貴州·交阯爲十四, 其後棄交阯惟存十三部焉, 蓋有合於《周官》刑官之屬鄕士掌六鄕之獄之制, 可見前聖·後聖之心, 其揆一也.

소사구의 관직은, 그해가 끝나면 사(士)들로 하여금 옥사를 계산하고 송사를 결정하여 천부(天府)에 올린다.

小司寇之職, 歲終則令群士計獄弊訟, 登中於天府.

정현이 말하였다.
"등중(登中)은 판결한 옥송(獄訟)의 수를 올리는 것이다."

鄭玄曰: "登中, 上其所斷獄訟之數."

가공언이 말하였다.
"사(士)들은 향사(鄕士)나 수사(遂士) 이하를 말한다."

신은 이렇게 생각합니다. 천부에 보고하는 것을, 해설하는 자는 옥송 가운데 사실을 언급한 기록이라고 했습니다. 반드시 천부에 올리는 것은, 형이 하늘의 토벌을 이루는 것이기 때문에 천부에 올려서 보관하는 것입니다. 또한 그 문서를 중시하여 사용에 신중히 한다는 뜻을 보인 것이라고 했습니다. 신은 삼가 생각건대, 이른바 중(中)이란, 통계를 낸 판결 옥송 가운데 중용을 얻은 것을 가져다 천부에 올려 보관하여 법례로 삼도록 하고, 뒤에 죄를 범했는데 여기에 해당하는 자기 있으면 인용하여 증서로 삼았습니다. 이렇게 하면 조문과 법에 순조로울 것입니다.

臣按: 登中於天府, 說者謂獄訟之中言事實之書也, 必登於天府者, 以刑所以致天討, 故登於天府而藏之, 且示重其書而有謹於用之意. 臣竊以爲, 所謂中者, 意者取其所計弊獄訟之得其中者上於天府, 使藏之以爲法比, 後有罪犯有合於是者, 則援引以爲質也, 如此, 庶於文法爲順.

향사는 국중(國中)을 관장하는데【수사(遂士)는 4교(郊)를 관장하고, 현사(縣士)는 들[野]을 관장한다.】, 각각 그 고을의 백성 수를 관장하며【수사는 그 수(遂)의 백성 수를 관장하고, 현사는 그 현의 백성 수를 관장한다.】 경계령을 규찰하며【수사와 현사 또한 각각 그 경계령을 규찰한다.】, 그 옥송을 듣고, 진술을 살펴, 옥송을 변별하고, 사형 죄를 구별하여 요약한 뒤, 열흘이 되면 조정에 보고한다【수사와 현사 모두 같아서 열흘 단위이다. 수사는 20일, 현사는 30일이다.】. 사구(司寇)가 듣고, 그 옥사를 판단하며, 조정에서 그 소송을 결정한다. 군사(群士)와 사형(司刑)이 모두 나오고, 각각 그 법에 부쳐【리(麗)는 부친다[附]이다.】옥송을 논의한다. 옥송이 이루어지면 사사(士師)는 결정을 접수하여 형살(刑殺)할 날짜를 잡아 사흘간 시신을 늘어놓는다【사(肆)는 시신을 늘어놓는 것이다.】【수사는 날짜를 정하여 교외에 나가 형살하고, 현사는 형살을 협의하되 각각 그 현에 가서 하며, 나머지는 모두 같다.】. 면제하고자 한다면 왕이 그 기일에 모이게 한다【수사는 왕이 삼공에게 명하여 기일에 만나도록 명한다. 현사는 왕이 육경에게 명하여 기일에 만나도록 명한다.】.

鄕士掌國中【遂士掌四郊, 縣士掌野】, 各掌其鄕之民數【遂士掌其遂之民數, 縣士掌其縣之民數】而糾戒之【遂士·縣士亦各糾其戒令】, 聽其獄訟, 察其辭, 辯其獄訟, 異其死刑之罪而要之, 旬而職聽於朝【遂士·縣士皆同, 惟旬, 遂士二旬·縣士三旬】. 司寇聽之, 斷其獄·弊其訟於朝, 群士·司刑皆在, 各麗【附也】其法以議獄訟. 獄訟成, 士師受中, 協日刑殺, 肆【陳屍】之三日【遂士則協日就郊而刑殺, 縣士則協刑殺, 各就其縣, 餘並同】. 若欲免之, 則王會其期【遂士則王命三公會其期, 縣士則王命六卿會其期】.

오징(吳澂)이 말하였다.

"국중을 관장한다는 것은 국중에서 백 리까지의 교외를 말한다. 6향의 옥은 모두 국중에 있다. 요약한다는 것은 그 죄와 법의 요지를 말한다. 수중(受中)이란 옥송의 성립을 접수한다는 말이다. 협일형살

(協日刑殺)이란 형살할 수 있는 날짜를 말한다. 사지(肆之)는 시신을 늘어놓는 것이다. 기(期)란 왕이 사면하려는 사람이 있으면 향사가 조정에 보고하여, 사구가 허락한 날이니, 왕이 그때 직접 가서 의논한다."

吳澂曰: "掌國中謂國中至百裏郊也, 凡六鄉之獄皆在國中. 要之者, 謂爲其罪法之要辭. 受中, 謂受獄訟之成也. 協日刑殺, 謂可刑殺之日也. 肆之, 謂陳屍. 期, 謂王欲赦之人則鄉士職聽於朝, 司寇聽之之日則王以時親往議之也."

신은 이렇게 생각합니다. 형관(刑官)인데 사(士)라고 명한 것은, 순 임금의 조정에서 이미 그리하여, 조정에 있는 자는 사사(士師)라고 불렀고, 지방에 포열한 자의 경우 6향에 있으면 향사(鄉士), 6수에 있으면 수사(遂士), 각 현에 있으면 현사(縣士)라고 하여, 각각 그 백성의 수를 관장하였습니다. 경계령을 규찰하며, 옥송을 듣고, 허실을 살피고, 시비곡직을 구별하고, 사형을 구별하여 요약문을 만들어 직사를 가지고 조정에 보고하고, 사구(司寇)가 들으니, 삼사(三士)가 모두 같지만 그 날짜는 같지 않습니다. 향사는 열흘이고, 수사는 20일이며, 현사는 30일입니다.

조정에서 옥사를 판단하고 소송을 결정할 때, 사(士)들과 형을 맡은 관원이 모두 참여하는데, 각각 범죄를 법에 부치고 해당되는 법들을 모아서 의논합니다. 사사가 완성된 옥사를 받아 죽여도 될 날을 협의한 뒤에야 비로소 형살을 가하고, 그 시신을 사흘 동안 늘어놓습니다. 삼사가 모두 같은데, 오직 늘어놓는 곳만 같지 않으니, 향은 시장이고, 수는 그 수이고, 현은 그 현입니다.

만일 그 사람의 죄가 불쌍하고 의심할 만하여 왕이 면제해 주고자 하면, 6향은 왕이 스스로 사구에게 모이게 하고 스스로 기일을 잡으며, 6수는 왕이 삼공에게 그 기일에 모이라고 명하며, 각 현은 왕이 6향에게 그 기일에 모이라고 명합니다. 삼사(三士)의 지위는 같지 않지만 모두 백성의 수를 관장하고 경계령을 규찰하며 옥송을 듣는 것은 마찬가지이므로 모두 사(士)라고 부릅니다.

대개 사라고 부르는 자는 다스리는 관원입니다. 사는 사민(四民)의 앞에 위치하며 오작(五爵)의 하나에 들어갑니다. 모든 관직을 다 사라고 부르지 않고 오직 이관(理官)만 사라고 하는 것은 대개 이 관원이 백성의 목숨과 관련되어 있고 하늘의 토벌이 깃드는 것이기 때문입니다. 국가가 민심을 얻고 잃는 것이 모두 여기에 달려 있기 때문에 의리가 밝고 도덕이 갖추어지고 경학에 통달한 자가 아니면 차지할 수 없습니다. 순 임금의 조정에서부터 고요(皐陶)를 사로 삼았고, 주나라 사람들은 추관경(秋官卿) 이하 내외(內外) 형을 관장하는 관원을 모두 사라고 불렀습니다. 대개 후세에 보여 형관의 중대함을 알아 다른 부류가 섞이지 않게 한 것입니다. 우리나라에서 제도를 정할 때 풍헌관(風憲官)은 이원(吏員)으로 맡기지 않았으니, 순 임금과 주나라의 뜻을 깊이 알았던 것입니다.

臣按: 刑官而以士名, 則自虞廷已然, 其在朝者謂之士師, 布列於外者, 在六鄕謂之鄕士·在六遂謂之遂士·在各縣謂之縣士, 各掌其民之數, 其所以糾戒令·聽獄訟·察虛實·辯曲直·異死刑, 而爲其要辭以職事而 聽於朝, 而司寇聽之, 三士皆同也, 而其日數則不同焉, 鄕士則旬日也·

遂士則二旬也·縣士則三旬也. 及夫斷其獄·弊其訟於朝, 群士與司刑之官皆在焉, 各以其所犯罪附之於法, 合眾所麗之法而參議之, 士師乃受其成獄, 協之於可殺之日, 始加以刑殺, 而陳其屍者三日, 三士皆同也, 惟所肆之處則不同焉, 鄉則市朝也, 遂則於其遂也, 縣則於其縣也. 若其人之罪有可矜而可疑, 王欲免之, 六鄉則王自會於司寇而自爲之期, 六遂則王命三公會其期, 各縣則王命六鄉會其期. 三士之地不同而皆掌民數, 其糾戒令·聽獄訟則同也, 而皆謂之士焉. 夫謂之士者理官也, 士居四民之先而列五爵之一, 列官分職不皆謂之士而理官獨謂之士者, 蓋以此官民命所係·天討所寓, 國家所以得失民心皆在於此, 故非明義理·備道德·通經學者不可以居之, 自虞廷以皋陶爲士, 而周人自秋官卿以卜內外掌刑之官皆以士名, 蓋以示後世, 使知刑官之重而不可雜以他流也. 本朝定制, 風憲官不以吏員爲之, 深得虞·周之意.

한 문제(漢文帝) 때, 장석지(張釋之)를 정위(廷尉)로 삼았다. 상이 행차하여 중위교(中渭橋)에 이르렀을 때, 갑자기 어떤 사람이 다리 밑에서 뛰쳐나와 황제의 수레를 끌던 말이 놀랐으므로, 잡아다 정위에게 넘겼다. 장석지는 행차를 범한 죄가 벌금에 해당한다고 상주하였다. 상이 노하자, 장석지가 "법이란, 천자가 천하와 함께하는 것입니다. 지금 법이 이와 같이 무겁다면 이는 백성에게 신뢰를 얻지 못합니다. 또한 바로 그때 상께서 죽이게 했으면 그만이지만, 지금 이미 정위에게 내렸습니다. 정위는 천하의 평형인데, 한번 기울어지면 천하의 법 적용이 모두 그 때문에 가볍고 무거워질 것이니, 백성들이 어디에 수족을 편히 놓겠습니까? 상께서는 살피시옵소서."라고 하니, 상이 얼마 있다가 "정위가 옳다."라고 하였다.

그 뒤 고묘(高廟) 자리 앞 옥환(玉環)을 훔친 자가 있었는데, 잡아서 정위 에게 내려 다스리게 했다. 장석지가 상주하여 죽여서 저자에 버려야 한 다고 하였다. 상이 크게 노하여 "인간이 무도하여 선제의 그릇을 훔쳤으 므로 내가 정위에게 맡긴 것은 족형(族刑)으로 다스리려던 것인데, 그대는 법대로 상주하니【율에 의해 결단한다는 말이다.】 내가 종묘를 받드는 뜻이 아 니다."라고 하였다.[6]

장석지가 관을 벗고 머리를 조아리며 사죄하기를 "법은 이 정도면 충 분하고 또한 죄가 같으면 역순(逆順)으로 차이를 둡니다. 지금 종묘의 그 릇을 훔쳤다고 하여 족형으로 다스린다면, 만에 하나 가령 어리석은 백 성이 장릉(長陵)의 효토(殽土)를 훔친다면, 폐하께서는 장차 어떤 방법으 로 그 죄를 더하시겠습니까?"라고 하니, 황제가 태후에게 아뢰고 허락하 였다.

漢文帝時, 張釋之爲廷尉, 上行出中渭橋, 有一人從橋下走, 乘輿馬驚, 捕
屬廷尉. 釋之奏犯蹕當罰金, 上怒, 釋之曰: "法者, 天子所與天下公共之
也. 今法如是重之, 是不信於民也. 且方其時上使使誅之則已, 今已下廷尉,
廷尉天下之平也, 一傾, 天下用法皆爲之輕重, 民安所錯其手足, 惟陛下察
之." 上良久曰: "廷尉當是也." 其後人有盜高廟坐前玉環, 得下廷尉治, 釋
之奏當棄市, 上大怒曰: "人無道乃盜先帝器, 吾屬廷尉者欲致之族, 而君以
法奏之【謂依律而斷也】, 非吾所以共承宗廟意也." 釋之免冠頓首謝曰: "法如

6 상이 … 하였다: 기시(棄市)는 당사자만 처형하는 것이고, 족형은 가족을 함께 죽이는 것이
   므로 이렇게 말한 것이다.

是足也, 且罪等然以逆順爲差, 今盜宗廟器而族之有如萬分一, 假令愚民取
長陵一杯土, 陛下且何以加其罪乎?" 帝乃白太后, 許之.

양씨(楊氏)가 말하였다.

"장석지가 행차를 범한 죄를 논한 것은 그 뜻이 훌륭하다. 그렇지
만 '그때 상께서 죽이게 했으면 그만입니다.'라고 하였으니, 이는 임
금이 함부로 사람을 죽일 단서를 열어 놓은 것이다. 이미 '법이란, 천
자가 천하와 함께 하는 것입니다.'라고 하였으면, 범법자는 천자가 반
드시 유사에게 부쳐서 법으로 논해야지, 어찌 법을 넘어서 마음대로
죽일 수 있겠는가?"

楊氏曰: "釋之論犯蹕, 其意善矣. 然曰方其時上使人誅之則已, 是則開
人主妄殺人之端也. 旣曰法者天子所與天下公共, 則犯法者天子必付之
有司以法論之, 安得越法而擅誅乎?"

신은 이렇게 생각합니다. 장석지가 정위가 되어, 한 문제가 행차를
범한 자를 죄주고자 하였는데 장석지가 벌금을 매겼고, 문제가 고묘
의 옥환을 훔친 자를 족형으로 다스리려고 했는데 장석지가 죽여서
저자에 버려야 한다고 하였으니, 직무를 지켜 법을 집행하고 도리로
임금을 섬겼다고 할 것입니다. 장탕(張湯)이 상의 뜻이 죄를 풀어 주려
고 한다는 것으로 보고 그에 따라 출입했던[7] 것에 비교하면 난봉(鸞鳳)

과 응전(鷹鸇)의 차이 정도가 아닙니다.

비록 그렇지만 장석지의 과감한 발언이 진실로 어려웠지만, 한 문제가 기꺼이 좇았던 것은 더욱 어려운 일이었습니다. 후세에 법관이 된 자는 진실로 장석지를 본보기로 삼아야 하지만, 한 문제가 간언(諫言)을 물 흐르듯 따르고 꾸미지 않고 간언을 거부하고 사사로운 노여움으로 사람에게 형벌을 주지 않은 것은 더욱 군주의 성대한 덕이니, 만세토록 군주의 스승으로 삼아야 합니다.

臣按: 張釋之爲廷尉, 文帝欲當犯蹕者以罪而釋之罰金, 文帝欲當盜高廟玉環者以族, 釋之當以棄市, 可謂能守職執法而以道事君者矣, 其視張湯視上意所欲罪釋而爲之出入者, 不啻鸞鳳之與鷹鸇矣. 雖然, 釋之敢言固難, 而文帝之能從尤難, 後世爲法官者固當以釋之爲法, 而文帝之從諫如流, 而不飾非拒諫, 以私怒刑人, 尤人主之盛德也, 萬世人主所當師焉.

한 선제(漢宣帝) 본시(本始) 4년(기원전 70), 조서를 내려 "그동안 관리들이 법을 적용할 때 조문을 교묘하게 하는 데 빠졌으니, 이는 짐의 부덕이다. 옥사의 판결이 부당하여 유죄자가 간사한 마음을 가지거나【흥(興)은 일어남[起]이다.】【사(邪)는 무거운 죄인데 가벼운 처벌을 받으니, 유죄자가 간사한 마음을 일으

---

7 장탕(張湯)이 … 출입했던: 장탕(?~기원전 115)은 서한(西漢) 경조(京兆) 두릉(杜陵) 사람으로 율령(律令)에 밝았다. 진황후(陳皇后)와 회남왕(淮南王), 형산왕(衡山王)의 반역 사건을 다스렸고, 백금(白金)과 오수전(五銖錢)의 주조를 건의하였다. 염철(鹽鐵)을 관(官)에서 운영할 것을 주장하였고, 거상(巨商)들을 단속하면서 법을 엄하게 적용하였다. 《漢書 卷59 張湯傳》.

키게 된다.】, 무고한 사람이 주륙을 당하면, 부자가 슬퍼 한을 품고 짐이 매우 상심하였다. 지금 정사(廷史)를 보내 여러 옥사에 참여하여 국문하되 임무가 가볍고 녹봉이 얇으니, 이제 정평(廷平)을 두고 질(秩) 6백 석에 4원을 두겠다. 평안하기를 힘써 짐의 뜻에 부응하라."라고 하였다. 이에 우정국(于定國)을 정위로 선발하여 분명히 살피고 너그럽게 용서하기를 추구하였으며, 황패(黃霸) 등을 정평으로 삼아, 늦가을 뒤에 헌의를 청하게 하였다. 당시 상이 항상 선실(宣室)[8]에 가서 재계하며 사안을 결정하였고, 옥사와 형벌이 공평하다고 불렸다.

宣帝本始四年, 詔曰: "間者吏用法巧文浸深, 是朕之不德也. 夫決獄不當, 使有罪興【起也】邪【當重而輕, 使有罪者起邪心】, 不辜蒙戮, 父子悲恨, 朕甚傷之. 今遣廷史與郡鞫獄, 任輕祿薄, 其爲置廷平, 秩六百石, 員四人. 其務平之, 以稱朕意." 於是選於定國爲廷尉, 求明察寬恕黃霸等以爲廷平, 季秋後請讞. 時上常幸宣室, 齋居而決事, 獄刑號爲平矣.

　　신은 이렇게 생각합니다. 한나라에 이미 정위가 있는데 또 정평을 세웠으니, 후세에 대리시(大理寺)에서 법사(法司)와 형옥을 평윤하게 된 기원이 여기서 나왔습니다. 우리나라에서 대리시경 1인, 소경시승 각 2인을 두어, 그 소속을 좌우 2시(寺)로 나누어, 정부(正副) 평사(評事)를 두었습니다. 모든 형부와 도찰원에서 심문하는 죄옥은 반드시 평윤을 기다린 뒤에 법사에서 죄를 정해야 하니, 만일 죄명이 부당하면 반

8　　선실(宣室): 한나라 때 미앙궁(未央宮) 안에 있던 선실전(宣室殿)을 일컫는다.

박하여 돌려보내 다시 심문하였습니다.

臣按: 漢旣有廷尉而又立廷平, 後世以大理寺平允法司刑獄, 其原蓋出
於此. 本朝設大理寺卿一人・少卿寺丞各二人, 又分其屬爲左右二寺,
設正副評事, 凡刑部・都察院所問罪獄必俟平允, 然後法司定罪, 若罪
名不當, 駁回再問.

위 명제(魏明帝) 때, 위개(衛覬)가 상주하기를 "형법이란 국가에 귀중한
것이고 사사로운 의논에서는 가벼운 것입니다. 옥리란 백성에게 목숨이
달린 것이니, 왕정(王政)의 폐단은 반드시 여기에서 유래하지 않는 것이
없습니다. 박사를 두어 돌아가며 교수를 돕도록 하십시오."라고 하니, 사
안이 마침내 시행되었다.

魏明帝時, 衛覬奏曰: "刑法者, 國家之所貴重而私議之所輕賤; 獄吏者, 百
姓之所懸命而選用者所卑下, 王政之弊未必不由此也, 請置博士轉相敎授."
事遂施行.

호인(胡寅)이 말하였다.

"천하를 품은 자는 인(仁)으로 해야 하고, 천하를 다스리는 자는 의
(義)로 해야 한다. 율령이란 형명(刑名)의 수를 기억하려는 것일 뿐이
지, 어찌 이를 믿고 다스리겠는가? 오직 경훈(經訓)에 밝은 사람이어야
법을 적용할 수 있는데, 단지 법에 익숙한 것만 귀히 여기고 나라를

보전하고 백성을 교화하는 근본이 없으니, 이것이 이사(李斯)가 진(秦)나라를 망하게 한 이유이다.

경서(經書)를 모욕하는 업유(業儒)가 아직 많이 있는데, 하물며 법에 익숙하면서도 인의의 도리를 알지 못하고, 법을 모욕하는 것이 장차 열 명이면 열 명 모두일 것이다. 이와 같다면 어찌 백관과 유사가 서리보다 낫겠는가? 후세에서 보면, 위나라가 보존된 방법이 어찌 율박사가 있는 것과 관계되며, 위나라가 망한 것이 어찌 율령의 다소와 관계되겠는가. 위개의 말은 나라를 다스리는 좋은 계책이 아니다."

胡寅曰: "懷天下者當以仁, 理天下者當以義, 律令者聊以記刑名之數耳, 豈所恃以爲治也? 惟明於經訓者乃能用法, 徒貴習法之熟而無保國化民之本, 是李斯所以亡秦者也. 大業儒之侮經者尙多有之, 況沓法而不知仁義之道, 其侮法將十人而二五, 苟如是, 曷若付百官有司於胥吏哉? 自後世觀魏之所以存, 豈係於有律博士, 而其所以亡者, 豈係於律令之煩省乎? 衛覬之言, 非經邦之令猷也."

신은 이렇게 생각합니다. 위개가 율박사를 세우려고 했으니, 이는 국가의 교화를 돕고 정치를 보좌하는 대전(大典)을 경서를 이해하지 못하는 서리에게 맡기는 것이니, 호씨의 비판이 참으로 옳습니다. 서리가 경서에 통달하지 못하면 본디 율령을 맡아서는 안 되지만, 율의 명칭이나 조문에는 오히려 익숙한 데가 있습니다. 하지만 후세에 옥사를 무부(武夫)나 폐행(嬖幸)에게 맡기기까지 하였는데, 모두 법령에 무지하였습니다. 이는 형옥을 둔 것이 위세를 세워 사람을 제어하려

는 것이지, 교화를 돕고 정치를 보좌하는 것이 아니니, 진실로 성인(聖
人)이 형을 제정한 뜻이 아닌데, 또한 어찌 하늘이 유죄자를 토벌하는
공정함이겠습니까?

臣按: 衛覬欲立律博士, 是欲以國家弼教輔治之大典付之不通經之吏胥
也, 胡氏非之誠是矣. 夫吏胥之不通經, 固不可以掌律令, 然於律之名
例條貫猶其所習也, 而後世乃至以獄事付之武夫嬖幸, 則並法比之不知
焉, 則是設爲刑獄以立威制人, 非以弼教輔治也, 固非聖人制刑之意,
亦豈天討有罪之公哉?

당 태종(唐太宗)이 처음 즉위하여, 선거(選擧: 인재등용)를 성대히 열었다.
혹 거짓으로 음덕(蔭德)을 근거로 삼는 자도 있었는데, 상이 자수하도록
명하고 자수하지 않으면 사형에 처하였다. 얼마 후 허위 사실이 누설된
일이 있었다. 대리소경(大理少卿) 대주(戴胄)가 유형(流刑)으로 판단했다. 상
이 "짐이 자수하지 않으면 사형에 처한다고 칙서를 내렸는데, 지금 유형
으로 판단하였으니, 이는 천하에 불신을 보이는 것이다. 경은 옥사를 팔
았는가?"라고 하니, 대주가 "폐하께서 바로 죽이는 것은 신이 언급할 바
가 아니지만, 지금 담당관에게 맡겼으니, 신은 감히 법을 어길 수 없습니
다."라고 하였다. 상이 "경 자신은 법을 지키면서 나는 신뢰를 잃게 하려
는 것인가?"라고 하니, 대주가 "법이란 나라에서 천하에 중대한 신뢰를
펴는 방도이고, 말이란 당시 희로(喜怒)가 발동한 것일 뿐입니다. 폐하께
서 하루아침의 분노를 터뜨려 죽이고자 하는 것도 이미 불가하고, 유형
에 처하면 이는 작은 분노를 참고 중대한 신뢰를 보존하는 것입니다. 분

노를 따르고 신뢰를 어기는 일은 신이 폐하를 위하여 애석하게 생각합니다."라고 하니, 상이 "법에 잘못이 있으면 공이 바로잡을 것인데, 짐이 무엇을 걱정하겠는가."

唐太宗初卽位, 盛開選擧, 或有詐爲資蔭者, 上令自首, 不首者死, 俄有詐僞事泄, 大理少卿戴冑斷流, 上曰: "朕下敕不首者死, 今斷流, 是示天下以不信, 卿欲賣獄乎?" 冑曰: "陛下當卽殺之, 非臣所及, 旣付所司, 臣不敢虧法." 上曰: "卿自守法而令我失信邪?" 冑曰: "法者國之所以布大信於天下, 言者當時喜怒之所發耳, 陛下發一朝之忿而欲殺之, 旣而不可而置之於流, 此乃忍小忿而存大信也. 若順忿違信, 臣竊爲陛下惜之." 上曰: "法有所失, 公能正之, 朕何憂也."

신은 이렇게 생각합니다. 대주가 "폐하께서 바로 죽이는 것은 신이 언급할 바가 아닙니다."라고 한 것은, 잘못을 바로잡는 점에서 장석지(張釋之)와 같습니다. 그가 말한 "법이란 나라에서 천하에 중대한 신뢰를 펴는 방도이고, 말이란 일시 희로(喜怒)가 발동한 것일 뿐입니다. 폐하께서 하루아침의 분노를 터뜨려 죽이고자 하는 것도 이미 불가하고, 유형에 처하면 이는 작은 분노를 참고 중대한 신뢰를 보존하는 것입니다."라고 한 것은 명언입니다. 태종이 그에게 화를 내지 않았을 뿐 아니라 더욱이 장려하였으니, 진실로 정치를 잘하고 간언을 받아들인 군주로, 후대의 군주가 본보기로 삼아야 합니다.

신이 일찍이 이로 인해 논하였거니와, 국가의 법은 진실로 지키지 않으면 안 되지만, 군주의 말 또한 신뢰를 잃어서는 안 됩니다. 말이 한 번 신뢰를 잃으면 뒤에 아무리 말을 해도 남들이 믿지 않습니다. 그런데 군주의 신뢰를 보존하려다가 조종의 법에 방해가 된다면 어떻게 해야 하겠습니까? 남의 위에 있는 자는 심사숙고한 뒤에 말을 꺼내야 하고, 앞서 어긋남이 있으면 뒤에 계속하기 어려운 법이니, 단연코 입에서 꺼내지 말아야 합니다. 남의 신하가 된 자는 발언의 초기에 막아야 하고, 사안이 겉으로 드러나기를 기다리지 말아야 합니다. 이렇게 하면 그 임금이 과오를 저지르지 않게 할 수 있을 것입니다.

臣按: 冑謂陛下當卽殺之非臣所及, 其失正與張釋之同, 其所謂"法者所以布大信於天下而言者一時喜怒之所發, 陛下發一朝之忿而欲殺之, 旣而不可而置之於流, 此乃忍小忿而存大信"則名言也. 太宗不徒不怒之, 而且奬之, 眞好治納諫之主也, 後主宜法焉. 臣嘗因是而論之, 國家之法固不可以不守, 而人君之言亦不可以失信, 言一失信後雖有言人莫之信矣, 然而欲存人君之信, 而於祖宗之法則有妨焉, 如之何則可? 曰爲人上者當熟思審處而後發於言, 前有所違, 後難於繼, 斷然不出諸口也, 爲人臣者則當遏絕之於發言之初, 不待其形見於事爲之著, 如此, 則是能致其君於無過之地矣.

정관(貞觀) 초, 전중시어사 최인사(崔仁師)에게 청주(靑州) 모반 옥사를 조사하라고 조서를 내렸다. 최인사가 우두머리 10여 명에게 죄를 주는 데 그치고, 나머지는 모두 풀어 주었다. 대리소경 손복가(孫伏伽)가 최인사에게 말하기를 "족하가 평반(平反)[9]한 자가 많다. 인정에 누군들 살기를 탐하지 않겠는가. 함께 모반한 무리들이 모면하는 것을 보면 달갑게 여기지 않을 것이다."라고 하니, 최인사가 "무릇 옥사를 다스릴 때는 인서(仁恕)를 근본으로 해야 하니, 어찌 스스로 죄를 모면할 것을 고려하여 펴 주지 않겠는가. 만일 잘못된 판단으로 오류가 들어가 있다면, 이 몸 하나로 열 명의 죄수의 죽음과 바꾸는 것도 원하는 바이다."

貞觀初, 詔殿中侍御史崔仁師覆按靑州謀反獄, 仁師止坐其魁首十餘人, 餘皆釋之. 大理少卿孫伏伽謂仁師曰: "足下平反者衆, 人情誰不貪生, 恐見徒侶得免, 未肯甘心." 仁師曰: "凡治獄當以仁恕爲本, 豈可自規免罪而不爲伸邪? 萬一暗短誤有所中, 以一身易十囚之死亦所願也."

신은 이렇게 생각합니다. 최인사가 "무릇 옥사를 다스릴 때는 인서(仁恕)를 근본으로 해야 하니, 어찌 스스로 죄를 모면할 것을 고려하여 펴 주지 않겠는가."라고 말했거니와, 후세에 옥사를 다스리는 자가 왕왕 자기의 죄를 면하려고 꾀하여 남의 생사를 다시 돌아보지 않으니, 모두 최인사의 죄인입니다.

臣按: 崔仁師謂"治獄以仁恕爲本, 豈可自規免罪而不爲伸", 後世治獄者往往自規免己之罪, 不復顧人之死生, 皆仁師之罪人也.

---

9 평반(平反): 억울하게 잘못 판결한 옥사(獄事)를 다시 심리하여 바로잡는 일을 말한다.

당 태종 때, 대리소경 호연(胡演)이 매월 죄수 명단을 올렸다. 상이 열람하고 묻기를 "그동안 죄가 불쌍하여 용서할 만한 경우도 모두 율에 따라 처단했는가?"라고 하니, 대답하기를 "사정을 살펴 죄를 정하는 것은 신하가 감히 할 바가 아닙니다."라고 하였다. 상이 시신(侍臣)에게 말하기를 "옛사람이 말하기를 관(棺)을 파는 자는 그해에 전염병이 돌기를 바란다고 하였는데, 이는 사람을 해치려는 것이 아니라, 관을 파는 데서 이익을 얻으려고 하기 때문이다. 지금 법사에서 어떤 옥사를 심리할 때 반드시 매우 각박하게 하여 조사를 마치려고 하니, 이제 무슨 법을 만들어 공평하게 하겠는가?"라고 하니, 왕규(王珪)가 상주하기를 "단지 선량하고 공평하여 정당하게 옥사를 판단하는 자를 선발하여 상 주기만 하면 바로 간사함은 저절로 사라질 것입니다."라고 하니, 상이 좋게 여겼다.

太宗時, 大理少卿胡演進每月囚帳, 上覽焉, 問曰: "其間罪亦有情可矜容者, 皆以律斷?" 對曰: "原情定罪, 非臣下所敢." 上謂侍臣曰: "古人云鬻棺者欲歲之疫, 匪欲害人, 利欲售棺故爾. 今法司覆理一獄, 必求深劾, 欲成其考, 今作何法得使平允?" 王珪奏曰: "但選良善平恕·斷獄允當者賞之, 卽奸僞自息." 上善之.

신은 이렇게 생각합니다. 옥사를 공평하게 하고자 왕규는 선량하고 공평하여 정당하게 옥사를 판단하는 자를 선발하여 상 주려고 하였습니다. 신은 생각건대, 옥사를 판단하는 관리는 본디 선량하고 공평한 자를 선발하려고 하지만, 그 근본은 임금에게 달려 있습니다. 임금이 진실로 살리기를 좋아하는 마음을 보존하여, 공경하고 공경하여 형벌을 신중히 한다면,[10] 비록 상을 주지 않더라도 그들 또한 감히 매우 각박하지 못할 것입니다.

臣按: 欲得獄平允, 王珪欲選良善平恕·斷獄允當者賞之, 臣竊以爲斷獄之吏固欲選良善平恕者, 然其本則在人君焉. 人君苟存好生之心, 欽哉欽哉, 惟刑之恤, 雖不賞之, 彼亦不敢深刻矣.

당 태종이 일찍이 시신(侍臣)들과 옥사를 논의하였다. 위징(魏徵)이 말하기를 "양제(煬帝) 때 도둑이 발생한 적이 있었는데, 조금이라도 의심이 가면 모두 참하였는데, 모두 20여 명이었습니다. 대리승 장원제(張元濟)가 숫자가 많은 것을 괴이하게 여겨, 그 실상을 살펴보았는데, 그중 5명은 노적이었고 나머지는 모두 평민이었으나, 끝내 감히 상주하지 못하고 모두 죽였습니다."라고 하니, 태종이 "이 어찌 단지 양제가 무도해서 그렇겠는가? 그 신하들 또한 충성을 다하지 않은 것이다. 임금과 신하가 이와 같으니, 어떻게 망하지 않을 수 있겠는가. 공들은 경계하라."라고 하였다.

太宗嘗與侍臣論獄, 魏徵曰: "煬帝時嘗有盜發, 稍涉疑似悉令斬之, 凡二十餘人, 大理丞張元濟怪其多, 試尋其狀, 內五人嘗爲盜, 餘皆平民, 竟不敢執奏, 盡殺之." 太宗曰: "此豈惟煬帝無道, 其臣亦不盡忠, 君臣如此, 何得不亡? 公等戒之."

---

10 공경하고 … 한다면:《서경》〈순전(舜典)〉에 나오는 말이다.

신은 이렇게 생각합니다. 태종이 다른 일이 없을 때 신하들과 옥사를 논의했는데, 위징이 수 양제가 무도하게 사람을 죽였던 일을 언급했지만 태종은 신하의 불충을 책망했습니다. 또한 "임금과 신하가 이와 같으니, 어떻게 망하지 않을 수 있겠는가."라고 하였습니다. 아! 수나라의 군신(君臣)이 이와 같아서 망하였고, 당나라의 군신이 이와 같아서 흥하였으니, 후세 임금은 알아야만 할 것입니다.

> 臣按: 太宗無事時與群臣論獄, 魏徵論及隋煬之無道殺人, 而太宗責臣之不忠, 且曰: "君臣如此, 何得不亡." 噫, 隋之君臣如此所以亡, 唐之君臣如此所以興, 後世人主不可不知也.

무후(武后) 때, 만년 주부 서견(徐堅)이 상소하여 "《서경》에 5청(五聽)의 도리가 있고[11] 영(令)에는 3복(三覆)[12]을 아뢰는 내용이 적혀 있습니다. 칙령을 내릴 때, 조사하여 반란을 일으킨 경우 사실이 확인되면 바로 참하는 것으로 판결하는데, 인명은 지극히 중하고 죽으면 다시 살아나지 못하니, 만일 억울함을 품고 울음을 삼킨 채 적족(赤族)[13]을 당한다면 어찌 원통하지 않겠습니까? 이는 간역한 자를 엄숙히 하고 형법을 밝히기에

---

11 《서경》에 … 있고: 5청은 소송(訴訟)을 듣는 다섯 가지 방법이다. 곧 사청(辭聽: 말이 번거로우면 옳지 않은 증거), 색청(色聽: 옳지 않으면 얼굴빛이 발개짐), 기청(氣聽: 진실이 아닐 때 숨을 헐떡거림), 이청(耳聽: 진실이 아닐 때 제대로 듣지 못함), 목청(目聽: 눈동자를 살핌)을 가리킨다. 《周禮 秋官 小司寇》.

12 3복(三覆): 반복 심의하여 보고하는 것인데 사죄(死罪)에 대하여는 세 번 복심한다.

13 적족(赤族): 친족을 모조리 죽이는 형벌이다.

부족하고, 위복(威福)을 기르고 의구심을 낳기에 충분합니다. 신은 바라건대 이런 처분을 끊고 법에 따라 복주(覆奏)하게 하십시오. 또한 법관의 직임은 더욱 가려서 뽑아야 하니, 법을 관대하고 공평하게 적용하여 백성들이 칭송하는 자가 있으면 가까이 하여 임명하고, 사안 처리가 혹독하여 인망에 허락하지 않는 자는 멀리하여 물리치십시오."라고 하였다.

武后時, 萬年主簿徐堅上疏以爲: "《書》有五聽之道, 令著三覆之奏, 比有敕, 推按反者得實卽行斬決, 人命至重, 死不再生, 萬一懷枉, 呑聲赤族, 豈不痛哉? 此不足肅奸逆而明典刑, 適所以長威福而生疑懼, 臣望絶此處分, 依法覆奏. 又法官之任, 宜加簡擇, 有用法寬平爲百姓所稱者, 願親而任之; 有處事深酷不允人望者, 願疏而退之."

신은 이렇게 생각합니다. 서견이 "조사하여 반란을 일으킨 경우 사실이 확인되면 바로 참하는 것으로 판결하는 것은, 간역한 자를 엄숙히 하고 형법을 밝히기에 부족하고, 위복(威福)을 기르고 의구심을 낳기에 충분합니다."라고 하였는데, 반란 옥사 한 가지만 그런 것이 아닙니다. 무릇 임금이 사람을 등용하여 남의 과오를 규찰할 때, 전권(專權)을 위임하고 의심 없이 신임하면 모두 이런 폐단이 있습니다.

臣按: 徐堅謂推按反者卽行斬決, 不足肅奸逆而明典刑, 而適所以長威福而生疑懼, 非獨於反獄一事爲然, 凡人君用人糾察人過咎, 委任之專而信任之不疑, 皆有此弊.

무후 때, 자사 이행부(李行褒)가 혹리(酷吏)의 모함을 받았다. 추관 낭중 서유공(徐有功)이 굳게 논쟁했으므로 잡지 못하였다. 시랑 주흥(周興)이 상주하여 서유공이 일부러 반역 죄인을 내보냈으니 참하여야 한다고 하였다. 태후가 비록 허락하지는 않았으나, 그 관직은 면직하였다. 그렇지만 태후가 평소 서유공을 중하게 여겨, 얼마 있다가 다시 시어사로 기용하였다. 서유공이 땅에 엎드려 눈물을 흘리며 굳이 사양하기를 "사슴이 산속을 달리지만 운명은 푸줏간에 매달리는 것은 형세가 그러한 것입니다. 폐하께서 신을 법관으로 삼았으니, 신하는 감히 폐하의 법을 굽힐 수 없고, 필시 이 관직에 죽을 것입니다."라고 하니, 태후가 굳이 제수하였고, 원근에서 듣는 자들이 서로 축하하였다.

> 武后時, 刺史李行褒爲酷吏所陷, 秋官郎中徐有功固爭不能得, 侍郎周興奏有功故出反囚, 當斬. 太后雖不許, 亦免其官. 然太后雅重有功, 久之復起爲侍御史, 有功伏地流涕, 固辭曰: "臣聞鹿走山林而命縣庖廚, 勢使之然也. 陛下以臣爲法官, 臣不敢枉陛下法, 必死是官矣." 太后固授之, 遠近聞者相賀.

신은 이렇게 생각합니다. 서유공이 혹리에게 밀고를 당하여 죄에 얽혔을 때 홀로 공평함을 마음에 두었으니, 홀로 우뚝 서서 의지하지 않은 사람이라고 할 것입니다. 무후가 비록 여주(女主)이지만 또한 그 사람을 평소 중히 여겨 죽여야 하는데 살려 두고 폐한 뒤에 기용하고 굳게 사양하는데도 받아들였으니, 천리가 인심에 있고 민멸되지 않았음을 알 수 있습니다.

특히 신하가 뜻을 세운 것이 견고하지 못하고, 이치를 보는 것이 밝지 못하면, 남을 따르는 데서 잘못을 저지르고 자기를 위하는 데 절실할 뿐입니다. 후세 군주는 한번 그 사람을 폐하면 다시 기용하지 않고, 다시는 지난 일이 어떠한지 묻지 않았으니, 돌아보면 도리어 한 사람의 여주보다도 아래에 있는 셈입니다.

> 臣按: 有功當酷吏告密羅織之秋, 獨能以平恕爲心, 可謂特立不倚者矣. 武后雖女主, 然亦知雅重其人, 當死而生之, 旣廢而起之, 固辭而受之, 可見天理之在人心者未嘗泯, 特人臣立誌不堅, 見理不明, 過於徇人而切於爲己耳. 後世人主一廢其人卽不復用·不復問往事之如何, 顧反出一女主下哉.

무후 때, 법관들이 다투어 심히 혹독하였으나, 오직 사형승 서유공, 두경검만 공평하고 너그러웠다. 고발된 자들이 모두 "래(來)·후(侯)[14]를 만나면 반드시 죽을 것이고, 서·두를 만나면 반드시 살 것이다."라고 하였다.

> 武后時, 法官競爲深酷, 惟司刑丞徐有功·杜景儉獨存平恕, 被告者皆曰: "遇來·侯必死, 遇徐·杜必生."

---

14 래(來)·후(侯): 당(唐)나라 측천무후(則天武后) 때 악명이 높던 형관(刑官)들이다. 내준신(來俊臣)과 후사정(侯思正)이다. 《신당서(新唐書)》 권209 〈혹리열전(酷吏列傳)〉.

270

신은 이렇게 생각합니다. 무후의 혹리가 지나치게 잔학했을 때, 서유공과 두경검만 어질고 너그러웠으니, 여기서 인심의 천리를 비록 포학한 군주도 가지고 있음을 알 수 있습니다. 다만 형을 맡은 신하가 정의를 잡고 법을 지키지 못할 뿐입니다.

> 臣按: 當武后酷吏淫虐之時, 而徐有功·杜景儉獨存仁恕, 是知人心之天理, 雖以暴虐之君, 無不有之, 但掌刑之臣不能執正守法耳.

송 태종(宋太宗) 태평흥국 3년, 처음 유사(儒士)를 등용하여 사리판관으로 삼았다.

> 宋太宗太平興國三年, 始用儒士爲司理判官.

신은 이렇게 생각합니다. 주군(州郡)에서 관직을 설치하고 형벌을 다스리는 것은 또한 《주관(周官)》의 향사(鄕士)·현사(縣士)의 부류와 같습니다. 그렇지만 사(士)라고 부르는 것은 형옥이 인명이 달린 일이기 때문에 서리에게 전적으로 맡길 수 없기 때문입니다. 사는 책을 읽어 의리를 알기 때문에 법을 지킬 수 있을 뿐 아니라, 또 법외의 사정을 추론하고 이치를 살필 수 있으며, 차마 사람을 죄도 없이 죽게 하지 않기 때문입니다.

명분은 이익보다 중하니, 서리들이 법례를 깊이 이해한 뒤에 법을 알 수 있다고 말하지만 법 밖의 뜻은 알지 못합니다. 진실로 옥사의 조문은 갖추어졌지만 죄에 대한 책임은 충분하지 않고, 사람들의 억울함 여부는 고려하지 않습니다. 송 태동이 처음 사인(士人)을 등용하여 사리판관을 삼았으니, 이는 성주(成周)의 제도와 부합합니다.

臣按: 州郡設官理刑亦猶周官鄕士·縣士之比, 然謂之士者, 以刑獄人命所係, 不可專委之吏胥. 士讀書知義理, 不徒能守法, 而又能於法外推情察理, 而不忍致人無罪而就死地, 名重於利, 吏胥雖曰深於法比, 然後能知法也, 而不知有法外意, 苟獄文具而罪責不及已足矣, 而人之冤否不恤也. 宋太宗始用士人爲司理判官, 其有合成周之制歟.

순화(淳化) 원년(990), 형부(刑部)에 상복관(詳覆官) 6명을 정원으로 두이, 오로지 천하에서 올린 문서를 열람하고, 다시 공식으로 국옥 관리에게 보내지 말라고 명하였다. 어사대에 추감관(推勘官) 20인을 두어, 모두 경조관(京朝官)으로 채우고, 여러 주에 큰 옥사가 있으면 승전(乘傳)이 가서 옥사를 국문하였다. 인사하는 날 상이 반드시 임하여 유지를 보내 "옥사를 만연하지 말고 적체하지 말라."라고 하며 혹 더러 장비와 여비를 하사했다. 돌아오면 반드시 불러 보고 조사한 사실을 묻고 정령(定令)을 저술하였다.

淳化元年, 令刑部定置詳覆官六員, 專閱天下所上案牘, 勿復公遣鞫獄吏. 置御史台推勘官二十人, 並以京朝官充, 若諸州有大獄則乘傳就鞫獄, 辭日上必臨遣諭旨曰"無滋蔓, 無留滯", 或賜以裝錢, 還必召見, 問以所推事狀, 著爲定令.

신은 이렇게 생각합니다. 송나라는 법사의 고정 인원 외에 전담관이 천하에서 올린 문서를 열람하게 했습니다. 큰 옥사를 조사할 때는 황제가 파견할 때에 반드시 유지와 하사품을 넉넉히 주었고, 일을 마치면 또 불러 들었습니다. 임금이 옥사에 이토록 유념했으니, 명을 받아 조사하고 다스리는 자가 마음을 다하지 않겠습니까?

> 臣按: 宋於法司常員之外, 專置官以閱天下所上案牘, 及推勘大獄, 臨遣必諭旨優賜, 竣事又召見請問, 人君留心獄事如此, 奉命以推治者其有不盡心者乎?

순화 2년(991), 제로(諸路)에 제점형옥사(提點刑獄司)를 두고, 상참관이 주관하라고 명하였다. 무릇 관내 주부(州府)는 열흘에 한 번 죄수 명단을 갖추어 보고하고, 미결된 의옥(疑獄)이 있으면 즉시 전령을 보내 가서 보았으므로 주군에서 감히 큰 옥사를 미루면서 오래 해결하지 않거나, 치우친 말로 조사하여 사정이 실제를 얻지 못하는 등 관리가 마음대로 한 경우는 모두 보고하였다.

> 二年, 置諸路提點刑獄司, 命常參官主之, 凡官內州府十日一具囚帳供報, 有疑獄未決者卽馳傳往視之, 州郡敢積稽留大獄久而不解及以偏辭按讞情不得實並官吏用情者, 悉以聞.

신은 이렇게 생각합니다. 후세에 번방(藩方)에 관직을 두어 형을 맡긴

것이 여기에 근본이 있습니다. 송나라에는 제점형옥사가 있었고, 원
(元)나라에는 숙정렴방사(肅政廉訪司)가 있었으며, 우리나라에서는 번방
에 각각 제형안찰사(提刑按察司)를 두었는데, 모두 13곳입니다.

臣按: 後世於藩方設官司刑本此. 在宋爲提點刑獄司, 在元爲肅政廉訪
司, 本朝於藩方各置提刑按察司, 凡十有三處.

이해에 처음 궁궐 안에 심형원(審刑院)을 만들어, 상의관 6원을 겸직으
로 두었다. 모든 옥사는 갖추어 상주하되, 먼저 심형원을 거쳐 확인이 끝
나면 대리시와 형부에 부쳐 판단하고 보고하였다. 이어 심형원에 내려
상의하게 하고, 심리하여 판결이 끝난 뒤 중서성에 부치고 바로 내렸다.
허가를 받지 못한 것은 재상이 심리하여 보고하고 명대로 논하여 결정하
였다.

是年始制審刑院於禁中, 兼置詳議官六員, 凡獄具上奏先由審刑院印訖以
付大理寺·刑部斷覆以聞, 乃下審刑詳議, 申覆裁決訖以付中書省, 當卽下
之. 其未允者, 宰相覆以聞, 如命論決.

신은 이렇게 생각합니다. 송나라 제도에 바로 형부와 대리시가 있었
는데, 또 심형원을 궁궐에 두었으니, 사안은 상세하게 살피겠지만 중
복이 없을 수 없었습니다. 우리나라에서는 옥사가 있으면 먼저 형부
와 도찰원을 거쳐 국문한 뒤에 대리시에 보냈습니다. 허가를 받지 못

한 것이 있으면 논박하여 돌려보내 다시 심문하였고, 허가를 받은 뒤에 심문하였으며, 상주한 뒤 황제의 뜻을 받았으니, 사체가 하나로 모아져 만세의 떳떳한 제도라고 하겠습니다.

臣按: 宋制卽有刑部·大理寺, 而又立審刑院於禁中, 事雖詳審, 然不無重復. 本朝有獄事先由刑部·都察院鞫問, 然後送大理寺, 有不允者駁回再問, 旣允然後問, 聞奏取旨, 事體歸一, 可爲萬世彛典.

송 진종(宋眞宗) 경덕(景德) 4년(1007), 다시 제로에 제점형옥관을 두었다. 이에 앞서, 황제가 '손수 쓴 여섯 가지 일'을 내놓았는데, 첫째가 백성들의 어려움을 부지런히 살피라는 것이었다. 우려했던 점은 사방의 형옥관이 인재를 얻지 못하여 한 사람이라도 억울한 일을 당하게 되면 바로 재해를 불러온다는 것이었다. 선제(先帝)가 조정 신하를 선발하여 제로(諸路) 제점형옥으로 삼은 적이 있었는데, 지금 다시 두고 이어 사신(使臣)이 보좌하게 했으며, 장춘전(長春殿)에서 불러 만난 뒤 파견했다.

眞宗景德四年, 復置諸路提點刑獄官. 先是, 帝出筆記六事, 其一曰勤恤民隱, 所慮四方刑獄官吏未盡得人, 一夫受冤卽召災沴. 先帝嘗選朝臣爲諸路提點刑獄, 今可復置, 仍以使臣副之, 引對於長春殿遣之.

신은 이렇게 생각합니다. 송 태종(宋太宗)이 처음 제로에 제점형옥을 두었는데, 얼마 있다가 혁파하였다가 이때 이르러 다시 설치하였습니다. 우리나라에서 제형안찰사를 두었는데, 그 직책은 비록 한 도 (道)의 관리를 규찰하는 것이고 형벌만 전담하는 것은 아니었지만, '제형'이라는 관직 이름이 들어갔으니, 본디 비중은 여기에 있는 것입니다.

臣按: 宋太宗始置諸路提點刑獄, 旣而罷之, 至是復置. 本朝置提刑按察司, 其職雖糾察一道官吏, 不專於刑, 然以提刑入銜則固重在此也.

송 신종(宋神宗) 희녕(熙寧) 7년(1074), 율학을 두고 교수공을 세워, 습율령생원의(習律令生員義)를 세 차례 시험하였다. 이에 앞서 형법을 두어 그 고시에 등급을 두었는데, 관방은 여러 과법(科法)과 같았다.

神宗熙寧七年, 置律學設, 教授公試習律令生員義三道. 先是置刑法科其考試, 關防如諸科法.

사마광(司馬光)이 말하였다.

"율령격식(律令格式)은 모두 관직을 맡은 자가 지켜야 하니, 어찌 굳이 명법(明法) 한 과를 두어 사(士)가 참예하여 익혀야 하는가? 무릇 예(禮)가 떠난 자리에 형(刑)이 자리를 차지하는 법이다. 사가 과연 도를 안다면 또한 저절로 법률과 은연 중 부합할 것이고, 알지 못한다면 그저 매일 도유교참(徒流絞斬)[15]의 책이나 외우고 단련문치(鍛煉文致)[16]하는 일이나 연습할 것이니, 사가 이미 각박해졌다면 정무를 보는 데 어찌

276

순량하겠는가? 이는 길게 인재를 배양하고 풍속을 두터이 할 방도가
아니다."

司馬光曰: "律令格式皆當官者所須, 何必置明法一科使爲士者豫習之?
夫禮之所去, 刑之所取, 爲士者果能知道, 又自與法律冥合, 若其不知,
但日誦徒流絞斬之書·習鍛煉文致之事, 爲士已成刻薄, 從政豈有循良?
非所以長育人才·厚風俗也."

신은 이렇게 생각합니다. 수나라 사람들부터 율문을 지을 때 8자를
규례로 삼아, 마침내 문장은 심오하나 뜻은 모호하게 되었으니, 옛사
람이 사람들에게 쉽게 이해하고 범하기 어렵게 하던 뜻을 매우 잃었
습니다. 이제부터 율문은 사실을 상세히 하되 그 문장은 쉽게 하여,
무릇 그 죄명(罪名)의 경중, 결장(決杖)의 다소는 모두 명백하게, 상세히
기재하여야 합니다. 문서를 간결하게 하는 번거로움을 싫어하지 말
아야 하고, 문장 표현의 중복을 애석해하지 말아서, 검열할 때 눈에
명확히 들어오고 마음에 선명해야 하니, 굳이 문장에 깊이가 있는 자
인 뒤에 이해해서는 안 되며, 눈이 있는 사람이라면 대략 문장의 뜻을
알고 다 깨우쳐야 합니다.

　이와 같다면 어찌 관립 학교를 세우고 입법을 가르치며, 고시의 등

15　도유교참(徒流絞斬): 형법서를 말한다. 태(笞)·장(杖)·도(徒)·유(流)·사(死)의 오형 가운데 도
　　형은 반년씩의 차이를 두어 1년~3년, 유형은 5백 리씩 차를 두어 2천 리~3천 리의 3등급의
　　형이 있다. 사형은 교(絞)와 참(斬)의 2종으로 나누고 있다. 《대명률(大明律)》〈오형(五刑)〉.
16　단련문치(鍛煉文致): 죄인을 심문하고 조사서, 진술서를 꾸미는 일을 말한다.

급을 만들어 임용하겠습니까? 오직 사인 가운데 경술에 통달하고 도리를 아는 사람을 시켜, 형옥에서 율문을 보고 죄를 처결해야 하는데 율문에 실려 있지 않거나 의심스러운 것은 경서를 인용하여 옥사를 판단하고 상에게 결재를 받으면 될 것입니다.

臣按: 自隋人作律以八字爲義例, 遂致文深而義晦, 甚失古人使人易曉難犯之意. 今後律文宜詳備其事·淺易其文, 凡其罪名輕重·決杖多寡, 皆須明白詳載, 不厭簡帙之繁, 不惜文辭之複, 使檢閱之間粲然於目·灼然在心, 不必深於文墨者然後曉之, 凡有目者粗知文義無不曉然也. 如此, 何用說官敎訓立法, 考試設科取用爲哉? 惟用士人之通經術·知道誼者爲之, 遇有刑獄按律處罪, 律所不載及有可疑者引經斷獄, 取裁於上可也.

이상은 '옥을 담당하는 관원을 선발함'이다.

以上簡典獄之官

대학연의보
(大學衍義補)

—

권112

치국평천하의 요체[治國平天下之要]

형법을 신중히 함[愼刑憲]

공경스럽고 신중한 마음을 보존함[存欽恤之心]

《서경》〈순전(舜典)〉에서 말하였다.

공경하고 공경하여 형벌을 신중히 하라.

《舜典》: 欽哉欽哉, 惟刑之恤哉.

공영달(孔穎達)이 말하였다.

"이 경(經)의 두 구절은 순(舜)의 말이다. 순이 이 전형(典刑)을 제정하고 또 전형의 의의를 천하의 백관들에게 경계하여, 공경하라 공경하라, 이 형벌의 사안이 가장 우려된다고 하였다. 이 형벌을 우려하는 것은 남형(濫刑)의 잘못이 있을까 걱정하여 중용을 얻고자 한 것이다."

주희(朱熹)가 말하였다.[1]

"대부분 사람들이 휼(恤)자를 관대하고 불쌍히 여긴다[寬恤]는 뜻으
로 푸는데, 내 생각은 그렇지 않다. 만일 관휼로 쓴다면, 죽임을 당한
사람은 목숨을 보상받을 수 없으니, 죽은 사람이 무슨 죄라는 말인
가? 대체로 이 설명은 형벌이 백성들의 목숨을 다루는 일이므로 신중
하지 않을 수 없다. 예를 들면 '잘린 것은 다시 붙일 수 없다'는 것이
바로 긍휼(矜恤)의 휼이다."

또 말하였다.

"지금의 법가(法家)는 대부분 인과응보의 설에 미혹되었기 때문에
남의 죄를 덜어 내서 복을 구하는 경우가 많다. 그러나 죄가 없는 사

---

1   주희(朱熹)가 말하였다: 《주자대전(朱子大全)》 권67 〈순전상형설(舜典象刑說)〉에 나온다.

람이 진실을 얻지 못하고, 죄를 지은 자가 도리어 풀려나게 하는 것은 이야말로 악을 행하는 것일 뿐이니 무슨 복을 받는 일이 있겠는가. 《서경》에서 이른바 '공경히 하여 형벌을 신중히 하였다.[欽恤]'고 한 것은 바로 시비곡직을 자세히 살펴 죄를 지은 자는 요행으로 벗어나지 못하게 하고, 죄가 없는 자가 남형을 당하지 않도록 하기 위한 것이다.

　지금의 법관은 '공경히 하여 형벌을 신중히 한다'는 설에 미혹되어, 사람들의 죄를 덜어 내어 법에서 벗어나게 해 주어야 한다고 생각한다. 그래서 마땅히 죽여야 할 죄를 지은 자에 대하여 대부분 벗어날 방도를 만들어 주재(奏裁: 상주한 뒤 재결함)를 기다리지 않는 경우가 없으니, 이미 '주재하였다'고 하면 대체로 감등(減等)되어 참수형에 해당하는 사람은 유배형으로, 유배형은 도형(徒刑)으로, 도형은 장형(杖刑)으로, 장형은 태형(笞刑)으로 감등된다. 이는 바로 법 규정을 희롱하는 것이며 법을 무시하고 뇌물을 받는 것이니, 무슨 공경히 하여 형벌을 신중히 하는 일이 있단 말인가."

又曰: "今之法家多惑於報應禍福之說, 故多出人罪以求福報, 夫使無罪者不得直而有罪者反得釋, 是乃所以爲惡耳, 何福報之有?《書》所謂欽恤雲者, 正以詳審曲直, 令有罪者不得幸免, 而無罪者不得濫刑也. 今之法官惑於欽恤之說, 以爲當出人之罪而出其法, 故凡罪之當殺者莫不多爲可出之塗以俟奏裁, 旣云奏裁則大率減等, 當斬者配·當配者徒·當徒者杖·當杖者笞, 是乃賣弄條貫侮法而受賕者耳, 何欽恤之有?"

신은 이렇게 생각합니다. 제순(帝舜)의 마음에는 공경하지 않은 데가 없었지만 형벌에는 더욱 공경하였습니다. 그러므로 단지 '공경[欽]'이라고만 말하지 않고 또 '할진저[哉]'라고 말하여 찬탄을 그치지 않았습니다. 한마디에 그치지 않고 다시 말했으니, 공경이 공경하지 않으면 안 됨을 밝혀 그 정녕 반복하는 뜻을 다한 것입니다. 이 경은 제요(帝堯)의 '공경스럽고 밝음[欽明]'[2]에서 왔으며, 제순이 요의 지위에 있고 요의 마음을 본받아, 천하의 사업이나 천하 백성들에게 공경하고 삼가지 않은 일이 없었습니다.

형벌은 제요가 맡긴 일인데, 백성들이 불행히 형벌에 빠지면, 지체(肢體)가 이 때문에 다치게 되고, 목숨이 이 때문에 잃게 되므로, 여기에서 더욱 공경하고 삼가야 할 일입니다. 그래서 공경하고 또 공경하라고 긴곡해 마지않았으니, 오직 형벌을 걱정한 것입니다. '오직[惟]'이라고 말한 것은 여기에 조심하여 다른 일에 미치지 말고, 여기에 간절하여 혹 틈이 없어야 한다는 뜻입니다. '휼(恤)' 자에 대해 채침(蔡沈)의 주석에 해석이 없으나, 주자(朱子)는 휼이 관휼(寬恤)이 아니라고 했습니다. 그렇지만 주자 이전에 공씨는 《정의(正義)》에서 이미 '걱정한다[憂念]'로 풀이하였으니, 천 년 뒤에 제요의 마음을 이해했다고 하겠습니다.

臣按: 帝舜之心無所不用其敬, 而於刑尤加敬焉, 故不徒曰欽而又曰哉

---

2 공경스럽고 밝음[欽明]: 《서경》〈요전(堯典)〉에 "옛 제요를 상고하건대, 방훈(放動)이시니, 공경하고 밝으며 문채롭고 생각함이 편안하고 편안하시다.[曰若稽古帝堯, 曰放動, 欽明文思安安.]" 하였다.

者, 贊歎之不已也, 不止一言而再言之, 所以明敬之不可不敬, 以致其丁
寧反覆之意也. 是敬也, 蓋自帝堯欽明中來, 帝舜居堯之位·體堯之心,
於凡天下之事·天下之民, 無有不敬謹者矣. 若夫刑者, 帝堯所付之, 民
不幸而入其中, 肢體將於是乎殘·性命將於是乎殞, 於此尤在所當敬謹
者焉. 是以敬而又敬, 惓惓不已, 惟刑之憂念耳. 謂之惟者, 顒顒乎此
而不及乎他, 切切乎此而無或間也. 恤字蔡傳無解, 朱子謂恤不是寬恤,
然朱子之前孔氏《正義》已解爲憂念, 可謂得帝舜之心於千載之下也夫.

한 효문제(漢孝文帝)는 금망(禁網)이 소활하였다. 장석지(張釋之)를 선발하
여 정위로 삼았는데, 죄가 의심스러운 것은 백성들의 주장을 따랐으므로
형벌이 너무 줄어들어 옥사 결정이 4백 건에 이르렀고, 형벌을 놓아두고
【조(錯)는 두다[措]이다.】 쓰지 않는 풍조가 있었다.

漢孝文帝禁網疏闊, 選釋之爲廷尉, 罪疑者予民, 是以刑罰太省, 至於斷獄
四百, 有刑錯【措同】之風焉.

신은 이렇게 생각합니다. 문제가 장석지를 등용하여 정위로 삼고,
죄가 의심스러운 것은 백성들의 주장을 따랐으므로 형벌이 너무 줄
어들어 거의 형벌을 놓아두고 쓰지 않게 되었으니, 삼대(三代) 이하 인
후(仁厚)하다고 일컬어지는 군주는 반드시 지지할 것입니다. 《중용(中
庸)》에 "정치는 인재를 얻는 데 달렸고, 인재를 얻으려면 내 몸을 먼저

닦는다.[爲政在人, 取人以身.]"라고 하였는데, 반드시 금망이 소활한 군주가 있은 뒤에야 그 신하가 감히 그 죄의 의심스러운 것을 백성들의 주장에 따르기 때문에 '그런 임금이 있어야 그런 신하가 있다'고 한 것입니다.

臣按: 文帝用張釋之爲廷尉, 罪疑者予民, 是以刑罰太省, 幾至刑措. 噫, 文帝用一張釋之而幾致於刑措, 三代以下稱仁厚之君必歸焉, 《中庸》曰"爲政在人, 取人以身." 蓋必有禁網疏闊之君, 然後其臣敢以其罪之疑者而予民, 故曰有是君則有是臣.

한 선제(漢宣帝) 지절(地節) 4년(기원전 66), 조칙을 내려 "영갑(令甲)은 죽은 자를 살리지 못하고, 형벌을 쉬게 할 수 없으니, 이것이 선제께서 무겁게 생각한 바인데 관리들이 아직 미흡하다. 지금 갇힌 자들이 혹 허물 때문에 만일 옥중에서 굶주림과 추위에 병들어 죽는다면, 얼마나 마음 씀씀이가 사람의 도리에 거슬리겠는가? 짐이 매우 통탄스럽다. 군국(郡國)에 명하여 매년 갇힌 죄수 가운데 태형을 받아 죽었거나 병들어 죽은 자들의 연좌된 죄명, 현(縣), 작(爵), 리(里)를 승상과 어사에게 올리게 하고, 고과를 매겨 보고하라."라고 하였다.

宣帝地節四年, 詔曰: "令甲, 死者不可生, 刑者不可息, 此先帝之所重而吏未稱. 今繫者或以掠辜, 若饑寒瘐死獄中, 何用心逆人道也? 朕甚痛之. 其令郡國歲上繫囚以掠笞若瘐死者所坐名·縣·爵·里, 丞相·御史課殿最以聞."

신은 이렇게 생각합니다. 한나라 때 군주는 선제가 가장 가혹했는데도 오히려 이런 조서를 내렸고, 또 "갇힌 자들이 혹 허물 때문에 만일 옥중에서 굶주림과 추위에 병들어 죽는다면, 군국(郡國)에 명하여 매년 갇힌 죄수 가운데 태형을 받아 죽었거나 병들어 죽은 자들의 연좌된 죄명, 현(縣), 작(爵), 리(里)를 승상과 어사에게 올리게 하고, 고과를 매겨 보고하라."라고 했습니다.

아! 궁전 속에 거처하면서 영어(囹圄: 감옥)의 고통을 생각하고, 한가한 데 살면서 곤액에 처한 사람을 염두에 두었으니, 임금의 마음가짐이 이와 같은데 상천(上天)이 어찌 돕지 않겠습니까? 한나라는 고대와 멀지 않아서 시행한 바가 대부분 인정(仁政)이었습니다. 그렇지만 이러한 때에 조(趙)·개(蓋)·한(韓)·양(楊)이 제 죽음을 못하였으니, 사람들은 모두 황제의 가혹함에 원망을 돌렸습니다.[3] 이해와 원강(元康) 4년(기원전 62)에 기로(耆老)를 염려하는 조칙을 보면 황제의 마음을 알 수 있습니다. 이와 같은 군주가 있었는데, 우정국(于定國)[4]이 그 선한 마음을 확충시켜 도(道)로 인도하지 못하였으니, 어찌 애석하지 않겠습니까?

---

3 조(趙) … 돌렸습니다: 선제는 탁월한 능력으로 백성들을 잘 다스렸던 조광한(趙廣漢)과 한연수(韓延壽) 및 강직한 성품으로 황제에게 직언한 개관요(蓋寬饒)와 양운(楊惲)을 죽였다. 사마광은 선제의 업적이 뛰어난 것은 인정할 수 있지만 지나치게 엄격한 법 적용으로 뛰어난 인재들을 희생시킨 것에 대해서는 비판하였다. 《자치통감(資治通鑑)》 권27 〈한기(漢紀) 19 중종효선황제 하(中宗孝宣皇帝下)〉.

4 우정국(于定國): 우정국은 한 선제(漢宣帝) 때 승상(丞相)을 지내고 후에 서평후(西平侯)로 봉해졌다. 그는 정위(廷尉)로 발탁되자 옥사를 공정하게 처리하여 그의 관결에 대해서는 "사람들이 원망하지 않는다."라는 평을 받았다. 《한서(漢書)》 권71 〈우정국전(于定國傳)〉.

臣按: 漢世人君, 宣帝最爲苛急, 然猶下此詔, 且謂係者或以掠辜, 若饑
寒瘐死獄中, 令郡國歲上繫囚以掠笞者瘐死者所坐名·縣·爵·里以爲
殿最. 噫, 居宮殿之中而思囹圄之苦, 處淸閑之地而念困厄之人, 人君
宅心如是, 上天豈不祐之哉? 漢去古不遠, 所行多仁政, 然當是時趙·
蓋·韓·楊之不得其死, 人皆歸咎於帝之苛急, 及觀是年及元康四年念
耆老之詔, 則帝之心可知矣. 有君如此, 而于定國不能擴充其善心而引
之當道, 豈不可惜哉.

한 명제(漢明帝) 때, 초왕 영(楚王英)이 모역죄로 죽었다. 초나라 옥사를
몇 년 동안 끝까지 다스려 무리에 연루된 자가 매우 많았다. 한랑(寒朗)이
그 원통함을 말하자, 황제가 직접 낙양(洛陽)의 옥으로 가서 죄수들을 기
록하고 심리하여 천여 명을 내보냈다. 이때 날씨가 가물었는데 바로 큰
비가 내렸다. 마후(馬后)[5] 또한 언급하니, 황제가 측은히 깨닫고 밤에 일어
나 방황하였는데, 이 때문에 대부분 사면령을 내렸다.

明帝時, 楚王英以謀逆死, 窮治楚獄累年, 坐徙者甚衆. 寒朗言其冤, 帝自
幸洛陽獄錄囚徒, 理出千餘人. 時天旱卽大雨, 馬後亦以爲言, 帝惻然感悟,
夜起彷徨, 由是多降宥.

---

5 마후(馬后): 후한 명제(後漢明帝)의 후비(后妃)인 명덕황후(明德皇后) 마씨(馬氏)로, 역대의 황후
   들 가운데 덕이 으뜸이었다고 한다.

신은 이렇게 생각합니다. 한 명제는 형벌 처리를 잘하여 법령이 분명하였고 날이 늦도록 조정에 앉아서 원통함과 억울함을 반드시 알아내었고 옥사를 결단할 때 실정을 얻어서 형벌이 전대에 비하여 10분의 2라고 했습니다. 임금은 다스릴 때 적절한 인물을 등용하는 것이 귀하니, 신하의 능력은 곧 임금의 능력이고, 정치가 반드시 자기에게서 나오지 않는 법입니다. 명제가 형벌 처리를 잘한 것은 귀할 것이 없습니다만, 원통함과 억울함을 반드시 알아낸 것과 초나라 옥사의 원통함을 듣고 밤에 일어나 방황한 것은 선왕(先王)의 차마 남에게 하지 못하는 인(仁)이니, 이는 귀한 것입니다. 임금이 명제가 밤에 일어나 방황했던 마음을 보존하여 형옥을 근심한다면, 비록 반드시 스스로 형벌 처리를 잘하지 않더라도 마땅한 사람에게 맡길 수 있고, 좌우에 가리지 않게 될 것이니, 억울함과 원통함을 다 알아낼 것입니다.

臣按: 史言明帝善刑理, 法令分明, 日晏坐朝, 幽枉必達, 斷獄得情, 號居前代十二. 夫人君爲治貴於用得其人, 臣之能卽君之能也, 政不必自己出也. 明帝善刑理不足貴也, 然能幽枉必達, 及聞楚獄之冤夜起彷徨, 則先王不忍人之仁也, 是則可貴耳. 人君苟存明帝夜起彷徨之心以恤刑獄, 雖不必自善刑理, 而能委任得人而不爲左右之所蒙蔽, 則幽枉無不達矣.

한 장제(漢章帝) 원화(元和) 3년(86), 조칙을 내려 "'아비가 자애롭지 않고 자식이 효성스럽지 않으며, 형이 우애롭지 않고 동생이 공손하지 않으면, 서로 미칠 수 없다.'라고 했으니, 지난번 요사한 말로 인한 큰 옥사가 광범위하게 미쳤다. 한 사람의 범죄로 삼족(三族)까지 금지하여 왕조(王朝)에서 관을 쓰고 벼슬할 수 없나니, 현명한 재능이 있는데도 죽을 때까지 등용되지 못하는 것을 짐이 매우 불쌍하게 여기며 이른바 함께 새로운 시대를 여는 것이 아니다. 청컨대, 이전의 요악함으로 금고된 자는 모두 견감하여 풀어 주고, 허물을 버릴 길을 밝히되, 다만 숙위(宿衛)에 있게 할 수는 없다."라고 하였다.

章帝元和三年, 詔曰: "'父不慈, 子不孝, 兄不友, 弟不恭, 不相及也', 往者妖言大獄, 所及廣遠, 一人犯罪, 禁至三屬, 莫得垂緌仕宦王朝, 如有賢才而沒齒無用, 朕甚憐之, 非所謂與之更始也. 請以前妖惡禁錮者一皆蠲除之, 以明棄咎之路, 但不得在宿衛而已."

신은 이렇게 생각합니다. 한 사람의 범죄로 삼족까지 왕조에서 벼슬할 수 없는 것은 진실로 성세(聖世)에 죄인을 연좌하지 않는 뜻이 아닙니다. 송 휘종(宋徽宗) 때 당인(黨人)의 자손에 대해 조정에 벼슬을 허락하지 않는 금법이 있었는데, 장제의 이 조칙에 비하면 부끄러움이 있습니다.

臣按: 一人犯罪禁至三屬不得仕宦王朝, 固非聖世罪人不孥之意, 宋徽宗時有黨人子孫不許內仕之禁, 其視章帝此詔有愧矣.

당나라 제도에, 죄수가 이미 형벌을 받았으면, 친속이 없는 자에게는 관을 짜서 지급하여 경성(京城) 7리 밖에 안장하였고, 무덤에 비명이 있었으며 위에 방(榜)을 게시하여, 집안사람들이 가져다 장례지내도록 하였다.

> 唐制, 凡囚已刑, 無親屬者將作給棺瘞於京城七里外, 壙有磚銘, 上揭以榜, 家人得取以葬.

신은 이렇게 생각합니다. 이 또한 당나라 사람의 어질고 용서하는 정치입니다.

> 臣按: 此亦唐人仁恕之政.

당 태종(唐太宗)이 친히 죄수를 기록하여, 사죄(死罪) 3백 9십 명을 풀어주어 귀가시켰으며, 이듬해 가을을 기약하여 즉각 형벌을 가하기로 했는데, 기약대로 모두 오자 사면하였다.

> 太宗親錄囚徒, 縱死罪三百九十人歸家, 期以明年秋卽刑, 如期皆來, 乃赦之.

구양수(歐陽修)가 말하였다.

"신의는 군자에게 행해지고 형륙은 소인에게 행해진다. 형벌이 사형에 처하는 데 해당되는 자는 죄가 크고 악행이 극도에 이른 것이니,

이는 소인 중에도 더욱 심한 자이다. 차라리 의(義)에 따라 죽을지언정 구차히 요행으로 살려고 하지 않고 죽음 보기를 돌아가듯 하였으니, 이 또한 군자도 더욱 어렵게 여기는 일이다. 태종이 대벽(大辟) 죄인 3백여 명을 적어 놓고, 풀어 주어 집으로 돌아가게 했다가 그들이 스스로 돌아와 죽음에 나아가도록 기약하였으니, 이는 군자(君子)도 하기 어려운 것을 소인 중에서도 특히 심한 자에게 반드시 해내라고 요구한 것이다. 그런데 그 죄수들이 기일에 맞춰 스스로 돌아왔으니, 이는 군자가 하기 어려운 일인데 소인은 쉽게 행하였으니, 이 어찌 인정에 가깝겠는가. 그렇다면 어떻게 해야 되겠는가?

뇌주었다가 돌아오거든 죽이고 용서하지 말아야 하고, 또 뇌주었는데도 다시 온다면 은덕의 소치임을 알 수 있지만, 이는 필시 있을 수 없는 일이다. 뇌주었다가 돌아옴에 죄를 용서해 주는 것으로 말하면 우연히 어쩌다 한 번 할 뿐이다. 만일 여러 번 이렇게 한다면 사람을 죽인 자가 모두 죽지 않을 것이니, 이것이 천하의 떳떳한 법이 될 수 있겠는가. 떳떳한 법이 될 수 없는 것이 어찌 성인(聖人)의 법이겠는가. 그러므로 요순(堯·舜)과 삼왕(三王)의 정치는 반드시 인정(人情)에 근본을 두었고, 특이한 것을 높이 치지 않고 인정을 거슬러 명예를 구하지 않았다."

歐陽修曰: "信義加於君子而刑戮施於小人, 刑入於死者乃罪大惡極, 此又小人之尤者也, 寧以義死不苟幸生而視死如歸, 此又君子之尤難者也. 太宗錄大辟囚三百餘人, 縱使還家, 約其自歸以就死, 是以君子之難能責其小人之尤者以必能也, 其囚及期而自歸者, 是君子之所難而小人之所易也, 此豈近於人情哉, 然則何爲而可? 曰縱而來歸, 殺之無赦,而又縱之而又來, 則可以知爲恩德之致爾, 此必無之事也. 若夫縱其來歸而赦之事偶一爲之耳, 若屢爲之則殺人皆不死, 是可爲天下之常法乎? 不可爲常者, 其聖人之法乎? 是以堯‧舜‧三王之治必本於人情, 不立異以爲高, 不逆情以幹譽."

호인(胡寅)이 말하였다.

"죄가 이미 사형으로 사면할 수 없는 경우이니, 이 3백 9십 명이 그 사이에 어찌 살인하고 죽음으로 보상한 자가 없는데 사면한다는 말인가? 피살된 사람은 불행이고 사면을 입은 자는 행운인 것이다. 하물며 이미 1년의 기간을 얻어 반드시 기약대로 하기로 약속하고 모이면 사형을 면제받았으니, 태종은 그들이 믿고 복종한 것을 기뻐하면서도 형벌 사면이 바르지 못함을 잊은 것이다. 그렇지만 감히 도망쳐 숨지 못하고 모두 도착하였으니, 인정으로는 불쌍하다. 요컨대 처음에 풀어 준 것이 잘못이다."

胡寅曰: "罪旣至死無可赦者, 此三百九十人者其間寧無殺人償死者乎, 而赦之何? 被殺者之不幸而蒙赦者之幸也, 況旣得一年之期, 必嘗相約以如期而集則可免死, 太宗悅其信服而忘其刑赦之頗也, 然不敢違逸而皆至, 情則可矜矣, 要之, 始者縱之過也."

신은 이렇게 생각합니다. 형벌이란 하늘이 죄가 있는 자를 토벌하는 도구이고, 군주가 하늘을 받들어 형벌을 시행합니다. 무죄자는 진실로 형벌을 행해서는 안 되고, 유죄자 또한 함부로 놓아주어서는 안 됩니다. 군주가 천리를 따르지 않고 자신의 의도대로 사람을 조종한다면 또한 신하가 국법을 받들지 않고 자신의 의도대로 죄수를 조종하는 것과 같으니, 되겠습니까? 신하가 이와 같으면 군주는 반드시 주류하고 용서하지 않을 것이고, 신하는 국법을 두려워하여 필시 감히 이와 같이 할 수 없을 것입니다. 군주가 자신의 의도대로 죄인을 놔주고 또 자신의 의도대로 살려 두면서 유독 하늘을 두려워하지 않겠습니까?

臣按: 刑者天討有罪之具, 人君承天以行刑, 無罪者固不可刑, 有罪者亦不敢縱也. 人君不循天理而以己意操縱乎人, 亦猶人臣不奉國法而以己意操縱乎囚也, 可乎哉? 人臣如此, 君必誅之無赦, 臣畏國法必不敢如此, 人君以己意縱罪人, 而又以己意舍之, 獨不畏天乎?

당 태종(唐太宗)이 일찍이 《명당침구도(明堂針灸圖)》를 읽었다. 사람의 오장(五臟)이 등에 가까워서 잘못 때리면 죽게 되는 피해를 입겠다는 것을 알고, 탄식하기를 "매질[捶]은 오형(五刑) 중 가볍고, 죽음은 사람에게 중대한 것인데, 어찌 지극히 가벼운 형을 범하였다고 해서 혹 죽음에 이르게 할 수 있겠는가?"라고 하고, 죄인의 등을 때리지 말라고 조서를 내렸다.

太宗嘗覽《明堂針灸圖》, 見人之五臟皆近背, 失所則其害致死, 歎曰: "夫

棰者五刑之輕, 死者人之所重, 安得犯至輕之刑而或至死?" 乃詔罪人毋得
鞭背.

신은 이렇게 생각합니다. 당 태종이 죄인의 등을 때리지 말라고 조
칙을 내렸으니, 그 마음이 어집니다. 그가 형을 관대하게 하려는 어
짊을 볼 수 있을 뿐 아니라, 실로 백성을 사랑하는 마음을 징험할 수
있습니다. 접촉한 대로 바로 느꼈는데, 느꼈을 뿐 아니라 또 확장하
여 백성에게 이르렀으니, 그 형벌이 쓸데없게 된 것은 삼대(三代)에 가
까워진 것이 당연합니다.

송나라 사람들이 어질고 후덕함으로 나라를 세운 것을 후세에 칭
찬하였지만, 당나라가 이미 등을 때리는 형을 없앴는데 송나라 사람
들에게 오히려 척추에 곤장을 치는 법이 있었으니 어찌 된 일입니까?
어찌 송 태조와 태종은 당 태종의 이 말을 듣지 못했고, 당시 보필하
며 간쟁하던 신하들 또한 이런 말을 진언하지 않았습니까? 우리나라
에서 정한 명령에, 사람에게 태장(笞杖)을 가할 때는 엉덩이와 허벅지
[臀腿]에 형을 받도록 하였으며 이렇지 않으면 혹형(酷刑)으로 간주하였
으니, 어진 은혜가 사람들마다 널리 미쳤던 것입니다.

臣按: 太宗詔罪人毋鞭背, 其心仁矣, 非獨見其有寬刑之仁, 而實可驗
其有愛民之心, 隨所觸而卽感, 然不徒感之而又能推廣之以致之民也,
其致刑措而庶幾於三代也宜哉. 後世稱宋人以仁厚立國, 然唐旣去鞭背
刑矣, 而宋人猶有杖脊之法何也, 豈太祖·太宗不聞唐太宗此言, 而當

당 태종이 대리승(大理丞) 장온고(張蘊古)가 사실대로 상주하지 않았다는 죄로 참하였다가, 나중에 크게 후회하며 사죄(死罪)는 비록 즉결하더라도 모두 삼복(三覆)하여 상주하도록 하였다. 한참 지나 신하들에게 "죽음은 다시 살릴 수 없다. 근래 부사가 뇌물을 받은 것이 많지 않았는데 짐이 죽였으니, 이는 살피지 못한 생각이다. 죄인을 판결할 때 비록 삼복하여 상주하더라도, 경각 사이에 어찌 생각할 겨를이 있겠는가? 이제부터 2일에 오복(五覆)하여 상주하고, 판결일에 상식(尙食)에는 술과 고기를 올리지 말라. 주(州)의 사죄(死罪)는 삼복하여 상주하고, 그날에 또한 소식(蔬食)하고, 예(禮)에 맞고 음악을 거두고 반찬을 줄이는 뜻에 힘쓰라."라고 하였다.

太宗以大理丞張蘊古奏罪不以實斬之, 旣而大悔, 詔死罪雖令卽決, 皆三覆奏. 久之, 謂群臣曰: "死者不可復生, 近有府史取賕不多, 朕殺之, 是思之不審也. 決囚雖三覆奏, 而頃刻之間何暇思慮, 自今宜二日五覆奏, 決日尙食勿進酒肉, 諸州死罪三覆奏, 其日亦蔬食, 務合禮撤樂減膳之意."

신은 이렇게 생각합니다. 장온고의 주청이 사실이 아니었으나, 그 실정에는 고의와 과실이 있으니, 설사 고의였어도 오히려 그 경중을 잰 뒤에 형을 가해야 합니다. 하물며 장온고는 일찍이 《대보잠(大寶箴)》[6]을 올렸고, 그 말이 절실하여 임금 자신과 치도(治道)에 지극한 보탬이 되었습니다. 이런 사람이기에 이런 말을 할 수 있었던 것이니, 오히려 장차 10대라도 용서했어야 합니다. 그런데 가벼운 죄를 무거운 형으로 다스렸으니, 당 태종이 후회해도 무익한 것입니다.

하지만 군주는 과실이 없는 것을 귀하게 여기지 않고 잘못을 고칠 줄 아는 것을 귀하게 여깁니다. 태종이 이를 통해 후회하는 마음을 가졌으니, 자신의 이왕 행위에 대해 후회한 것일 뿐 아니라, 나아가 미래에 대해 경계한 것입니다. 천하와 후세에 확충한다면 맹자(孟子)가 "옛사람이 남보다 크게 뛰어났던 것은 다른 이유가 아니었다. 그 행위를 잘 확장했기 때문이다."라고 하였는데, 태종이 이런 자질을 가지고 있었습니다.

臣按: 張蘊古奏請不以實, 其情有故誤, 設使其故猶當權其輕重而加以刑, 況蘊古曾上《大寶箴》, 其言切至有益於君身治道, 斯人而能爲斯言, 猶將十世宥之, 乃以輕罪而坐重刑, 太宗雖悔之無益也. 雖然, 人君不貴無過而貴能改過, 太宗能因此以生悔心, 不徒悔之於已往而又戒之於將來, 充而廣之以遍於天下後世, 孟子曰"古之人所以大過人者無他, 善推其所爲而已矣", 太宗有焉.

6　《대보잠(大寶箴)》: 당(唐)나라 장온고(張蘊古)가 당 태종(太宗)을 위하여 지은 글로, 황제의 지위를 유지하기 어려움을 경계한 글이다. 《고문진보(古文眞寶) 후집(後集)》.

당 태종 때, 실수로 사람을 죄인으로 넣은 자는 죄를 가하지 않았다. 태종이 대리경(大理卿) 유덕위(劉德威)에게 묻기를 "근일 형벌의 그물이 조금 촘촘한데, 왜인가?"라고 하니, 대답하기를 "이는 주상에게 달린 것이지, 신들에게 달린 일이 아닙니다. 임금이 관대한 것을 좋아하면 관대해지고, 급한 것을 좋아하면 급해집니다. 율문(律文)에 실수로 형벌을 적용하면 3등을 감해 주고, 실수로 형벌에서 내보내면 5등을 감해 줍니다. 지금 무고한 사람에게 실수로 형벌을 적용하고, 다시 큰 죄를 지은 자를 실수로 형벌에서 내보냅니다. 그래서 관리들이 각자 모면하고 다투어 조문을 심각하게 해석하니, 누가 시켜서가 아니라 죄를 두려워할 뿐입니다. 만일 한결같이 율문대로 결단하면 이런 풍조는 바로 그칠 것입니다."라고 하니, 태종이 기뻐 따랐다. 이때부터 옥사 판결이 공평해졌다.

太宗時, 有失入者不加罪, 太宗問大理卿劉德威曰: "近日刑網稍密, 何也?" 對曰: "此在主上, 不在群臣. 人主好寬則寬, 好急則急, 律文失入減三等, 失出減五等, 今失入無辜, 失出更獲大罪, 是以吏各自免, 競就深文, 非有教使之, 然畏罪故耳. 儻一斷以律, 則此風立止矣." 太宗悅從之, 自是斷獄平允.

신은 이렇게 생각합니다. "임금이 관대한 것을 좋아하면 관대해지고, 급한 것을 좋아하면 급해집니다"라는 말은 임금에게 하는 말일 뿐이며, 형관(刑官)이 된 자는 일정한 성법(成法)을 가지고 범죄에 따라 죄를 정하니, 어찌 윗사람이 관대한지 급한지를 보고 경중을 재겠습니까? 그렇지만 보통 사람의 성품은 죄를 두려워하고 온전하기를 추구하니, 누구나 덕을 가지고 우회하지 않거나 법을 지키며 굽히지 않을 수는 없습니다. 그러므로 남의 위에 있는 사람은 항상 관휼(寬恤)의 어짊을 가지고 조종(祖宗)의 법을 지켜, 호오의 기미가 드러나 남에게 보임으로써 관망하게 해서는 안 됩니다.

臣按: 人主好寬則寬, 好急則急, 此就人君言之耳, 爲刑官者執一定之成法, 因所犯而定其罪, 豈容視上人寬急而爲之輕重哉? 然中人之性畏罪而求全, 不能人人執德不回·守法不撓, 是以爲人上者常存寬恤之仁而守祖宗之法, 毋露其好惡之幾, 以示人而使之得以觀望也.

당 현종(唐玄宗) 개원(開元) 18년(730), 형부에서 천하의 사죄(死罪)가 단지 24명이라고 상주하였다.

玄宗開元十八年, 刑部奏天下死罪止二十四人.

호인(胡寅)이 말하였다.

"문서로 보면, 사해와 구주라는 넓은 땅에 1년에 사죄가 24명에 그쳤으니, 거의 형벌이 쓸데없어졌다고 할 것이다. 실제로 논하자면, 현종은 나라에 사치하고 안일하라고 가르쳤으니, 옥송을 어찌 일일이 심리하고 곡직을 어찌 일일이 밝혔겠는가. 형벌이 쓸데없다는 명성을 원하고 태평성대라고 꾸미기 위해 죽여야 하는데 사면한 것이 아니겠는가? 관리의 무자비함과 너그러움은 한결같이 윗사람의 호오

(好惡)를 보니, 군주가 좋아하면 신하가 하고, 위에서 행하면 아래에서 따르니, 그러므로 《시경》에 '백성을 깨우치기가 심히 쉽다(牖民孔易)'라고 한 것이다. 만일 형벌이 쓸데없으면 비록 감옥이 항상 비어도 될 것이다. 그렇지만 옥송의 곡직이 정당하게 구분되지 못하여 간활한 자가 주륙을 면하고 해친 자는 죽음을 벗어나며, 억울한 평민이 많아질 것이다. 그러므로 잘 다스리는 자는 반드시 화려함을 제거하고 실질에 힘쓰니, 남에게 속지 않는다."

胡寅曰: "以文觀之, 四海九州之大, 一歲死罪止二十有四人, 幾於刑措矣, 以實論之, 玄宗以奢汰逸樂敎有邦, 則獄訟安得一一伸理·曲直安得一一辨白? 無乃慕刑措之名, 飾太平之盛, 有當死而蒙宥者乎? 官吏之慘舒, 一視上之好惡, 君好之則臣爲之, 上行之則下從之, 故《詩》云 '牖民孔易'. 苟欲刑措不用, 雖圄圉常空可也, 然訟獄曲直不得其分, 奸猾逋誅·蠹害脫死而平人冤抑者衆矣. 故善爲治者必去華而務實, 則不爲人所罔也."

개원(開元) 25년(737), 대리소경이 상주하여 "올해 천하에 사형에 처단한 자는 58명입니다. 대리옥원(大理獄院)은 유사 이래 대대로 살기(殺氣)가 너무 성하여 새들이 깃들지 않는데, 올해는 참새가 나무에 둥지를 만들었습니다."라고 하니, 백관들이 거의 형벌이 쓸데없어졌다고 여기고 표문을 올려 치하하였다.

開元二十五年, 大理少卿奏今歲天下斷死刑五十八人, 大理獄院由來相傳殺氣太盛, 鳥雀不棲, 今有雀巢其樹, 百官以爲幾致刑措, 上表稱賀.

마단림(馬端臨)이 말하였다.

"이때 이임보(李林甫)가 한창 권력을 잡고 간사한 자를 높이고 충직한 사람을 배척하였다. 어사 주자량(周子諒)이 우서객(牛西客)을 탄핵했다가 대전(大殿) 옆 막사에서 곤장을 맞아 죽었고, 태자 영(瑛), 악왕 요(鄂王瑤), 광왕 거(光王琚)가 총애를 잃고 참소를 받고는 죄도 없이 같은 날 사사(賜死)를 당했으니, 모두 이해에 일어난 일이다. 그 형벌의 남용이 대단했는데 지금 대리원에 참새가 둥지를 튼 것을 두고 형벌이 쓸데없어진 상서라고 하는 것은 무슨 이유인가?"

馬端臨曰: "是時李林甫方用事, 崇獎奸邪, 屛斥忠直, 御史周子諒以彈牛西客杖死殿廬, 太子瑛·鄂王瑤·光王琚以失寵被讒, 無罪同日賜死, 皆是年事也. 其爲濫刑也大矣, 而方以理院鵲巢爲刑措之祥, 何耶?"

신은 이렇게 생각합니다. 군주의 정치는 실질을 귀하게 여기고 명목이 없는 것을 걱정하지 않습니다. 명실(名實)은 형태와 그림자와 같아서, 형태가 있으면 그림자는 따라옵니다. 형태가 없는데 억지로 그림자를 만들려고 하면 전혀 이런 이치는 없습니다. 현종 치세에 형부가 이런 상주를 올렸으니, 현종이 명목을 좋아하는 뜻을 받들어 천하와 후세를 기만한 것일 뿐입니다. 그렇지만 수백 년 뒤에 마씨가 오히려 이렇게 평론했으니, 당대의 신민으로 사실을 목도한 자들을 속일 수 있었겠습니까? 이는 대개 형벌이 쓸데없게 되었다는 명성을 원하여 이런 거조가 있었던 것입니다. 그 뒤 이임보가 재상이 되어 또 재야에 버려진 현자가 없다고 상주하였으니, 모두 실질은 없고 억지로 명성을 만들고자 한 짓입니다. 결국 명성을 얻기는커녕 천하와 후세에 기롱만 당하였으니, 호씨의 화려함을 제거하고 실질에 힘쓰라는 평론은 만세의 군주가 가슴에 새겨야 할 말입니다.

臣按: 人君之爲治貴乎有其實耳, 名不患其無也, 名實如形與影, 有形則影隨之, 無形而强欲爲之影, 萬無此理也. 玄宗之世, 刑部爲此奏, 承玄宗好名之意, 欲以欺天下後世耳. 然而數百年之後, 馬氏尙爲此論, 則當世之臣民目睹其實者其能欺之乎? 是蓋慕刑措不用之名而爲此擧, 其後李林甫爲相又奏野無遺賢, 皆無其實而欲强爲之名者也, 卒之名不可得而貽譏於天下後世, 胡氏華實之論, 萬世人主所當服膺者也.

당 헌종(唐憲宗) 때, 이길보(李吉甫)와 이강(李絳)이 재상이 되었다. 이길보가 말하기를 "천하를 다스리는 것은 반드시 상벌에 맡겨야 하는데, 폐하께서는 자주 사면령을 내리시고 포흠(逋欠)을 감면해 주고 굶주린 백성들을 구휼하여 은혜와 덕이 지극하십니다. 그러나 떳떳한 국법이 거행되지 못하여 중외(中外)의 백성들이 태만한 마음이 있습니다."라고 하였다. 이강이 말하기를 "'지금 천하가 비록 크게 다스려지지는 않았으나 또한 심히 혼란하지도 않으니 바로 옛날 평안한 나라에서 중도에 맞는 법을 사용할 때입니다. 예로부터 나라를 평안하게 할 때는 군주는 반드시 덕화

(德化)를 우선하였고, 중국이 포악하고 혼란한 시대에 이르러서야 비로소 오로지 형벌과 법을 사용하였으니, 이길보의 말은 잘못입니다."라고 하니, 황제가 그 말을 옳게 여겼다. 사공(司空) 우적(于頔)도 황제가 형벌을 쓰라고 넌지시 간하니, 황제가 재상들에게 "우적이 간사한 꾀를 품고서 짐이 인심을 잃기를 바란다."라고 하였다.

> 憲宗時, 李吉甫·李絳爲相, 吉甫言: "治天下必任賞罰, 陛下頻降赦令, 蠲
> 逋賑饑, 恩德至矣, 然典刑未擧, 中外有懈怠心." 絳曰: "今天下雖未大治,
> 亦不甚亂, 乃古平國用中典之時. 自古欲治之君必先德化, 至暴亂中國乃專
> 任刑法, 吉甫之言過矣." 帝以爲然, 司空于頔亦諷帝用刑, 帝謂宰相曰: "頔
> 懷奸謀, 欲朕失人心也."

신은 이렇게 생각합니다. 형벌이란 정치와 교화를 돕는 수단이고, 성인(聖人)이 부득이하여 사용하되, 정치가 시행되지 않을 때 보필하고, 교화가 미치지 않을 때 돕기 위해 사용할 뿐, 오로지 형벌만 믿고 다스리는 것은 아닙니다. 헌종이 이강의 말을 옳다고 여기고 우적의 청을 비판했으니, 제왕의 치도의 핵심을 알았다고 하겠습니다.

> 臣按: 刑者所以輔政弼敎, 聖人不得已而用之, 用以輔政之所不行·弼
> 敎之所不及耳, 非專恃此以爲治也. 憲宗然李絳之言, 非于頔之請, 其
> 知帝王治道之要者歟.

송 태조(宋太祖) 개보(開寶) 6년(973), 유사(有司)가 3년 전부터 지금까지, 사죄(死罪)를 관대히 처벌한 것이 4천 1백 8명이라고 하였다. 상이 형벽(刑辟)에 마음을 두시고 무고한 사람을 긍휼히 여기어, 일찍이 《서경》〈우서(虞書)〉를 읽다가 탄식하기를, "요순(堯舜) 시대에는 사흉(四凶)의 죄가 찬배에 그쳤는데, 어찌하여 근대에는 법망이 조밀한가?"라고 하였으니, 이는 형벌이 쓸데없어지는 데 뜻이 있었던 것이다. 그러므로 개보(開寶: 태조의 연호) 이래, 대벽(大辟)을 범했지만 정리가 심히 해치지 않은 자는 대부분 사형을 용서해 주었다.

宋太祖開寶六年, 有司言自三年至今, 所貸死罪凡四千一百八人. 上注意刑辟, 哀矜無辜, 嘗讀《虞書》, 歎曰: "堯舜之時, 四凶之罪止從投竄, 何近代憲網之密耶?" 蓋有意於刑措也. 故自開寶以來, 犯大辟非情理深害者多貸其死云.

신은 이렇게 생각합니다. 송 태조가 《서경》〈우서(虞書)〉를 읽고 근대에 법망이 조밀한 것을 안 것은, 또한 당 태종이 《명당도(明堂圖)》를 보고 등에 곤장을 치는 형벌을 제거한 것과 같습니다. 군주가 책을 읽으면서 매번 마음에 얻어서 시행에 드러나니, 이와 같으면 제왕의 성덕을 따라잡을 수 있을 것이고 당우(唐虞)의 덕화 또한 결국 회복할 수 있을 것입니다. 이 두 군주는 모두 만세 제왕의 독서의 본보기가 될 만합니다.

臣按: 宋太祖讀《虞書》而知近世憲網之密, 亦猶唐太宗讀《明堂圖》而

除杖背之刑也, 人主讀書每每得之於心而見於施行, 如此, 則帝王之盛
德可以企及, 唐虞之德化亦可以卒復矣. 此二君者皆可以爲萬世帝王讀
書之法.

송 태종(宋太宗)이 재위 중, 일찍이 직접 경옥(京獄)에서 청단한 적이 있
었다. 의심이 있는 경우는 대부분 임하여 결정했는데, 매번 은미한 점을
통촉하였다. 한번은 친히 갇힌 죄수를 기록하다가 날이 저물자 근신이
혹 노고가 너무 크다고 간언하였더니, 황제가 말하기를 "은혜가 호소할
데 없는 자에게 미쳐서 옥송이 공평해지고 왜곡되지 않는다면, 짐의 마
음이 만족스러울 텐데, 무슨 노고가 문제겠는가?"라고 하였다. 이어 재상
에게 "중외의 신료들이 만일 모두 정무에 유념한다면 천하가 어찌 다스
려지지 않겠는가? 옛사람들은 한 읍(邑), 한 군(郡)의 수령을 맡으면, 황충
이 경내를 피하고 맹호가 황하를 건너가게 했다는데,[7] 하물며 백성을 은
혜롭게 기르고 억울한 적체를 풀어 준다면 어찌 조화로운 기운이 감응
하지 않겠는가? 짐이 매번 스스로 근면하고 게으르지 않고자 하니, 이 뜻
은 반드시 고치치 않을 것이다. 혹자는 유사가 세세한 일을 하고, 제왕은
직접 결정해서는 안 된다고 하는데, 짐의 뜻은 이와 다르다. 만일 지극히

---

7 황충이 … 했다는데: 지방관이 선정(善政)을 행하는 것을 말한다. "옛날 훌륭한 수재(守宰)가
   다스리면 황충이 그 경내를 피해서 다른 곳으로 간다.[古之良守 蝗蟲避境]"라는 말이 《구당서
   (舊唐書)》 권96 〈요숭열전(姚崇列傳)〉에 나온다. 또한 후한(後漢) 때 유곤(劉昆)이 강릉 태수(江陵
   太守)로 있을 때 인정(仁政)을 크게 펼치자 호랑이들이 모두 새끼를 등에 업고 고을을 떠나
   황하를 건너갔다고 한다. 《후한서(後漢書)》 권109 〈유곤열전(劉昆列傳)〉에 나온다.

존귀한 자리에 스스로 처하다 보면 아래의 실정이 전달될 수 없다."라고
하였다. 이때부터 첫추위나 한더위, 혹 눈이 내려 다소 불편하면 그때마
다 직접 갇힌 죄수를 기록하고 대부분 원래보다 감형하였다. 도(道)의 경
우 관리를 파견하여 판결을 살피게 하였고, 대개 이를 상규로 삼았으며,
후세에도 그대로 따르고 폐지하지 않았다.

太宗在御, 嘗躬聽斷在京獄, 有疑者多臨決之, 每能燭隱微, 嘗親錄繫囚至
日旰, 近臣或諫勞苦過甚, 帝曰: "儻惠及無告, 使獄訟平允, 不致枉撓, 朕
意深以爲適, 何勞之有?" 因謂宰相曰: "中外臣僚若皆留心政務, 天下安有
不治者? 古人宰一邑守一郡, 使飛蝗避境, 猛虎渡河, 況能惠養黎庶, 申理
冤滯, 豈不感召和氣乎? 朕每自勤不怠, 此誌必無改易. 或云有司細故帝王
不當親決, 朕意則異乎是, 若以尊極自居則下情不能自達矣." 自是初寒盛
暑, 或雨雪稍愆, 輒親錄繫囚, 多所原減, 諸道則遣官按決, 率以爲常, 後世
遵行不廢.

신은 이렇게 생각합니다. 송 태종이 "지극히 존귀한 자리에 스스로
처하다 보면 아래의 실정이 전달될 수 없다"고 한 말은, 비단 형옥 한
가지 일만 그러한 것이 아닙니다.

臣按: 太宗謂若以尊極自居, 下情不能自達, 非但刑獄一事爲然也.

송 고종(宋高宗) 소흥(紹興) 4년(1134), 조서를 내려, 특지에 따라 사형에

처해야 하나 실정이 법에 온당하지 않은 경우는 대리시에서 상주하고 심의하라고 하였다.

高宗紹興四年, 詔特旨處死情法不當者, 許大理寺奏審.

신은 이렇게 생각합니다. 군주는 법사(法司)를 세워 뭇 옥에 갇힌 자들의 유죄를 판단하고, 일관되게 조종의 성법으로 판단해야지 자의적으로 사형에 처하는 이치는 없습니다. 왕의 말이 한번 나가면 신하는 지체 없이 받들어야 하고, 분명히 그 잘못을 알면서도 감히 말하지 않는 경우가 많습니다. 고종의 이 조서는 대대로 본보기가 될 수 있습니다.

臣按: 人君立法司以斷庶獄人之有罪, 一斷以祖宗成法, 無自處死之理, 王言一出, 臣下奉承之不暇, 明知其非而不敢言者多矣, 高宗此詔可爲世法.

이상은 '공경스럽고 신중한 마음을 보존함'이다.

以上存欽恤之心

대학연의보
(大學衍義補)
—
권113

치국평천하의 요체[治國平天下之要]

형법을 신중히 함[愼刑憲]

남형의 잘못을 경계함[戒濫縱之失]

《서경》〈주서(周書) 여형(呂刑)〉에 말하였다.

이 묘민(苗民)들이 옥사에 걸리는【리(麗)는 걸리다[附]이다.】것을 살피지 않으며, 길인(吉人)을 가려 오형(五刑)의 알맞음을 보여 주게 하지 않고, 이 여러 위세로 재물을 빼앗은 자들로 하여금 오형을 단제(斷制)하여 무고(無辜)한 자들을 어지럽히자, 상제(上帝)가 용서하지 아니하여 허물을 묘(苗)에 내리시니, 묘민이 하늘의 벌에 할 말이 없어 마침내 그 대를 끊게 되었다.

《周書·呂刑》曰: 惟時苗民匪察於獄之麗【附也】, 罔擇吉人觀於五刑之中, 惟時庶威奪貨, 斷制五刑以亂無辜, 上帝不蠲, 降咎於苗, 苗民無辭於罰, 乃絕厥世.

채침(蔡沈)이 말하였다.

"묘민이 옥사에 걸리는 것을 살피지 않으며 또 길인을 가려 오형의 알맞음을 보여 주게 하지 않고, 오직 귀한 자는 위엄으로 정사를 어지럽히고, 부한 자는 재물로 법을 빼앗아서 오형을 판단하여 무죄한 자들을 어지럽히고 포악하게 하자, 상제가 용서하지 아니하여 묘(苗)에 벌을 내리시니, 묘민이 그 벌에 할 말이 없어서 마침내 끊어져 멸하게 된 것이다."

蔡沈曰: "苗民不察於獄辭之所麗, 又不擇吉人俾觀於五刑之中, 惟是貴者以威亂政·富者以貨奪法, 斷制五刑, 亂虐無罪, 上帝不蠲貸而降罰於苗, 苗民無所辭其罰而遂殄滅之也."

진대유(陳大猷)가 말하였다.

"옛날부터 질도(郅都)·영성(寧成)·엄연년(嚴延年)·왕온서(王溫舒)·주홍(周興)·내준신(來俊臣) 같은 혹리(酷吏)의 부류는 도리어 자기 몸에 법이 적용되고 그 자손에게 미치지 않는 자가 없었고, 상제가 감하지 않고 그 세대를 끊은 것이니, 고금이 하나의 형률이다."

陳大猷曰: "自古酷吏如郅都·寧成·嚴延年·王溫舒·周興·來俊臣之流, 未有不反中其身及其子孫者, 上帝不蠲而絶厥世, 古今一律也."

신은 이렇게 생각합니다. 형벌이 적절하지 못한 이유는 위세에 굴복하지 않으면 부자에 굴복하기 때문입니다. 위세에 굴복하는 것은 남의 세력을 따르기 때문이고, 부자에 굴복하는 이유는 자기의 재물을 늘리려고 하기 때문입니다. 이런 식으로 형옥을 판단하면 무고한 사람을 학대하고 어지럽혀 백성들이 아래에서 원망하고 하늘이 위에서 노여워하고, 결국 의지했던 세력은 믿을 수 없게 되고 얻었던 재물은 보전할 수 없게 됩니다. 아울러 자기가 가지고 있던 것까지 잃게 되어 마침내 성(姓)을 받은 이래의 종사(宗祀) 또한 멸망하여 남는 것이 없게 될 것입니다. 아, 〈여형〉의 이 말이 어찌 만세 옥사를 담당하는 자의 영원한 귀감이 아니겠습니까?

> 臣按: 刑罰之所以不中者非訖於威則訖於富, 訖於威所以徇人之勢, 訖於富所以皁己之財, 用是以斷制刑獄, 虐亂無辜之人, 民怨於下, 天怒於上, 卒之所依之勢不可怙, 所得之財不能保, 而並與己之所有者而喪之, 遂使自受姓以來之宗祀亦殄滅而無遺類焉. 嗚呼, 《呂刑》此言, 豈非萬世典獄者之永鑒哉.

옥사를 재물로 생각하는 것은 보배가 아니요 고공(辜功: 죄상)을 모아서【부(府)는 모으는 것이다.】온갖 허물로 보답하나니, 길이 두려워할 것은 형벌이다. 하늘이 중도(中道)로 대하지 않는 것이 아니라 오직 사람들이 잘못하여 명에 있는 것이다. 천벌이 지극하지 않으면 서민들에게 훌륭한【영(令)은 훌륭함[善]이다.】정치가 천하에 있지 못할 것이다.

> 獄貨非寶, 惟府【聚也】辜功, 報以庶尤. 永畏惟罰, 非天不中, 惟人在命. 天

罰不極, 庶民罔有令【善也】政在於天下.

채침(蔡沈)이 말하였다.

"옥화(獄貨)란 옥사를 팔아 재물을 얻는 것이다. 부(府)는 모음이다. 고공(辜功)은 죄장(罪狀)이라는 말과 같다. 온갖 허물로 보답한다는 것은 온갖 재앙을 내리는 것이다. '비천부중유인재명(非天不中惟人在命)'은 하늘이 중도로 사람을 대하지 않는 것이 아니라 사람이 스스로 재앙의 명(命)을 취하는 것이다."

蔡沈曰: "獄貨, 鬻獄而得貨也. 府, 聚也. 辜功, 猶云罪狀也. 報以庶尤者, 降之百殃也. 非天不中, 惟人在命者, 非天不以中道待人, 惟人自取其殃禍之命爾."

오징(吳澂)이 말하였다.

"하늘이 중도가 아니라서 치우치게 벌하는 것이 아니니, 대개 사람이 사람인 것은 살게 하는 천명에 달린 것인데, 인명을 죄에 빠트려 죽음에 이르게 하였으니 하늘이 어찌 용납하겠는가? 하늘의 벌이 이렇게 지극하지 않으면 오히려 관리들이 장차 두려워할 바가 없게 되어 심각한 형벌을 자의적으로 줄 것이고 서민에게 시행하는 것이 모두 혹독한 정치일 것이며, 훌륭한 정치가 천하에 다시 있지 못할 것이다."

吳澂曰: "非天不中而偏罰之, 蓋以人之爲人, 在於有生之命, 陷人命以
至於死, 天豈容之哉? 若天之罰不如此其極, 則猶吏將無所畏, 恣於深
刻而施之庶民者皆酷虐之政, 無復有令善之政在於天下矣."

신은 이렇게 생각합니다. 옥은 사람에 대해 성명(性命)이 관계된 것인
데, 도리어 공적으로 하지 않고 사사로이 하고 이치로 하지 않고 욕심
으로 하여, 사람의 성명으로 우리 집안을 이루려고 하니, 재물 때문에
사람을 죽이거나 쓰러뜨리는 것과 그 마음은 한가지입니다. 어찌 사
람의 생명은 바로 하늘이 명한 것이고, 내가 재물 때문에 사람을 죽
이면 이는 천명을 거스르는 것이니, 하늘이 어찌 나를 용서하겠는가,
라고 생각하지 않습니까? 재물 때문에 사람을 죽이는 것도 불가한데,
하물며 하늘이 유죄인 자를 토벌하는 것을 가탁하여 죄 없는 사람을
죽이겠습니까? 이는 거듭 하늘에 죄를 얻는 것입니다.

臣按: 獄之於人乃性命之所關係, 顧不以公而以私, 不以理而以欲, 以
人之性命而成吾之私家, 其與殺越人於貨其心一也. 盍思曰人之生也乃
天之所命, 吾以貨而殺人, 是逆天命也, 天豈容我哉? 以貨殺人且不可,
況又假天之討有罪者以殺無罪? 是重得罪於天矣.

《춘추좌씨전(春秋左氏傳)》에서 말하였다.

희공(僖公) 23년. 진 회공(晉懷公)이 호돌(狐突)을 체포하고 "자식이 돌아

오면 사면하겠다.【호돌의 자식인 모급언(毛及偃)이 공자(公子) 중이(重耳)를 따라 진(秦)
나라에 있었다.】"라고 하니, 대답하기를 "아비가 자식에게 두 마음을 품도
록 가르친다면 무엇으로 임금을 섬기겠습니까. 형벌을 남용하지 않은 것
은 임금님의 밝은 덕이고 신의 바람입니다만 형벌을 남용하여 마음에 만
족을 느끼려 하신다면 누군들 죄가 없겠습니까?"라고 하였다.

《左傳》: 僖公二十三年, 晉懷公執狐突曰: "子來則免【突之子毛及偃從公子重耳
在秦】." 對曰: "父敎子貳, 何以事君? 刑之不濫, 君之明也, 臣之願也. 淫刑
以逞, 誰則無罪?"

　　신은 이렇게 생각합니다. 형벌로 교화를 도우니, 반드시 부자의 친
함과 군신의 의리를 살펴서 경중을 잰 뒤 취사해야 합니다. 만일 위
에 있는 자가 이치가 밝지 못하여 오직 욕심만 따르고 형벌로 주륙하
여 그 뜻을 상쾌하게 한다면, 악한 대상에 대해 중대한 것은 죽일 수
있고, 사소한 것은 논할 수 있어서, 사람들이 손발을 둘 곳이 없을 것
입니다. 아래로 인심을 거스르고 위로 천도를 어긴다면, 사람은 비록
나를 어쩌지 못하더라고 하늘은 어떻겠습니까?

臣按: 刑以弼敎, 必原父子之親·君臣之義, 以權其輕重以爲取舍焉. 苟
在上者理有不明, 而惟欲之徇, 至用刑誅以快其志, 則凡所惡者大者可
誅·小者可論而人無容足措手之地矣. 下拂乎人心, 上逆於天道, 人雖
無如我, 何其如天何?

진 문공(秦文公) 20년, 처음 삼족죄(三族罪)가 있었다. 효공(孝公)이 위앙(衛鞅)을 등용하여 법(法)을 변경하는 명령을 내렸다. 백성들로 하여금 십(什)과 오(伍)를 만들어 서로 규찰하고 연좌하게 하여 간악함을 고발하지 않으면 허리를 베었다. 시황제(始皇帝)가 6국을 병탄한 뒤, 선왕(先王)의 법을 훼손하고 예의(禮誼)의 관직을 줄여, 전적으로 형벌에 맡기고 직접 문서를 작성하였으며 낮에는 옥사를 판단하고 밤에는 책을 써서 스스로 일정을 정해 일을 처결하여 하루에 120근 무게의 문서를 읽었지만, 간사한 자들이 아울러 생기고 붉은 옷을 입은 죄수가 길에 넘쳤으며 감옥은 저자처럼 붐비어, 천하가 근심 원한을 품으면서 궤멸되고 반란이 일어났다.

> 秦文公二十年, 初有三族罪. 孝公用衛鞅變法令, 令民爲什伍而相收司連坐, 不告奸者腰斬. 始皇並吞六國, 毁先王之法, 滅禮誼之官, 專任刑罰, 躬操文墨, 晝斷獄, 夜理書, 自程決事, 日懸石之一, 而奸邪並生, 赭衣塞路, 囹圄成市, 天下愁怨, 潰而叛之.

신은 이렇게 생각합니다. 진나라는 옛것을 스승으로 삼지 않고 오로지 형법만 사용하여, 백성들이 살길이 없게 만들었고 천하가 궤멸하여 반란을 일으켰으니, 후세에 마땅히 감계로 삼아야 할 대상입니다.

> 臣按: 秦不師古, 專用刑法, 以致民不聊生而天下潰叛, 後世所當以爲鑒戒者也.

한 고조(漢高祖)가 진(秦)나라의 가혹한 법을 없앴다. 효혜제(孝惠帝)가 삼족죄(三族罪)와 요언령(妖言令)을 없애려고 했는데, 의견이 결정되지 않았을 때 붕하였고, 고후(高后)가 없앴다. 효문제(孝文帝) 원년, 죄수를 가족과 연좌하는 율령을 모두 없앴다.

漢高祖除秦苛法. 孝惠欲除三族罪·妖言令, 議未決而崩, 高后除之. 孝文元年, 盡除收帑相坐律令.

신은 이렇게 생각합니다. 옛날에 오형(五刑)은 대벽(大辟)에서 극에 달하여, 당사자를 죽이는 외에 나머지 형은 없었습니다. 진나라 사람들이 처음 삼족법을 만들어, 죄가 처자식과 형제에게 미쳤으니, 한 사람이 죄가 있다고 해도 그 처자식은 죄가 없는데 하물며 한 집안이겠습니까? 아버지 집안은 같은 기맥(氣脈)을 전하였는데도 오히려 불가한데, 하물며 어머니 집안, 처가이겠습니까?

이는 어느 집안에, 여자 하나가 남의 집에 시집갔다는 이유 때문에 죄가 무고한 한 집안, 한 가문에 미쳐 종족이 끊어지고 제사가 사라지는 것입니다. 이런 유(類)를 미루어 의리가 다하는 데 이르면 딸 키우는 일은 일어나지 않을 것입니다. 만일 집집마다 징계하여 딸을 키우지 않는다면 인간이 절멸되지 않겠습니까?

이른바 요언(妖言)에 대한 명령은 더욱 근거가 없습니다. 말이란 사람의 입에서 나와 사람의 귀로 들어가니, 전혀 형적이 없습니다. 단지 한 사람의 말을 가지고 한 사람의 죄를 만드는 것도 불가한데, 하물며 그 가족이겠습니까? 나라를 다스리는 사람은 백성을 동요시키고 대중을 미혹시켜 혹 간사함이 생기고 화란이 일어날 것을 걱정하여, 반드시 분명히 금지조항을 세우고 반드시 손으로 쓴 문서에 보이고 간독에 드러내어 조문의 이치를 이루고, 증거를 징험하여 명백하고 의심이 없게 된 뒤에 죄를 정해야 합니다. 그렇지 않으면 장차 가생(賈生)이 진나라를 논할 경우와 같이 될 것입니다. 가생이 말하기를 "충성으로 간하는 자를 비방한다고 하고, 깊이 생각하는 자를 요언이라고 하니, 혼란을 금할 수 없을 뿐 아니라 장차 혼란을 일으킴으로 인하여 망하게 될 것이다."라고 했습니다. 한나라가 진나라를 계승한 뒤 일체 금지하였으니, 나라를 4백여 년 누린 것이 의당합니다.

臣按: 古者五刑極於大辟, 死一身之外無餘刑也, 至秦人始有三族之法, 罪及於妻子同產, 夫以一人之有罪而其妻子固無罪也, 況一族乎? 父之族同一氣脈之相傳且猶不可, 又況於母族·妻族乎? 是人家以一女子適人之故, 而累及其一家一族無辜而至於絕宗殞祀, 若推其類而至於義之盡, 則生女可以不舉矣. 使家家皆懲之而不舉, 則人類不幾於絕乎? 所謂妖言之令, 尤爲無可憑據, 言出於人之口而入於人之耳, 甚無形跡也, 徒以一人之言而坐其一人之罪且不可, 況其家族乎? 有國者恐其搖民惑衆, 或至奸宄之生·禍亂之作, 必明立禁條, 須必見於手書著於簡牘, 成夫文理, 質證對驗, 明白無疑, 然後坐之, 不然且將有如賈生之論秦者矣. 生之言曰: "忠諫者謂之誹謗, 深計者謂之妖言, 非徒不能禁亂, 且因以生亂而至於亡矣." 漢承秦後而一切禁之, 其享國至四百餘年, 宜哉.

한 무제(漢武帝)가 즉위한 뒤, 공손홍(公孫弘)이 《춘추(春秋)》의 의리로 아래를 다스렸고, 장탕(張湯)은 엄격한 조문으로 이치를 판결하였다. 이에 견지법(見知法)¹이 생기고 나라에서 정한 법을 폐지하고 나라가 하는 일을 막고 비방하면서 끝까지 다스리는 옥사를 적용하였다. 장탕이 상주하여 안이(顏異)가 구경(九卿)이 되어 조령(詔令)을 편치 않게 여기고, 말은 하지 않았지만 속으로 비방했다며 사죄로 논하였다. 이후 복비법(腹誹法) 사례가 생겨, 공경과 대부가 대부분 아첨하며 낯빛을 꾸몄다.

武帝卽位之後, 自公孫弘以《春秋》之義繩下, 張湯以峻文決理, 於是見知之法生而廢格沮誹窮治之獄用. 湯奏顏異九卿見令不便, 不入言而腹誹, 論死. 是後有腹誹之法比, 公卿大夫多諂諛取容矣.

호인(胡寅)이 말하였다.

"혼주(昏主)와 간신(奸臣)은 말하는 사람을 싫어하지 않은 적이 없지만, 한 무제는 혼주가 아닌데도 장탕을 믿고 이 법령을 세웠으니, 무슨 까닭인가? 옛날에 비방목(誹謗木)²을 세워 비판을 구하였기 때문에 사(士)는 말을 전하였고 서인은 비판을 했다. 비판을 허락했으니 입이 있는 사람은 누구나 심정을 다 말할 수 있었다. 주 여왕(周厲王)이 비록 비판을 감시했지만 또한 그 당시 언로(言路)가 좁아지지 않았음을 알

---

1 견지법(見知法): 타인이 죄를 범한 것을 알고도 고발하지 않을 때 그 사람을 같은 죄로 처벌하는 형법이다. 불고지죄(不告知罪)이다.
2 비방목(誹謗木): 순(舜)임금 때 나무로 푯말을 만들고 백성들로 하여금 정치(政治)의 잘못된 점을 그 푯말에 적도록 하여 이를 보고 스스로 반성하였다. 《여씨춘추(呂氏春秋)》〈자지(自知)〉.

수 있고 감시한 뒤에 좁아졌던 것이다.

진(秦)나라는 우어(偶語)³를 금했으므로 두 사람이 서로 말을 나눌 수 없었다. 그 뒤 또 요언령(妖言令)이 있었으니, 한 사람이 나라를 위해서 깊은 계책을 세워도 홀로 의견을 제출할 수 없었다. 그렇지만 이는 오히려 입으로 발설하거나 글로 쓸 경우 하나의 증거를 확보하여 옳은 것을 뒤집어 그르다고 하고 사형죄를 가하는 것이니, 복비법과 다르지 않은가? 요순(堯舜) 같은 위대한 성인도 오히려 사람을 아는 것이 어렵다고 하였으니, 사람을 아는 길은 반드시 스스로 말을 들어 보는 데서 시작한다. 이런 까닭에 널리 말로 상주하게 하여, 그 말을 본 뒤 분명히 공(功)으로 시험하고 또 그 사안을 고찰하여야 다 알 수 있으나, 큰 간신은 충신인 듯 보이고, 큰 말재주는 신뢰가 있는 사람처럼 보이므로 여전히 알 수가 없는 것이다. 그런데 드러나지 않은 마음속을 탐지하여 죄를 주다니, 아, 괴이하도다!

사람의 마음은 헤아리기 어렵기가 하늘을 아는 것보다 더한데, 뱃속에 숨겨 둔 것을 무슨 수로 검증하겠는가? 지금 효자를 가리켜 네가 아비를 시해한다고 하고, 충신을 가리켜 네가 임금을 시해한다고 하고, 청렴한 사람을 가리켜 네가 횡령하려고 한다고 하고, 의로운 사람을 가리켜 네가 도적이 되려고 한다고 하면서, 네가 비록 말하지 않아도 내가 너의 마음을 안다고 하는 것이다. 그렇다면 싫어하는 사람에 대해 누군들 죽일 수 없겠는가?

입법이 이와 같으니 상(商)나라 주(紂)가 비간(比干)의 배를 갈라 구멍

---

³ 우어(偶語): 《사기(史記)》 권5 〈진본기(秦本紀)〉에 "서로 대면하여 시서(詩書)를 말하는 자가 있으면 죽여서 시장에 버렸다." 하였다.

이 7개인지 살펴본 것과 가깝다. 현인과 군자가 충심을 위에 아뢸 수 없으며 뜻을 스스로 펼 수 없었고 도리어 애매한 주륙을 가하여 말도 못하고 죽었으니, 모두 장탕이 길을 연 것이다. 장탕의 화란은 말할 것도 없고 그 응보 또한 금방 찾아왔지만, 유독 한 무제가 믿고 등용하였으니, 애석하도다. 역사에 '공경과 대부가 이때부터 아첨하며 낯빛을 꾸몄다.'라고 하였으니, 비위를 맞추려는 자는 이를 기다리지 않고도 아첨하는데, 하물며 입법하여 조서를 내린 경우이겠는가!'

胡寅曰: "昏主奸臣未有不惡嫉言者, 武帝非昏主也, 而信張湯立此令, 何哉? 古者立誹謗之木以求謗言, 故士傳言·庶人謗, 旣許之謗則有口者皆得盡其情矣. 周厲王雖監謗, 亦見其時言路之不隘也, 監之而後隘矣. 秦禁偶語則兩人不得相與言矣, 其後又有妖言令, 則一人而爲國家深計者亦不得獨獻言矣. 雖然, 是猶或發之於口·或筆之於書, 得一據證, 反是爲非, 加之罪辟也, 若夫腹誹之法不亦異哉? 自堯舜大聖猶以知人爲難, 知人之道必自聽言始, 是故敷奏以言, 旣觀其言, 明試以功, 又考其事, 庶乎盡之而大奸似忠·大佞似信者尙不得而知也, 乃探心腹不用形顯而罪之. 嗚呼, 異哉! 人心難測甚於知天, 腹之所藏何從而驗, 今指孝子曰爾欲弒父, 指忠臣曰爾欲弒君, 指廉人曰爾欲爲穿窬, 指義士曰爾欲爲盜賊, 爾雖不言不爲吾知, 爾之心也. 然則凡所嫉惡者孰不可殺矣, 立法如此, 與商紂剖比干觀七竅也幾希, 使賢人君子精忠不得以上白, 誌義不得以自伸, 反貽暗昧之誅, 喑嗚而死, 皆湯啓之也. 湯禍賊不足道, 其報亦不旋踵, 獨孝武信而用焉, 惜哉. 史云公卿大夫自是諂諛取容, 夫求合者不待是而諂諛也, 況立法以詔之乎."

신은 이렇게 생각합니다. 복비법에 대한 호씨의 평론은 지극히 긴절합니다. 장탕이 올해 안이를 죽이고 명년에 바로 스스로 죽임을 당했으니, 천도(天道)가 제대로 순환하는 것이 이처럼 창창했습니다. 신하가 되어 임금을 섬기면서 어떻게 사람을 죽여서 그 지위를 스스로 편안하고자 하겠습니까?

臣按: 腹誹之法, 胡氏論之可謂切至矣, 張湯今年殺顔異, 明年卽自殺, 天道好還, 彰彰如此, 爲人臣以事君, 何用殺人以求自安其位耶?

한 무제가 법제(法制)로 아래를 제어하고자 혹리(酷吏)를 즐겨 등용하면서 백성들은 범법을 더욱 가벼이 여기고 도적이 더 많이 발생하였으며 도로가 통하지 못하였고, 이윽고 범곤(范昆) 등에게 수의(繡衣)를 입고 부절을 지니고 군사를 동원하여 격퇴하게 하였다. 이르는 곳에 마음대로 2천 석 이하를 참하도록 하여 주살된 자가 매우 많았고, 한 군(郡)에 많게는 만여 명에 이르렀다. 흩어진 군졸이 도망쳐 다시 당을 이루고 산천을 막는 일이 왕왕 있었고, 무리 지어 거주하니 어쩔 도리가 없었다. 이에 침명법(沈命法)을 만들어 이르기를 "도적이 생겼는데 발각하지 못하거나 발각했는데도 일정한 등급을 채우지 못한 자는, 2천 석 이하에서 소리(小吏)에 이르기까지 주장하는 자를 모두 죽인다."라고 하였다. 그 뒤 소리들은 주륙이 두려워 비록 도적이 있어도 발설하지 않았고, 부(府) 또한 말하지 못하도록 했기 때문에 도적이 점차 많아졌다. 위아래가 서로 은닉하면서 문사(文辭)로 법을 피하였다.

武帝以法制御下, 好尊用酷吏, 民益輕犯法, 盜賊滋起, 道路不通, 乃使范
昆等衣繡衣持節發兵以興擊, 所至得擅斬二千石以下, 誅殺甚衆, 一郡多至
萬餘人, 散卒失亡複聚黨阻山川者, 往往而群居無可奈何, 於是作沈命法
曰: "盜起不發覺, 發覺而捕不滿品者, 二千石以下至小吏主者皆死." 其後
小吏畏誅, 雖有盜不敢發, 府亦使其不言, 故盜賊浸多, 上下相爲匿, 以文
辭避法焉.

호인이 말하였다.

"임금을 세운 이유는 사람들이 무리를 지어 다투기 때문이다. 덕화
(德化)에 힘쓰지 않고 힘을 일삼는 것이 다툼이다. 무릇 백성이란, 승
복하면 따르고 다스리면 놀라며, 함께 다투면 경쟁하듯 분연히 일어
난다. 아무리 대단히 무도한 군주라도 악한 백성이 자기에게 반란을
일으키면 풀을 베는 자가 땅위에서 호미와 가래로 하듯 엄한 형벌로
임하는데, 또한 사해의 백성을 다 죽일 수 없는 것은 왜인가? 적은 수
로는 많은 수를 이길 수 없기 때문이다.

한나라의 거울이 멀지 않으니 영정(嬴政: 진 시황의 이름)의 시대에 있
다. 그러므로 법으로 백성을 제어하는 것은 백성을 잘 먹여 살리는
것만 못하고, 대중을 정치로 제어하는 것은 대중을 덕으로 어루만지
는 것만 못하다. 덕으로 어루만지고 잘 먹여 살리면서, 하늘이 덮어
주듯이 위에 있으면서 관대하면 어찌 도적이 되는 데 이르겠는가?"

胡寅曰: "所爲立君者爲人群而爭也, 不務德化而以力從事, 是與之爭

也. 夫民服之則馴, 治之則駭, 與之爭則奮然競起矣. 雖大無道之君惡
民叛己, 臨以嚴刑如薙草者, 錢鎛耰鉏相尋於地上, 亦未有能盡殺四海
之人者, 何則? 寡不勝衆也. 漢監不遠, 在嬴政之世矣. 是故以法製民
不若以善養民, 以政御衆不若以德撫衆, 撫以德·養以善, 居上而寬, 如
天覆然, 何至於爲盜哉?"

신은 이렇게 생각합니다. 성인(聖人)이 형벌을 제정하여 형벌이 없기
를 추구하고 사형을 세워 사형이 그치기를 추구하였습니다. 한 무제
때 도적이 점점 발생하자 침명법을 만들었으니 도둑을 그치게 하지
못했을 뿐 아니라, 도리어 이 때문에 도적이 점점 많아졌습니다. 또
한 이로 인해 관리들이 서로 엄폐하고 도적이 더욱 심해졌으니, 이 한
가지 조치로 두 가지를 잃었습니다. 이로부터 큰 혼란에 이르는 것은
어렵지 않습니다. 《서경》〈여형(呂刑)〉에 이르기를 "백성을 다스리는
것은 중 아님이 없다.[民之亂, 罔不中.]"[4]라고 하였는데, 이는 백성을 다스
리는 도리는 중도를 지나침이 없는 것입니다. 그러므로 선왕이 법을
세우고 형을 제정할 때 중용을 택하였으니, 중용은 지나침도 없고 미
치지 못함도 없어서 항상 적용하여도 폐단이 없는 것입니다. 지나치
게 엄하거나 또한 미치지 못하여 너그러운 것도 없으니, 지나치게 엄
하면 백성들이 감당할 수 없게 되어 서로 거짓말을 하면서 죄를 피하

---

4 백성을 … 없다: 원문의 난(亂)은 치(治)의 뜻이고, "백성을 다스리는 것은 옥사의 두 편 말
을 가운데서 듣는 것이다.[民之亂, 罔不中聽獄之兩辭.]"라는 말에서 나왔다.

고, 미치지 못하여 너그러우면 백성들이 두려운 바가 없어서 무리들이 다투어 일어나 죄를 저지릅니다.

臣按: 聖人制刑以求無刑, 立辟以求止辟, 武帝時以盜賊滋起, 作爲沈命法, 非獨不能止盜, 反由是而盜賊滋多, 且又因之而致官吏之相爲掩蔽而盜賊益甚, 是一擧而二失焉, 由是而馴致大亂不難也. 《呂刑》云 "民之亂罔不中", 是則治民之道無有過於中者也, 是故先王立法制刑莫不用中, 中則無過無不及, 可以常用而無弊, 不過而嚴亦不及而寬, 過而嚴則民有不堪, 而相率爲僞以避罪, 不及而寬則民無所畏, 而群聚競起以犯罪.

처음에 효무제 시대에 군대 징발이 빈번하여 백성들이 빈궁해졌고 빈궁해진 백성들이 범법하면서 간악함을 이길 수 없었다. 이에 장탕(張湯)·조우(趙禹)에게 법령 제정을 맡겨, 견지법·고종법(故縱法)[5]·감림부주법(監臨部主法)[6]을 만들어, 심고(深故)[7]의 죄를 완화하고 종출(縱出)[8]의 주륙을 급히 하였다. 그 뒤 간활한 자들이 법을 교묘하게 나쁜 사례를 만들어 서로 따르고, 금지법이 점차 조밀해지고 율령이 번거롭고 혹독해져, 문서가 서고에 가득 넘쳐 관리하는 자가 다 볼 수도 없었다. 그래서 군국(郡國)에서

5　고종법(故縱法): 죄가 있는 줄을 알면서도 고의로 놓아주었을 때 처벌하는 법이다.
6　감림부주법(監臨部主法): 관할하의 하급 관서나 부하가 부정을 저질렀을 경우 그 상사가 죄를 받는 법이다.
7　심고(深故): 고의로 법망에 걸리도록 한 죄이다.
8　종출(縱出): 관리가 제멋대로 죄인을 석방하였다고 의심되는 경우에 주는 벌이다.

받아 적용하는 자는 내용을 몰랐고【박(駁)은 그 적용 의도를 이해하지 못하는 것이다.】, 혹 죄는 같은데 논의가 달라 간사한 관리가 이런 기회를 이용해 이익을 챙겼다【시(市)는 법을 농락하고 재물을 받기를 시장에서 물건 사고 팔 듯이 한다는 말이다.】. 살리고자 하면 살리는 쪽으로 의견을 모으고, 죄에 빠트리게 하면 사형죄에 해당하는 사례【비(比)는 사례(例)이다.】를 부여하니, 의논하는 자들이 모두 원통하게 여기며 애달파했다.

初, 孝武之世征發煩數, 百姓貧耗, 窮民犯法, 奸軌不勝. 於是使張湯·趙禹之屬條定法令, 作見知故縱·監臨部主之法, 緩深故之罪, 急縱出之誅. 其後奸猾巧法, 轉相比況, 禁網浸密, 律令煩苛, 文書盈於几閣, 典者不能遍睹. 是以郡國承用者駁【不曉其用意也】, 或罪同而論異, 奸吏因緣爲市【弄法而受財若市買之交易】, 所欲活則傅生議, 所欲陷則予死比【例也】, 議者咸冤傷之.

신은 이렇게 생각합니다. 효무제는 백성들이 빈궁해져 빈궁해진 백성들이 범법하자 혹리들에게 법령 제정을 맡겨 그 죄를 확대하여 그 물질하였습니다. 아! 어찌 또한 백성들이 범법하는 이유를 돌이켜 찾아보지 않습니까? 역사가인 반고(班固)가 "군대 징발이 빈번하여 백성들이 빈궁해졌다."라고 하듯이, 백성들이 궁핍해져 범법에 이른 것은 이유가 있는 것입니다. 처음에는 상양(桑羊)·공근(孔僅)을 등용하여 군대 징발을 빈번하게 하더니, 끝내 또 장탕·조우를 등용하여 율령을 번거롭고 혹독하게 하여 백성을 죽을 곳에 빠트렸으니, 무제는 어찌 그리 심하게 불인(不仁)합니까?

그러니 백성들이 법을 범하지 못하게 하려면 그 방도는 무엇입니까?《관자(管子)》에 "창고가 차야 예절을 안다.[倉稟實, 知禮節.]"라고 하였습니다. 반드시 절제하여 법도를 삼가고, 세금징수를 적게 하고 부역을 너그럽게 하여 집안이 넉넉하고 사람들이 풍족하면 백성들이 궁핍하지 않고 사람들이 유사(有司)를 범하지 않을 것입니다.

臣按: 武帝以百姓貧耗, 窮民犯法, 乃使酷吏條定法令, 推求其罪以網羅之. 嗚呼, 盍亦反求民之所以犯法之由乎? 史固曰"征發煩數, 百姓貧耗", 民之所以窮而至於犯法者有由也, 始也旣用桑羊·孔僅以征發煩數而致民於法獄, 終也又用張湯·趙禹以律令煩苛而陷民於死地, 武帝何不仁之甚哉? 然則欲民之不犯法, 其道何繇? 曰《管子》有言"倉稟實, 知禮節", 必也制節謹度, 薄稅斂, 寬力役, 使其家給人足, 則民不窮而人不犯於有司矣.

한 선제(漢宣帝) 때, 정위사 노온서(路溫舒)가 상언하여 진나라 사람들의 형벌 사용의 잘못을 아뢰었는데, 그 끝에 "까마귀와 솔개의 알을 깨는 일이 없으면 봉황이 모여들며, 비방하는 죄를 벌주지 않은 뒤에 진실한 말이 나옵니다. 그러므로 옛사람이 말하기를 '산과 숲은 독충을 끌어안으며 내와 못은 오물을 받아들이고, 훌륭한 옥도 하자를 품고 있으며 나라의 임금은 더러운 것을 포용한다.'[9]라고 하였습니다. 비록 폐하께서 비방을 제거하고 절실한 말을 부르시지만, 천하의 입을 열고 간언의 길을 넓히며 망한 진나라의 잘못을 일소하고 문무의 덕을 높이며, 법제를 줄이

---

9 산과 … 포용한다:《춘추좌씨전》선공(宣公) 15년에 나온다.

고 형벌을 너그럽게 하여 옥사 처리를 없앤다면 태평성대의 풍조가 세상에 일어날 수 있고 길이 화락한 길을 걸어 하늘과 함께 망극할 것이니, 천하의 큰 다행일 것입니다."라고 하였다.

宣帝時, 廷尉史路溫舒上言秦人用刑之失, 其終有曰: "烏鳶之卵不毀而後鳳凰集, 誹謗之罪不誅而後良言進. 故古人有言, 山藪藏疾, 川澤納汙, 瑾瑜匿惡, 國君含詬. 雖陛下除誹謗以招切言, 開天下之口, 廣箴諫之路, 掃亡秦之失, 尊文武之德, 省法制・寬刑罰以廢治獄, 則太平之風可興於世, 永履和樂與天罔極, 天下幸甚."

신은 이렇게 생각합니다. 노온서의 상소는 진씨(眞氏)가 이미 이전 책에서 수록했거니와, 또 이르기를 "채찍이나 몽둥이 아래서 얻어 내지 못하는 것이 무엇이겠습니까? 그래서 피의자가 고통을 견딜 수 없으면 꾸며서 거짓말을 합니다. 옥리는 이런 것을 이용하고 법률을 무리하게 적용하여 그 죄를 입증합니다. 판결한 내용을 상주할 때는 기각될까 두려워 말을 교묘하게 꾸며서 제출합니다. 대개 주당(奏當)[10]이 완성되면 비록 고요(皐陶)가 듣는다 할지라도 오히려 죽이고도 남는 죄가 있다고 여기게 됩니다. 왜 그렇겠습니까? 주도면밀하게 범죄 이유를 날조하는 자가 많고 교묘하게 글을 꾸미니 죄가 분명하기 때문입니다. 그래서 속어에 이르기를 '땅에다 감옥을 그려 놓아도 들어가

---

10 주당(奏當): 옥사의 심리를 완료하고 나서 임금에게 처결의 의견을 주문(奏聞)하는 일을 말한다.

지 않으려 하고, 나무로 관리를 삼아도 대질하려 하지 않는다'고 했습니다."라고 했습니다. 이 십여 마디의 말은 서리의 참혹하고 각박한 마음과 감옥의 억울한 상황을 다 전해 주고 있습니다. 그렇지만 그 상소를 보면, 처음에 진나라 때에 바른 말을 한 자는 비방이라고 하고 잘못을 막은 것을 요언이라고 하여, 선왕(先王)을 따르려는 사람들은 세상에 등용되지 못하였으며, 충량하고 절실한 말이 모두 가슴에 울결하고, 헛된 미화가 마음을 도취시키고 실제 화란은 덮여 있던 것이 바로 진나라가 망한 이유라고 말했습니다. 이어서 서리가 각박하고 옥사가 억울하다고 말하였고, 끝에서 '비방을 제거하고 절실한 말을 부르시지만, 천하의 입을 열고 간언의 길을 넓히며, 법제를 줄이고 형벌을 너그럽게 하여 옥사 처리를 없애라'는 말로 맺었습니다. 대체의 의도는 진나라가 망하게 된 이유는 형옥이 참혹하고 각박하였기 때문이고, 형옥이 참혹하고 각박한 것은 언로가 열리지 않은 데서 연유하며, 언로가 열리지 않게 된 이유는 바른 말과 과실을 막는 말을 비방이나 요언이라고 간주했기 때문입니다.

선제가 그 말을 좋게 생각했기 때문에 조칙을 내려 정평(廷平)을 세웠지만, 당시 양운(楊惲)의 죽음은 바로 남산(南山)의 황무지에서 연루되었습니다.[11] 현관(縣官)은 힘을 다하여 따질 말은 아니라고 생각했지만, 우정국(于定國)이 정위(廷尉)가 되어 결국 요사스럽고 악한 말을 하

---

11 양운(楊惲)의 … 연루되었습니다: 양운이 지은 시에 "저 남산의 밭은 개간하지 않은 황무지로다. 한 이랑에 콩을 심었는데, 떨어져 콩깍지가 되었네.[田彼南山, 蕪穢不治, 種一頃豆, 落而爲萁.]"라고 하였는데, 한 이랑은 백묘(百畝)이므로 백관(百官)을 비유하고, 떨어진 콩은 버림받은 자신을 비유한다. 양운은 손회종(孫會宗)에게 보낸 편지가 문제가 되어 죽임을 당했다. 《한서(漢書)》 권66 〈양운전(楊惲傳)〉.

여 대역무도하다고 상주하였으니, 이는 노온서의 말이 선제의 잘못을 절실히 맞추었고 진나라를 빌려 말했을 뿐입니다.

호씨(胡氏)가 군주의 행동이 인심에 합당하지 않으면 천하가 의논할 수 있다고 하였으니, 어찌 한 사람을 죽이고 한 입에 재갈을 채운다고 해서 저지할 수 있겠습니까? 선제가 여기서 군주의 도리를 잃은 것입니다. 아! 군주의 혹형은 모두 인심을 잃고 나라를 망하기에 충분하지만, 하루아침에 마음을 바꿀 수 있으면 오히려 그 뒤를 잘 할 수 있습니다. 간언하는 사람을 죽이는 것은 망하지 않을 리가 없으니, 한나라와 당나라 말기의 군주를 보면 알 수 있으니, 나라를 다스리는 자는 거울로 삼아야 합니다.

臣按: 溫舒之疏眞氏已載於前書, 且謂: "棰楚之下何求而不得, 故囚不勝痛則飾辭以視之, 吏治者利其然則指道以明之, 上奏畏卻則煆煉而周納之. 蓋奏當之成, 雖咎繇聽之猶以爲死有餘辜, 何則? 成煉者衆文致之罪明也, 故俗語云'畫地爲獄議不入, 刻木爲吏期不對'." 此十餘言其於胥吏慘刻之情·獄犴冤枉之狀可謂盡矣, 然觀其疏, 始言秦之時正言者謂之誹謗·遏過者謂之妖言, 盛服先王不用於世, 忠良切言皆鬱於胸, 虛美薰心, 實禍蔽塞, 乃秦之所以亡; 繼言胥吏慘刻, 獄犴冤枉; 及其終也, 又以除誹謗以招切言, 開天下之口, 廣箴諫之路, 省法制·寬刑罰以廢治獄結之. 大意謂秦之所以亡由刑獄慘刻, 刑獄慘刻由言路不開, 言路所以不開者由以正言遏過者爲誹謗妖言也. 宣帝善其言, 故下詔立廷平, 然當時楊惲之死, 正坐南山蕪穢, 縣官不足爲盡力之言, 于定國爲廷尉, 乃奏以爲妖惡言, 大逆無道, 則是溫舒之言切中宣帝之失而借秦爲言耳. 胡氏謂人君行事不當於人心, 天下得而議之, 豈有戮一夫·鉗一喙而能沮弭之哉? 宣帝於是乎失君道矣. 噫, 人君之酷刑皆足以失人心而亡國, 一旦苟有革心猶足以善其後, 惟殺諫者則無不亡之理, 觀諸漢·唐末世之君可見矣, 有國家者尙鑒之哉.

한 장제(漢章帝) 때 진총(陳寵)이 상소하여 "폐하께서 즉위한 뒤 수차 조서를 내려 신하들이 매우 편안합니다만, 유사(有司)가 집무를 하면서 미처 전형(典刑)을 다 받들지 못하여 법 적용이 아직도 각박합니다. 옥사를 판단하는 자는 매를 치며 혹독한 고통을 주는 데 급급하고 법을 집행하는 자는 비방하고 속이며 함부로 쓴 문서에 번거로워, 혹 공무를 하면서 사익을 도모히여 위복(威福)을 멋대로 하였습니다. 지금 마땅히 번거롭고 가혹한 법을 탕척하고 혹독한 처벌을 가볍게 하여 사람들의 삶을 구제해야 합니다."라고 하니, 황제가 진총의 말을 받아들이고, 조서를 내려 유사가 혹독한 조문에 죄를 얽어 넣는 일을 그만두고, 요악하다고 해서 금하는 법을 풀어 주고, 문서를 꾸민 청탁은 제거하여, 5십여 사안을 논의하여 정령에 정하여 두었다.

章帝時, 陳寵上疏曰: "陛下卽位, 數詔群僚宏崇晏晏, 而有司執事未悉奉承典刑, 用法猶尙深刻, 斷獄者急於筹格酷烈之痛, 執憲者煩於詆欺放濫之文, 或因公行私, 逞縱威福. 今宜蕩滌煩苛之法, 輕薄棰楚以濟群生." 帝納寵言, 詔有司絶鈷鑽諸慘酷之科, 解妖惡之禁, 除文致之請讞五十餘事, 定著於令.

신은 이렇게 생각합니다. 문서를 꾸민다[文致]는 말은 그 사람이 죄가 없는데도, 문서를 수식하여 법에 집어넣는 것을 말합니다.

臣按: 文致, 謂其人無罪, 文飾致其法中也.

한 환제(漢桓帝) 연희(延熹) 원년(158), 중상시(中常侍) 후람(侯覽) 등이 뇌수(牢修)를 시켜, 이응(李膺) 등이 태학의 유사(遊士)를 배양하고 각 부의 생도와 결탁하여 서로 어울리며 당파를 이루어 조정을 비방하고 풍속을 어지럽힌다고 상서하였다. 황제가 노하여 군국(郡國)에서 당인(黨人)을 체포하라고 명하고 천하에 포고하여 함께 분노하게 하였다. 사안이 삼부(三府)를 거치는데, 태위 진번(陳蕃)이 물리치며 "이번 조사를 받는 사람은 모두 천하에서 사람들이 칭송하고 나라를 걱정하는 충성스러운 신하들이니, 이들은 오히려 10대 동안 사면해야 하는데, 어찌 죄가 드러난 것도 없는데 잡아 가둔다는 말인가?"라고 하고, 서명하려고 하지 않았다. 상이 더욱 화가 나서 마침내 이응 등을 황문북시옥(黃門北寺獄)에 내렸다. 그들의 진술이 두밀(杜密)·진상(陳翔)·범방(范滂)의 무리 2백여 명에 미쳤는데, 혹 도망치거나 숨어 잡지 못하면 모두 현상금을 걸고 사신을 사방으로 계속 보냈다. 진번이 상서하여 극간하니 황제가 노하여 책임을 물어 면직시키니 뒤로 감히 다시 말하는 자가 없었다. 두무(竇武)·적서(霍諝)가 다시 말하자 황제의 뜻이 조금 풀어져, 이윽고 조칙을 내려 당인 2백여 명을 모두 시골로 돌려보내고 이름을 삼부(三府)에 적어 종신토록 금고(禁錮)시켰다. 영제(靈帝)가 즉위한 뒤 진상과 두무가 권력을 잡고 다시 이응 등을 발탁하였다가, 진상과 두무는 주류되고, 이응 등은 다시 폐고되었다.

후람은 장검(張儉)을 더욱 심하게 원망하여, 주병(朱並)에게 상서하라고 명하여 장검 등이 공동으로 당파를 만들어 사직을 위태롭게 하려고 했다고 고발하였다. 당시 상의 나이 14세였는데, 묻기를 "당인들이 무슨 악행을 저질렀기에 주륙하려고 하는가?"라고 하니, 대답하기를 "불궤(不軌)를 도모했습니다."라고 하였다. 상이 "불궤가 무엇인가?"라고 하니, 대답하기를 "사직을 위태롭게 하려는 것입니다."라고 하자 상이 상주하도록 하였다. 무릇 당인으로 죽은 자가 백여 명이었고, 처자식은 모두 변경으로 이사를 보냈고, 연좌되어 체포되고 고문을 받은 자가 천하에 널려 있었으며, 종실 친척도 아울러 모두 전멸하였고 군현(郡縣)은 이 때문에 피폐해졌다.

桓帝延熹元牟, 中常侍侯覽等令牢修上書, 告李膺等養太學遊士, 交結諸部生徒, 更相驅馳, 共爲部黨, 誹訕朝廷, 疑亂風俗. 帝怒, 下郡國捕黨人, 布告天下, 使同忿疾, 案經三府, 太尉陳蕃卻之曰: "今所按者皆海內人譽 · 憂國忠公之臣, 此等猶將十世宥之, 豈有罪不彰而致收掠乎?" 不肯平署. 上愈怒, 遂下膺等於黃門北寺獄, 其辭所連及杜密 · 陳翔 · 範滂之徒二百餘人, 或逃遁不獲, 皆懸金購募, 使者四出相望. 陳蕃上書極諫, 帝怒, 策免之, 自後無敢復言者. 竇武 · 霍諝復以爲言, 帝意稍解, 乃詔黨人二百餘人皆歸田裏, 書名三府, 禁錮終身. 及靈帝卽位, 陳 · 竇用事, 復擧拔膺等. 陳 · 竇誅, 膺等復廢, 侯覽怨張儉尤甚, 乃命朱並上書, 告儉等共爲部黨, 圖危社稷. 時上年十四, 問曰: "黨人何用爲惡而欲誅之耶?" 對曰: "欲爲不軌." 上曰: "不軌者何?" 對曰: "欲危社稷." 上乃可其奏. 凡黨人死者百餘人, 妻子皆徙邊, 連引收考布遍天下, 宗戚並皆殘滅, 郡縣爲之殘破.

마단림(馬端臨)이 말하였다.

"당고(黨錮)의 옥사는 환관이 바르고 곧은 사람을 증오하는 데서 나왔지만, 죄를 가하려고 할 때는 반드시 거기에 핑계를 댔다. 황제가 조절(曹節)에게 '당인들이 무슨 악행을 저질렀기에 주륙하려고 하는가?'라고 하였는데, 좋은 질문이다. 황제가 당시 아직 어려서 알지 못했거니와, 간사하고 말재주가 좋은 자는 면전에서 기쁘게 하기에 친하게 되고, 충성스럽고 어진 사람들은 곧은 말을 하므로 싫어하기 때문에 이런 질문을 꺼냈던 것이다. '불궤를 도모하여 사직을 위태롭게 했다'고 대답하니 다시 모의한다는 것이 어떤 일인지 위태롭게 하는 것이 어떤 상황인지 따져 묻지 못하고 갑자기 주달하게 하였다. 옛날부터 어리석고 포악한 군주는 간쟁하는 신하와 곧은 선비를 주륙하였으니, 용방(龍逄)·비간(比干) 같은 사람들은 모두 조정에서 간쟁을 했다가 화를 입었고 재야에서 몰래 의논하는 자들은 죄를 받은 적이 없었다. 이사(李斯)가 처음 우어(偶語)를 금지하였고, 장탕(張湯)이 처음 복비(腹誹)의 율을 만들어 모두 사형에 처하였다. 지금 당고의 제현(諸賢)들이 연좌된 것은 바로 우어와 복비의 죄이고, 조절과 왕보가 한 일은 대개 이사와 장탕이 예전에 알던 것을 답습한 것이다. 뿌리에 연좌하고 가지에 미쳐서, 연좌로 죽은 자가 이루 셀 수 없으니, 아무리 군주가 어리석고 정치가 혼란스러워 흉당(凶瑞)[12]이 멋대로 위세를 믿고 포악하더라도, 그런 것 또한 유래가 있는 것이다. 대개 한나라 황실의 법은 수사(殊死)[13]를 가벼운 법이라고 생각하였고, 옥사를 다스리는 관

---

12 흉당(凶瑞): 당은 금당(金瑞)으로, 한(漢)나라 시중(侍中)과 중상시(中常侍)의 관원이 쓰는 관(冠) 앞에 붙인 황금 장식으로, 환관의 별칭으로 쓰인다.

리는 당여를 깊이 캐는 것을 능사로 여겼으니, 공자(孔子)가 '처음 사람 모습의 인형을 만든 자는 후손이 없을진저![始作俑者, 其無後乎!]'[14]라고 하였고, 전(傳)에 '탐욕에서 법을 만들면 장차 폐단을 어찌하겠는가?'[15]라고 했으니, 사실이로다!"

馬端臨曰: "黨錮之獄, 出於宦官之惡直醜正, 然欲加之罪則必從而爲之辭, 帝之問曹節曰'黨人何用爲惡而欲誅之耶', 善哉問也. 帝時方童幼未知, 奸佞容悅之可親, 忠賢鯁直之可惡, 故發此問, 至對以'謀不軌, 危社稷', 則不復能窮詰其所以謀之說・所以危之狀而遽可其奏矣. 自昔昏暴之君誅諍臣・戮直士, 若龍逢・比幹之儔, 皆以諫諍於朝而嬰禍, 而竊議於野者則未嘗罪之也. 至李斯始有偶語之禁, 張湯始有腹誹之律, 皆處以死罪. 今觀黨錮諸賢所坐, 卽偶語腹誹之罪, 而曹節・王甫所爲, 蓋襲斯・湯之故智也, 至於根連株逮, 坐死者不可勝計, 雖曰主昏政亂, 凶瑠得以肆其威虐, 然亦有由來矣. 蓋漢家之法以殊死爲輕典, 而治獄之吏則以深究黨與爲能事, 夫子曰'始作俑者其無後乎', 傳曰'作法於貪弊, 將若之何', 信哉."

신은 이렇게 생각합니다. 노온서(路溫舒)가 진(秦)나라에 10가지 잘못

---

13 수사(殊死): 사형수 또는 참형을 말한다.

14 처음 … 없을진저:《맹자》〈양혜왕 상(梁惠王上)〉에 공자의 말로 인용되어 있다.

15 탐욕에서 … 어찌하겠는가:《춘추좌씨전(春秋左氏傳)》소공(昭公) 4년 조에 "법을 만들 때 박하게 해도 그 폐단은 오히려 탐심을 부리게 된다. 더구나 탐욕에서 법을 만들면 장차 폐단을 어찌하겠는가?[作法於涼, 其弊猶貪; 作法於貪, 弊將若之何?]" 하였다.

이 있다고 했는데, 그중 하나는 아직도 남아 있으니, 옥사를 다스리는 옥리가 그것입니다. 신은 생각하기에 옥사를 다스리는 옥리는 그 작은 데 불과합니다. 그 남아 있는 잘못 가운데 가장 큰 것은 비방과 요언을 금한 것입니다. 여후(呂后) 때 그 금법을 없앴지만 노온서가 선제에게 상소를 하자 시종 비방했다고 말했으니, 이는 비록 제거한 것이 사실이지만 암암리에 적용했는데 스스로 알지 못했던 것입니다. 그 자손이 익숙히 보아서 당연하게 여겼고, 좌우 흉악한 자들이 마침내 그대로 답습하고 적용하여 자신과 다른 사람을 제거하였으니, 그 화가 결국 세대를 바꾸어 누대에 이르러 오히려 치열해졌고, 마침내 선량한 사람들이 화를 입고 나라의 운명이 그 뒤를 따랐습니다. 훗날 천하를 다스리는 자 가운데, 기타 형옥이 비록 참혹하더라고 인심을 잃고 국맥을 재촉하여 빨리 망하게 만드는 것으로는 모두 비방과 요언을 금하는 법령보다 심한 것이 없었습니다. 옛말에 간신(諫臣)을 죽인 자는 나라가 반드시 망한다고 했습니다. 하지만, 간신을 죽인 자는 오히려 정해진 천명이 있지만 간하지 않은 자는 반드시 죽이지 않았습니다. 오직 비방과 요언을 적용하여 남의 죄에 연좌하였으니, 조정이나 재야, 관직이 있거나 없거나를 가리지 않고 일체 주륙하여 천하의 입을 막았으니, 그 나라가 망하는 것 또한 어찌 의아하겠습니까?

臣按: 路溫舒言秦有十失, 其一尙存, 治獄之吏是也. 臣以爲治獄之吏其小者耳, 其所失之存最大者則誹謗妖言之禁焉. 呂后雖除去其禁, 然溫舒上疏於宣帝, 始終以誹謗爲言, 則是雖除之實則暗用之而不自知也, 其子孫習見以爲當然, 左右凶邪逐襲用之以除異己之人, 其禍乃至

更代累世而猶熾, 卒之善良受禍, 國祚隨之. 後之有天下者, 其他刑獄
雖若慘刻, 然失人心·促國脈趣於亟亡者皆莫甚於誹謗妖言之令也. 古
語云殺諫臣者其國必亡, 然殺諫臣猶有定名, 不諫者未必殺也, 惟用誹
謗妖言坐人之罪, 則不分在朝在野·有官無官, 一切誅之以鉗天下之口,
其國之亡也, 又何疑哉?

위 효문제(魏孝文帝)는 죄를 짓고 변경으로 보낸 자가 대부분 도망치자,
이윽고 1인이 도망치면 집안 식구 전부를 역에 충당하는 제도를 만들었
다. 광주 자사(光州刺史) 박릉(博陵) 사람 최정(崔挺)이 간하기를 "천하에 선한
사람은 적고 악한 사람은 많습니다. 만일 1인이 죄를 지었다고 하여 집안
사람에게 연장하여 미치게 한다면 사마우(司馬牛)는 환퇴(桓魋)의 벌을 받
아야 하고,[16] 유하혜(柳下惠)는 영도척(嬰盜蹠)의 주벌을 받아야 하니[17] 또한
슬프지 않겠습니까?" 효문제가 좋다고 듣고 마침내 그 제도를 없앴다.

魏孝文以有罪徙邊者多逋亡, 乃制一人逋亡闔門充役. 光州刺史博陵崔挺
諫曰: "天下善人少, 惡人多, 若一人有罪延及闔門, 則司馬牛受桓魋之罰,
柳下惠嬰盜蹠之誅, 不亦哀哉?" 孝文善之, 遂除其制.

---

16 사마우(司馬牛)는 … 하고: 사마우는 공자의 제자로, 《논어》〈안연(顏淵)〉에 나오는데, 사마
우의 형인 사마상퇴(司馬向魋) 즉 환퇴(桓魋)가 난리를 일으켰다.

17 유하혜(柳下惠)는 … 하니: 도척은 춘추 시대 노(魯)나라 유하혜의 아우인 유척(柳跖)이다. 유
하혜는 맹자(孟子)가 "성인으로서 화(和)한 사람이다."라고 평가하였다. 《맹자》〈공손추 상
(公孫丑上)〉에 나온다.

신은 이렇게 생각합니다. 진(秦)나라가 처음 이족(夷族: 죄인의 일족을 죽임)의 형벌이 있어서, 1인이 범죄를 저지르면 일가족에 연장하여 미치게 하였고, 또 모족(母族)·처족(妻族)에 미쳤다. 최정의 이 말은 어진 사람의 말입니다. 진나라는 겨우 2대를 갔고, 박릉의 최씨는 대대로 북조(北朝)의 거족이 되었고 당나라에는 오히려 번성하였으니 하늘에 뜻이 없다고 할 수 없습니다.

> 臣按: 秦始有夷族之刑, 一人犯罪延及一家, 而且及其母族妻族焉, 崔
> 挺茲言其仁人之言哉. 秦僅再世, 而博陵之崔世爲北朝大族, 至於唐猶
> 盛, 不可謂天無意也.

처음에 위 원비(魏元丕)가 육예(陸睿)·이충(李衝)·우열(于烈)과 함께 불사(不死)의 조서를 받았다. 육예가 주륙을 당한 뒤, 이충과 우열에게 조서를 내리기를, "육예는 반역을 일으켰으니, 맹서를 어긴 것은 그이니 나와는 상관이 없다. 하지만 오히려 이전 말을 잊지 않고 자살을 허락하고 가족에 대한 연좌를 면해 주었으니, 나는 본디 끝까지 약속을 지킨 것이고, 그가 스스로 관계를 끊은 것이다."라고 하였다.

> 初, 魏元丕與陸睿·李衝·于烈俱受不死之詔, 睿旣誅, 賜衝·烈詔曰: "睿反
> 逆, 違誓在彼, 不關朕也, 然猶不忘前言, 聽其自死, 免其孥戮, 朕本期始終
> 而彼自棄絕."

사마광(司馬光)이 말하였다.

생(生)을 주고 빼앗는 것은 군주가 신하를 제어하는 큰 권한이다. 그러므로 선왕(先王)의 제도에 팔의(八議)[18]가 있지만 그 죄에 바로 사면하지 못한 점이 있으면 반드시 괴극(槐棘)[19] 아래에서 의논하게 하고, 용서할 만하면 용서하고 형을 줄 만하면 형을 주었다. 이 때문에 군주는 은혜를 베풀면서도 그 위엄을 잃지 않을 수 있었고, 신하는 죄를 모면하면서도 스스로 과시할 수 없었던 것이다. 위나라는 공훈을 세워 귀해진 신하에 대하여 왕왕 미리 사형시키지 않는다고 인정해 놓고, 그가 교만해져서 죄를 범하면 또 이어서 살해하였으니, 이래서 신뢰가 없는 명령이 죽을 곳에 빠트리는 것이다.

司馬光曰: "殺生予奪, 人君馭臣之大柄, 是故先王之制雖有八議, 苟有其罪不直赦也, 必議於槐棘之下, 可宥則宥, 可刑則刑, 故君得以施恩而不失其威, 臣得以免罪而不敢自恃. 魏於勳貴之臣往往豫許之以不死, 彼驕而觸罪, 又從而殺之, 是以不信之令使陷於死地也."

신은 이렇게 생각합니다. 군주가 다스리는 큰 요체는 인의(仁義)에 있

---

18 팔의(八議): 주(周)나라의 팔벽(八辟)에서 유래한 제도로, 특별 심의를 거쳐 형벌을 감면할 수 있도록 규정한 여덟 가지 조건이다. 후에 제왕의 친족이나 근신에 대해 형벌을 감해 주거나 면제해 주는 특권이 되었다. 《주례(周禮)》〈추관 소사구(秋官小司寇)〉.

19 괴극(槐棘): 삼괴구극(三槐九棘)의 준말로, 삼공(三公)과 구경(九卿)을 말한다. 주(周)나라 때에 외조(外朝)에다 회나무[槐]와 가시나무[棘]를 심어서 조신(朝臣)의 위치를 표시한 고사에서 나온 것이다. 《주례(周禮)》〈추관 사구 조사(秋官司寇朝士)〉.

으니 인의를 유지하는 방도는 신뢰입니다. 죽지 않아야 하는데 죽으면 인이 아니고, 죽어야 하는데 죽지 않으면 의가 아닙니다. 이미 사형시키지 않는다고 허락해 놓고 또 죽였으니 신뢰가 아닌데, 이 세 가지를 잃고 어떻게 나라를 다스리겠습니까?

臣按: 人君爲治大要在仁義, 所以持仁義者信也. 不當死而死之非仁, 當死而不死之非義, 旣許以不死而又死之非信, 失此三者, 何以爲國?

양 무제(梁武帝)는 형법을 간소하게 하여, 공경과 대신 모두 국옥(鞫獄)을 하지 않으려고 생각하였고, 또 오로지 불교의 경계에 정성을 들여 매번 중죄를 판결하면 종일 언짢아했다. 혹 반역사건이 발각되면 또한 울면서 용서하였다. 이로 인해 왕후(王侯)가 더욱 횡행하고 환한 대낮에 도심 길가에서 사람을 죽이거나 저녁에 공공연히 노략질을 자행하여, 죄를 짓고 도망친 자가 주인 집에 숨으면 유사가 감히 체포하지 못하였다. 황제가 그 폐단을 깊이 알고 있었지만 자애심에 빠져 금지하지 못하였다.

梁武帝疏簡刑法, 自公卿大臣咸不以鞫獄爲意, 又專精佛戒, 每斷重罪則終日不懌, 或謀反逆事覺亦泣而宥之. 由是王侯益橫, 或白晝殺人於都街, 或暮夜公行剽掠, 有罪亡命者匿於主家, 有司不敢搜捕, 帝深知其弊而溺於慈愛, 不能禁也.

신은 이렇게 생각합니다. 대우(大禹)가 죄수를 보고 울었던 것은 백성의 어리석음을 불쌍히 여긴 것이고, 양 무제가 죄수를 보고 울었던 것은 자기의 복을 바랐던 것입니다. 눈물을 흘린 것은 같지만 마음을 둔 것은 달랐으니, 어리석음을 불쌍히 여기고 울었지만 끝내 법에 따라 처치한 것은 그 뒤를 경계하여 어리석음을 교화하여 지혜롭게 하고 악을 변화시켜 선량하게 한 것입니다. 복을 바라고 운 것은 죄수가 사형을 면하기는 했지만 법도가 날로 해이해지고 간악함이 날로 발생하여 결국 백주에 사람을 죽이고 공공연히 노략질을 하기에 이르렀으니, 본래 자기에게 복을 바랐지만 도리어 남에게 화를 초래한 것입니다. 이른바 복을 구하다 얻지 못하고 화가 이미 뒤따른다는 것입니다. 불교를 믿을 수 없는 것이 이와 같으니, 후세의 군주는 거울로 삼아야 할 것입니다.

臣按: 大禹泣囚, 憐民之愚也; 梁武泣囚, 僥己之福也. 灑淚雖同而處心則異, 憐愚而泣, 終置之於法, 所以戒其後, 使之化愚爲智·變惡爲良; 僥福而泣, 雖若免之於死, 然而法度日弛, 奸惡日起, 卒致白晝殺人·公行摽掠, 本欲僥福於己, 而反有以致禍於人, 所謂求福不得而禍已隨之者也. 佛敎之不足憑信如此, 後世人主其鑒之哉.

수 문제(隋文帝)는 평소 배움을 좋아하지 않았고, 꾀를 믿고 대위(大位)를 얻은 뒤, 이어 문장과 법으로 스스로 긍지를 가지고 명백히 살피며 아랫사람들에게 임했는데, 항상 좌우로 하여금 안팎을 엿보게 하여 조그마한 과실이 있으면 중죄를 가하였다. 또한 영사(令史)가 뇌물을 받을까 봐 사람을 시켜 돈이나 비판을 주고 죄를 범하면 바로 참하였다. 궁궐 뜰에서 매를 칠 때는 하루 동안에 혹 서너 차례에 이르렀다. 일찍이 노하여 사건을 심문하는데, 채찍질이 심하지 않자 바로 참하라고 명하였다. 고경(高潁) 등이 간하여, 조당(朝堂)은 사람을 죽이는 곳이 아니고, 궁궐 뜰은 벌을 판결하는 곳이 아니라고 말하니, 황제가 받아들이지 않았다. 또 궁궐 뜰에서 사람을 죽이자, 병부시랑 풍기(馮基)가 굳게 간하였는데 따르지 않고, 결국 궁궐 뜰에서 판결하였다. 황제 또한 얼마 있다가 후회하고, 풍기에게 위로하고 간언하지 않은 신하들에 대해 노하였다.

隋文帝素不悅學, 旣任智而獲大位, 因以文法自矜, 明察臨下, 恒令左右覘內外, 小有過失則加以重罪, 又患令史贓汙, 使人以錢帛遺之, 得犯立斬. 每於殿廷捶人, 一日之中或至數四, 嘗怒問事, 揮楚不甚, 卽令斬之. 高潁等諫, 以爲朝堂非殺人之處, 殿廷非決罰之地, 帝不納, 又爲殿廷殺人, 兵部侍郎馮基固諫不從, 竟於殿廷行決. 帝亦尋悔, 宣慰馮基而怒群臣之不諫者.

신은 이렇게 생각합니다. 지혜로운 자는 힘들이지 않고 실행하고, 지혜를 미워하는 자는 천착한다. 문제가 꾀를 믿고 대위를 얻었기 때문에 모든 일에 이른바 지혜로운 자로 처신함으로써 남들이 자신이 하는 일을 예측할 수 없게 하고 두려워할 바를 알게 하고자 했으니, 장차 실정을 알고 그 마음을 간섭하기 위해서였습니다. 아! 성인(聖人)이 말한 지혜가 어찌 이와 같겠습니까? 그가 아마 스스로 그 지혜를 지혜롭다고 생각했겠지만, 우리 성인의 지혜는 아닙니다.

지혜와 인용(仁勇)은 천하의 세 가지 두루 통하는 덕이며, 하나라도 결함이 있어서는 안 되지만, 그렇게 되는 이유는 성(誠)이 근본을 두기 때문입니다. 성으로 지혜를 쓰는 것이 이른바 힘들이지 않고 실행하는 것입니다. 아! 수 문제는 자신의 간사한 꾀와 속임수를 지혜라고 여기고, 하늘이 안정되지 못했을 때는 그것을 이용하여 천위(天位)를 범하였고, 하늘이 안정된 뒤에는 그것을 이용하여 종사(宗祀)를 멸망시켰습니다. 후세 군주로 사사로운 지혜를 믿는 자는 위로 문제를 감계로 삼아야 할 것입니다.

臣按: 智者行其所無事, 所惡於智者, 爲其鑿也. 文帝旣以任智而獲大位, 故凡事皆以所謂智者處之, 欲人莫測吾之所爲而知所畏懼, 將以得其情而攝其心也. 嗚呼, 聖人所謂智者豈若是耶? 彼蓋自智其智, 非吾聖人之智也. 智與仁勇爲天下之三達德, 缺一不可也, 而其所以然者則本於誠焉, 誠以用智則所謂行其所無事也. 噫, 隋文用其奸謀詭詐以爲智, 天之未定則因之以奸天位, 天之旣定則因之以滅宗祀, 後世人君有任私智者, 尙文帝之鑒哉.

수 문제는 참혹하고 급한 것을 높이 쳤고 간사함이 그치지 않았으니, 1전을 도둑질하면 죽여서 시장에 버리는 법을 제정하였고, 듣거나 보고도 고발하지 않은 자는 연좌하여 죽음에 이르게 하였다. 이때부터 4명이 공동으로 서까래 하나를 훔치고, 3명이 공동으로 오이 하나를 훔쳐도 즉시 처결하였다. 몇 사람이 집사(執事)를 겁박하며 "우리가 어찌 재물을 구하겠는가? 다만 억울한 사람 때문에 왔으며, 우리를 위하여 지존에게 '옛날부터 나라를 다스리고 법을 확립할 때 1전을 훔치고 사형에 처해진 자

344

는 없습니다.'라고 하라. 우리를 위해 보고하지 않는다면 우리가 다시 와
서 살아남지 못하게 하리라.”라고 하니, 황제가 듣고, 1전을 도둑질하면
죽여서 시장에 버리는 법을 정지하였다.

文帝尙慘急而奸回不止, 定盜一錢棄市法, 聞見不告者坐至死, 自此四人共
盜一樏栴·三人共竊一瓜, 卽時行決. 有數人劫執事而謂之曰: “吾豈求財者
耶, 但爲枉人來耳. 而爲我奏至尊, 自古以來體國立法未有盜一錢而死也,
而不爲我以聞, 吾更來而屬無類矣.” 帝聞之, 爲停盜取一錢棄市之法.

신은 이렇게 생각합니다. 선왕(先王)은 정(情)을 근거로 법을 만들었
고, 저울이 무게를 달 듯이 적은데 많으면 안 되고 큰데 작으면 안 됩
니다. 사물에는 다소, 대소가 있지만, 저울은 한결같이 무심하게 대
하여, 그 다소, 대소에 따라 계량합니다. 1전을 훔친 자에게 사형죄를
준다면, 만 전을 훔친 자에게는 또 어떤 죄를 주겠습니까? 이렇게 법
을 세우니, 이것이 천하의 도둑에게 도둑질을 하지 못하도록 하면 그
만이지만, 만일 반드시 도둑질을 한다면 크게 하지 작게 하지는 말라
는 것이고, 차라리 다(多)를 취하고 소(少)를 취하지 않을 것이니, 어찌
이른바 형벌을 주어 형벌을 그치게 하는[20] 것이라고 하겠습니까?

---

20 형벌을 … 하는: 《서경》〈군진(君陳)〉에 “너의 정사에 순종하지 않고 너의 가르침에 교화되
지 않는 자가 있거든, 형벌하여 형벌을 그칠 수 있을 때 비로소 형벌하라.[有弗若于汝政, 弗化
于汝訓, 辟以止辟, 乃辟.]” 하였다.

臣按: 先王因情以立法, 如衡之於輕重, 少者不可多, 大者不可小, 物有多少‧大小而衡一以無心待之, 隨其多少‧大小而權之也. 盜一錢者則坐以死, 盜萬錢者又何以加之哉? 以是立法, 是敎天下之爲盜者不爲盜則已, 如必爲盜則爲其大而毋爲其小, 寧取其多而不取其少, 豈所謂辟以止辟者耶?

당 무후(唐武后)는 스스로 오래 국사(國事)를 독점하고 또한 내행(內行: 사생활)이 엄하지 않았으며, 대규모 주살로 위세를 보이려고 하여 밀고의 문을 활짝 열었다. 호인(胡人: 페르시아인) 색원례(索元禮)를 유격장군으로 발탁하여 옥사를 조사하게 했는데, 색원례가 1인을 조사하면 반드시 수십, 수백 명을 끌어들였다.[21] 주흥(周興)‧내준신(來俊臣)의 무리가 본받아 어지럽게 연달아 일어나, 사사로이 무뢰배 수백 명을 길러 오로지 밀고를 일삼으며 1인을 죄에 빠트리면 여러 곳에서 고발하였는데 상황이 한결같았다. 내준신은 만국준(萬國俊)과 함께 《나직경(羅織經)》 수천 마디를 편찬하여, 그 무리들에게 무고한 자를 죄에 얽는 법이나 모반하는 상황을 조작하는 법을 가르쳤는데, 구조와 배치가 모두 짜임새가 있었다. 태후는 밀고자를 얻으면 매번 색원례 등에게 조사하게 했고, 다투어 죄수를 혹독한 법으로 신문하였고, 커다란 형틀을 만들어 정맥법(定百脈)‧돌

---

21 색원례가 … 끌어들였다: 악명 높은 고문으로 이름이 높았다. 《구당서(舊唐書)》 권186 〈혹리열전(酷吏列傳) 색원례(索元禮)〉에 "며칠 동안 밥을 줄이고 밤을 이어 신문하며 밤낮으로 흔들어서 자지 못하게 하였는데, 이를 일러 숙수(宿囚)라고 하였다." 하였다.

지후(突地吼)·사저수(死豬愁)·구파가(求破家)·반시실(反是實) 및 봉황쇄개(鳳凰曬開)·여구발궐(驢駒拔橛)·선인헌과(仙人獻果) 등의 명칭이 있었다. 혹 거꾸로 매달고 그 머리를 매거나, 혹 코에 식초를 붓기도 하였다. 죄수를 잡으면 먼저 형구를 늘어놓고 보여 주면 모두 떨면서 땀을 흘리고 눈치를 보며 스스로 없는 죄를 지어냈다.

> 唐武后自以久專國事, 且內行不謹, 欲大誅殺以威之, 乃盛開告密之門, 擢胡人索元禮爲遊擊將軍, 令按制獄, 元禮推一人必令引數十百人. 周興·來俊臣之徒效之, 紛紛繼起, 私蓄無賴數百人, 專以告密爲事, 欲陷一人輒令數處俱告, 事狀如一. 俊臣與萬國俊共撰《羅織經》數千言, 敎其徒網羅無辜, 織成反狀, 構造布置皆有支節. 太后得告密者輒令索元禮等推之, 競爲訊囚酷法, 作大枷有定百脈·突地吼·死豬愁·求破家·反是實, 及鳳凰曬開·驢駒拔橛·仙人獻果等名, 或倒懸石縋其首, 或以醋灌鼻. 每得囚輒先陳其械具以示之, 皆戰栗流汗, 望風自誣.

호인(胡寅)이 말하였다.

"옛날부터 혹형이 무후 때보다 심한 적이 없었다. 그 기술과 도구가 모두 사람의 도리가 아니었고, 모두 불씨(佛氏)가 말한 지옥(地獄)의 일에서 나온 것이다. 불씨의 의도는 본래 어리석은 사람에게 공포감을 주어 믿게 하려는 것이었다. 하지만 그 설은 남북조(南北朝) 시대부터 난만히 당나라에 이르렀어도 옥사를 다스리는 데 쓰지는 않았고, 불씨의 말이 책에 있어도 아는 사람이 적었다. 염립본(閻立本)이 《지옥변상(地獄變相)》을 그려 회화에 형용하니 사람들이 보았고 각박한 혹리들의 꾀와 교묘함이 이로부터 자심해졌다. 그러므로 어진 사람들은 그 이익이 넓다고 말하였고, 불씨는 본래 죽은 뒤에 귀신의 죄를 다스린다고 즐겨 말하였을 뿐인데, 예상치 못하게 그 폐단이 사람들로 하여금 정말 이런 고통을 받게 하였으니, 아! 또한 어질지 못함이 심하도다."

胡寅曰: "自古酷刑未有甚於武后之時, 其技與其具皆非人理, 蓋出於佛氏所說地獄之事也. 佛之意本以怖愚人使之信也, 然其說自南北朝瀾漫至唐, 未有用以治獄者, 佛之言在冊, 知之者少, 至閻立本圖《地獄變相》形於繪畫則人之得見, 而慘刻之吏智巧由是滋矣. 是故惟仁人之言其利溥, 佛本以善言之謂治鬼罪於幽陰間耳, 不虞其弊使人眞受此苦也. 吁, 亦不仁之甚矣."

신은 이렇게 생각합니다. 선왕이 형(刑)을 만든 것은 본래 백성들을 제어하여 함부로 악행을 하지 못하게 한 것입니다. 후세에 악행을 하는 자는 바로 형을 악행을 하는 도구로 삼았으니, 무후 때 혹리가 했던 것처럼 참혹하게 했던 자들은 어찌 "나도 사람이고, 그 또한 사람인데, 남이 이런 형을 나에게 가한다면 내가 감당할 수 있을까?" 하고 생각하지 않았다는 말입니까? 천도(天道)는 돌려주기를 좋아하니, 내가 자신의 부귀를 보존하기 위해 남을 해치면, 남은 비록 나를 어쩌지 못해도 천도를 어찌하겠습니까? 내가 비록 존귀하고 그가 비록 비천해도, 동일한 지식이 꿈틀거립니다. 나는 그와 천지(天地) 사이에 균등한 본성과 형태를 부여받았고, 하늘이 나를 낳았고 또한 마찬가지로 그도 낳았습니다. 사람을 두려워하지 않아도, 유독 하늘을 두려워하지 않겠습니까?

臣按: 先王制刑本以制民使之不敢爲惡, 後世爲惡者乃以刑爲行惡之具, 其慘酷有如武後時酷吏之所爲者, 盍思曰吾人也, 彼亦人也, 人以是加我, 我能堪之乎? 天道好還, 吾害人以保己之富貴, 人雖不奈我何, 其如天道何? 吾雖尊貴, 彼雖卑賤, 同一知識蠢動也, 我與彼均稟性賦形於天地間, 天生我亦猶生彼也, 不畏於人, 獨不畏於天乎?

측천무후 장수(長壽) 원년(692), 내준신(來俊臣)이 동평장사 적인걸(狄仁傑) 등의 모반을 얽어 고발하였다. 이에 앞서, 내준신이 한 번 질문할 때 바로 반란을 승복한 자를 감사(減死)한다고 칙서를 내리라고 주청하였다. 적인걸이 하옥되자, 내준신이 이를 가지고 유인했는데, 적인걸이 곧 반란이 사실이라고 승복하였고, 내준신이 조금 관대하게 대하였다. 적인걸이 자식에게 억울한 실상을 올리라고 했는데, 무후가 보고 내준신에게 물었더니, 대답하기를 "적인걸 등이 하옥되고 두건과 허리띠[巾帶]를 바꾼 적이 없고 침소도 매우 편안합니다. 만일 사실이 없었다면 어찌 반란을 승복했겠습니까?"라고 하였다. 태후가 통사사인 주침(周綝)에게 가서 보게 하니, 내준신이 잠시 적인걸 등의 건대를 빌려주어 서쪽에 둘러서게 하고 주침에게 보게 했다. 내준신은 허위로 적인걸 등의 사사표(謝死表)를 만들어 주침에게 상주하게 했다. 낙사회(樂思晦)의 아들이 10살이 안 되어 사농(司農)에 몰수되었다가, 고변을 올려 불러 보일 수 있었다. 무후가 실상을 물으니 대답하기를 "신의 아비가 이미 죽었고, 신의 집안은 이미 파산이 났습니다만, 폐하의 법이 내준신 등에게 농락당하는 것이 애석합니다. 폐하께서 신의 말을 못 믿으시니, 폐하께서 평소 신임하는 충성스러운 조정 신하를 택하여 반란 실상을 만들어 내준신에게 보낸다면 반란을 승복하지 않는 자가 없을 것입니다."라고 하였다. 무후가 마음속으로 조금 깨닫고 적인걸을 불러 보고 "경이 반란을 승복한 것은 왜인가?" 하니, 대답하기를 "승복하지 않았다면 이미 고문으로 죽었을 것입니다."라고 하였다. 무후가 "어찌하여 사사표를 지었는가?" 하니, 대답하기를 "그런 적이 없습니다."라고 하였다. 사사표를 꺼내어 보여 주니, 그제야 그것이 기만임을 알았다.

武后長壽元年, 來俊臣羅告同平章事狄仁傑等謀反. 先是, 俊臣奏請降敕, 一問卽承反者得減死, 及仁傑卜獄, 俊臣以此誘之, 仁傑卽承反是實, 俊臣乃少寬之. 仁傑令其子上冤狀, 武后覽之以問俊臣, 對曰: "仁傑等下獄, 未嘗褫其巾帶, 寢處安甚. 苟無事實, 安肯承反?" 太后使通事舍人周綝往視之, 俊臣暫假仁傑等巾帶, 羅立於西, 使綝視之, 俊臣詐爲仁傑等謝死表, 使綝奏之. 樂思晦男數歲, 沒入司農, 上變, 得召見, 武后問狀, 對曰: "臣父已死, 臣家已破, 但惜陛下法爲俊臣等所弄, 陛下不信臣言, 可擇朝臣之忠清·陛下素所信任者, 爲反狀以付俊臣, 無不承反矣." 武后意稍悟, 召見仁傑曰: "卿承反何也?" 對曰: "不承則已死於拷掠矣." 武后曰: "何爲作謝死表?" 對曰: "無之." 出表示之, 乃知其詐.

신은 이렇게 생각합니다. 노온서가 "채찍이나 몽둥이 아래서 얻어내지 못하는 것이 무엇이겠는가?"라고 했는데, 채찍이나 몽둥이는 형구 중에서 가벼운 것인데도 사람의 피부는 오히려 그것을 감당하지 못하는데, 하물며 법이 아닌 중형을 쓰는 데이겠습니까? 후세 군주가 무후 때 내준신이 적인걸 모반 옥사를 다룬 것을 보고, 또한 낙사회의 어린 아들의 말과 적인걸을 불러 보았을 때 대답을 안다면, 혹리가 사람을 해치는 정상과 죄인이 죄에 승복하는 연유를 훤히 알게 될 것입니다.

> 臣按: 路溫舒言棰楚之下何求而不得, 棰楚刑具之輕者也, 人之肌膚尙有所不堪者, 況用非法之重刑乎? 後世人主觀武后時來俊臣治狄仁傑謀反之獄, 及詳樂思晦幼男之言, 與仁傑召見之對, 則酷吏害人之情狀·罪人承罪之因由, 灼然見矣.

무후(武后)가 시신(侍臣)에게 "지난번 주흥(周興)·내준신이 옥사를 조사하면서 조정 신하를 많이 끌어들여 그들이 모반을 했다고 말했다. 중간에 사실이 아니라는 의심이 들어 근신(近臣)을 시켜 옥에 가서 묻고 직접 쓴 진술서를 얻어 보니 모두 스스로 승복한 것이어서 짐이 의심하지 않았다. 주흥과 내준신이 죽은 뒤로 다시 반역한 자가 있다는 보고가 없으니, 그렇다면 앞서 죽은 사람은 억울함이 있지 않겠는가?"라고 하니, 요원숭(姚元崇)이 대답하기를 "수공(垂拱)[22] 이래 모반에 연루되어 죽은 자는 대개 모두 주흥 등이 꾸며서 스스로 공으로 삼은 것입니다. 폐하께서 근신을 시켜 물었지만 근신 또한 스스로 보전하지 못하는데 어떻게 감히

---

22 수공(垂拱): 당나라 측천무후(則天武后)의 연호로, 존속 기간은 685년에서 688년까지이다.

흔들겠습니까? 묻는 자가 만일 번복하면 참혹하고 독한 일을 만날까 두려우니 빨리 죽느니만 못합니다. 하늘이 성심(聖心)을 여는 데 힘입어 주흥 등이 복주되었으니, 신은 백 개의 입으로 폐하의 보호가 되겠습니다. 이제부터 내외의 신하는 다시 반란하는 자가 없을 것이고, 만일 조금이라도 실상이 있다면 신들은 알고도 고발하지 않는 죄를 받겠습니다."라고 하니, 무후가 기뻐하여 말하기를 "지난번 재상이 모두 그 일을 순종하여 짐을 지나치게 형벌을 주는 군주로 만들었다. 경들의 말을 들으니 심히 짐의 마음에 부합한다."라고 하고, 요원숭 등에게 돈 천 민(緡)을 하사하였다.

武后謂侍臣曰: "頃者周興·來俊臣按獄多連引朝臣, 云其謀反, 中間疑有不實, 使近臣就獄引問·得其手狀皆自承服, 朕不以爲疑. 自興·俊臣死, 不復聞有反者, 然則前死者不有冤耶?" 姚元崇對曰: "自垂拱以來, 坐謀反死者率皆興等羅織自以爲功, 陛下使近臣問之, 近臣亦不自保, 何敢動搖? 所問者若有翻覆, 懼遭慘毒, 不若速死. 賴天啟聖心, 興等伏誅, 臣以百口爲陛下保, 自今內外之臣無復反者, 若微有實狀, 臣請受知而不告之罪." 武后悅, 曰: "嚮時宰相皆順成其事, 陷朕爲淫刑之主, 聞卿所言, 深合朕心." 賜元崇錢千緡.

신은 이렇게 생각합니다. 무후가 비록 여주(女主)이지만 그 본심의 천리(天理) 또한 없던 적이 없습니다. 비록 한때 혹리가 그 지나친 형벌을 악용하는 것에 비위를 맞추었고 그가 비록 처음에 어리석었지만, 일이 오래되고 천리가 정해졌고 일이 지나치면서 선심(善心)이 생겼으니, 마침내 그 잘못을 모르지 않았습니다. 그러므로 혹리는 모두 주류되었고 당시 순종하였던 재상에 대해서도 또한 자기를 지나친 형벌에 빠트린 것을 원망하였습니다. 후세 군주는 적인걸의 대답과 요원숭의 이 말을 보고, 무릇 모든 큰 옥사는, 앞에서는 반드시 범행을 스스로 끌어들여 자기를 기다리고, 자기가 힐문하여 가리는 바가 없게 한 뒤, 형관(刑官)인 자가 임금의 악행에 영합하지 말며, 대신은 반드시 임금의 잘못을 광정하여 훗날 그 군주가 후회하고 깨달아 주류이 미치거나 원망이 돌아오지 않도록 해야 합니다.

臣按: 武后雖女主, 然其本心之天理亦未嘗無也, 雖以一時酷吏逢其惡用淫刑以逞, 彼雖昧於其初, 然事久而天理定, 事過而善心生, 卒亦未嘗不知其非也, 是以酷吏無不坐誅, 而當時宰臣順成之者亦咎其陷己於淫刑焉. 後世人主觀仁傑之對及元崇此言, 凡有大獄必須自引所犯者於前, 躬自詰問而毋爲所蔽, 爲刑官者毋逢君之惡, 爲大臣者必匡君之失, 毋使他日其君之悔悟而誅戮之及·咎怨之歸也.

무후(武后) 때, 시어사 주구(周矩)가 상소하기를 "조사를 각박하게 하는 관리는 심히 각박한 것을 공으로 여기고, 없는 일을 조작하는 것으로 능력을 다투면서 서로 자랑하듯 침학하면서, 닐이(泥耳)·농두(籠頭: 굴레)·접협(摺脅)·첨조(籤爪)·현발(懸髮)·훈목(熏目) 등으로 지체(支體)를 벗기고 옥중을 문드러지게 하여 '옥지(獄持)'라고 불렀습니다. 혹 여러 날 음식을 줄이고 밤마다 이어 신문하며, 밤낮으로 흔들어서 자지 못하게 하였는데, 이를 일러 '숙수(宿囚)'라고 했습니다. 이들이 곧 목석(木石)이 아니니, 장차 목전에 구제받고자 진실로 목숨을 부지하고자 했습니다. 신이 여론에서 듣건대, 모두 천하 태평이라고 칭하는데 무슨 고생이 있어서 반란을 하겠습니까? 어찌 고발당한 자들이 모두 영웅이라서 제왕이 되기를 구했겠습니까? 단지 독한 매질을 견디지 못하여 스스로 거짓말을 한 것일 뿐입니다. 원컨대, 폐하께서 살피소서. 주(周)나라는 인(仁)으로 창성하였고, 진(秦)나라는 형으로 망했습니다. 원컨대 폐하께서는 형벌을 늦추시고 인을 쓰신다면 천하에 매우 다행일 것입니다."라고 하였다.

武后時, 侍御史周矩上疏曰: "推刻之吏以深刻爲功, 鑿空爭能, 相矜以虐, 泥耳籠頭, 摺脅簽爪, 懸發熏目, 刻害支體, 糜爛獄中, 號曰'獄持'; 或累日節食, 連宵緩問, 晝夜搖撼, 使不得眠, 號曰'宿囚'. 此等卽非木石, 且救目前, 苟求賒死. 臣竊聽輿議, 皆稱天下太平, 何苦須反, 豈被告者盡是英雄, 欲求帝王邪? 但不勝楚毒自誣耳. 願陛下察之, 周用仁而昌, 秦用刑而亡, 願陛下緩刑用仁, 天下幸甚."

신은 이렇게 생각합니다. 군주가 매우 싫어하는 것은 반란입니다. 부귀를 바라는 소인이 왕왕 거짓으로 남을 무함하여 작상(爵賞)을 구하거늘 군주는 살피지 못하고 듣게 되니, 사람을 사지에 몰아넣을 때마다 십, 백 명에 이르고, 남의 아내를 과부로 만들고 남의 자식을 고아로 만들며, 남의 종사(宗祀)를 끊으니, 인정(仁政)에 허물이 되고 화기(和氣)에 독이 되는 것이 심대합니다. 이러한 옥사를 만나면 반드시 따로 가두고 심문하여 증좌가 분명해진 뒤 반드시 반구(反具)를 얻기를 기다려 어전(御前)에 데려와 직접 힐문하여 대면한 상태로 변론하도록 해야 합니다. 잡아 온 사람에게 옥사를 맡기지 말고, 반드시 외정(外廷)의 심문을 살피셔야 합니다. 이렇게 하면 간사한 실상이 다 밝혀지고, 형옥이 모두 마땅할 것입니다.

臣按: 人主所深惡者反叛也, 而小人之欲求富貴者往往假是誣人以求爵賞, 人主不之察而聽之, 其致人於死地輒至十百, 寡人之妻·孤人之子·絕人之宗祀, 其爲仁政之累·和氣之蠹也大矣. 遇有斯獄必須隔別而問, 證佐旣明, 必須得其反具, 引赴御前, 躬爲詰問, 許其面辯, 不付其獄於所執之人, 必察其詳於外廷之訊. 如此, 則奸狀無不明, 刑獄無不當矣.

당 현종(唐玄宗) 천보(天寶) 초, 이임보(李林甫)가 재상이 되어, 대규모 옥사를 일으켜 자기와 다른 자를 무함하였다. 임길온(任吉溫)·나희석(羅希奭)을 총애하여 어사로 삼고, 두 사람이 이임보가 바라는 바대로 깊고 얕게 죄수를 단련하여 옥사를 만들었으므로 스스로 벗어날 수 있는 자가 없었으니, 당시 사람들이 이들을 "나의 칼, 길의 그물[羅鉗吉網]"이라고 불렀다.

玄宗天寶初, 李林甫爲相, 起大獄以誣陷異己者, 寵任吉溫·羅希奭爲御史, 二人皆隨林甫所欲, 深淺煆煉成獄, 無能自脫者, 時人謂之"羅鉗吉網".

신은 이렇게 생각합니다. 국가가 형옥(刑獄)을 두었을 때는 일정한 명칭이 있고, 일정한 장소가 있으니, 조종(祖宗)의 성법(成法)은 자손이라면 당연히 준수하고 감히 더하는 것이 없어야 할 것입니다. 한당(漢唐)

이래, 조옥(詔獄)이라는 명칭이 있었고, 대규모 옥사가 일어나게 되면 이는 상설 법 외에 다시 다른 명칭을 만들어 사람을 사지에 엮었으니, 간신의 위세를 확장하고 천하의 마음을 잃게 하는 이유가 모두 여기에서 유래했습니다. 후세 신하 가운데 조종의 일정한 감옥 외에 따로 옥을 만드는 자는 반드시 간사한 자이니, 군주는 의당 통렬히 배척해야 합니다.

臣按: 國家置爲刑獄, 有一定之名, 有一定之所, 祖宗成法, 子孫當遵守之不敢有加焉可也. 漢唐以來, 乃有詔獄之名, 及有起大獄者, 是於常憲之外而更爲之異名, 以羅人於死地, 所以張奸臣之威, 失天下之心, 皆由乎此. 後世人臣有請於祖宗常獄之外別起獄者, 必奸邪也, 人主宜痛斥之.

당 숙종(唐肅宗) 때, 장군 왕거영(王去榮)이 사사로운 원한으로 현령을 살해하였다. 죽어야 하는데, 상이 그가 포(炮)를 잘 다룬다고 해서 사형을 면해 주고, 백의(白衣)로 섬군(陝郡)에서 힘을 바치라고 하였다. 가지(賈至)가 상소하기를 "《주역》에서 '신하가 그 임금을 시해하고, 자식이 그 아비를 시해하는 것은 하루아침 하루저녁의 연고가 아니라, 그 유래가 점차 자라온 것이다.'라고 했습니다. 만일 왕거영을 놔준다면 조짐을 키우는 것입니다. 논의하는 자는 섬군이 처음 복구되어 그 사람이 아니면 지킬 수 없다고 하는데, 그렇다면 왕거영이 없는 다른 데는 어떻게 또 굳게 지키겠습니까? 폐하께서 만일 포석(炮石) 하나에 능하다고 하여 바로 사형을 면해 준다면, 지금 제군(諸軍)에 기예가 뛰어난 자는 무리가 실로 많은

데, 반드시 그 기능을 믿고 범죄를 저지를 것이니 상께서 다시 어떻게 저지하겠습니까? 만일 왕거영만 놓아주고 그 나머지는 죽인다면 이는 법령이 일관되지 않고 사람들에게 죄를 짓도록 유인하는 것입니다. 지금 왕거영 한 사람의 재주가 아까워 죽이지 않으면 필시 왕거영과 같은 재주를 가진 사람 열 명을 죽여야 할 것이니 또한 손상이 더욱 많지 않겠습니까? 저 왕거영은 역란(逆亂)을 저지른 사람인데, 어찌 여기서는 거스르고 저기서는 순하며, 부평(富平)에서는 어지럽고 섬군에서는 다스려지며, 현군(縣君: 현령)에게는 패륜이고 대군(大君: 황제)에게는 패륜이 아니겠습니까?"라고 하니, 그 사안을 내려 백관에게 의논하게 하였다. 위견소(韋見素) 등이 의논하여 말하기를 "법이란 천하의 대전(大典)이고, 제왕이라도 오히려 마음대로 죽이지 못하는데 소인(小人)이 마음대로 죽였으니, 이는 신하의 권한이 군주보다 큰 것입니다. 왕거영이 이미 살인을 저지르고도 죽지 않았으니 군대에 기능이 있는 자 또한 스스로 걱정할 것 없다고 여기고 있는 곳에서 횡포를 저지를 것이니 군현을 다스리는 자가 또한 어렵지 않겠습니까? 폐하께서 천하의 주인으로서 사랑에 친소가 없는데, 왕거영 한 사람을 얻고 만백성을 잃는다면 무슨 이득이 있겠습니까? 형률에 본현령을 죽이는 것은 십악(十惡)에 들어 있는데, 폐하께서 관대히 하셨으니 왕법을 시행하지 않은 것이고 인륜이 굴복한 것입니다. 신들은 조서를 받고 어찌할 바를 알지 못하겠습니다. 무릇 나라는 법으로 다스리고 군대는 법으로 승리하는데, 은혜는 있고 위엄이 없으면 어진 어미는 자식을 부릴 수 없습니다. 폐하께서는 전사(戰士)는 후히 기르는데 전투를 할 때마다 이익이 적으니 어찌 법이 없기 때문이 아니겠습니까? 지금 섬군이 비록 요충지이지만 법보다 급하지 않습니다. 법이 있다면 해내(海內)에 이기지 못할 우려가 없으니 하물며 섬군이겠습니까? 법이 없으면 섬군 또한 다스릴 수 없을 것이니 얻은들 무슨 이득이며, 왕거영의 지엽적인 재주로 섬군이 그것 때문에 망하고 살지는 않을 것입니다. 왕법의 유무는 국가가 그것 때문에 가볍고 무거워지는 것입니다. 이것이 신들이 구구하게 아뢰는 이유이니, 원컨대 폐하께서는 정관(貞觀)의 법을 지키십시오."라고 했으나, 상이 결국 놓아주었다.

肅宗時, 將軍王去榮以私怨殺本縣令, 當死, 上以其善用炮, 免死, 以白衣於陝郡效力. 賈至上疏曰:"《易》曰:'臣弑其君, 子弑其父, 非一朝一夕之故, 其所由來漸矣.'若縱去榮, 可謂生漸矣. 議者謂陝郡初復, 非其人不可守, 然則他無去榮者, 何以能亦堅守乎? 陛下若以炮石一能卽免誅死, 今諸軍技藝絶倫者其徒實繁, 必恃其能所在犯, 上復何以止之? 若止舍去榮而誅其餘者, 則是法令不一而誘人觸罪也. 今惜一去榮之材而不殺, 必殺十如去榮之材者, 不亦其傷益多乎? 夫去榮逆亂之人也, 焉有逆於此而順於彼, 亂於富平而治於陝郡, 悖於縣君而不悖於大君歟?"下其事令百官議, 韋見素等議以爲:"法者天地大典, 帝王猶不敢擅殺, 而小人得擅殺, 是臣下之權過於人主也. 去榮旣殺人不死, 則軍中凡有技能者亦自謂無憂, 所在暴橫, 爲郡縣者不亦難乎? 陛下爲天下主, 愛無親疏, 得一去榮而失萬姓, 何利之有? 於律, 殺本縣令列於十惡, 而陛下寬之, 王法不行, 人倫道屈, 臣等奉詔不知所從. 夫國以法理, 軍以法勝, 有恩無威, 慈母不能使其子, 陛下厚養戰士而每戰少利, 豈非無法乎? 今陝郡雖要, 不急於法也, 有法則海內無憂不克, 況陝郡乎? 無法則陝郡亦不可治, 得之何益, 而去榮末技, 陝郡不以之存亡, 王法有無, 家國乃爲之輕重. 此臣等所以區區, 願陛下守貞觀之法."上竟舍之.

신은 이렇게 생각합니다. 숙종이 일개 왕거영이 현령을 죽인 일에 대해 그 죄를 바로잡지 않아서 가지(賈至)가 말한 뒤에 위견소(韋見素) 등이 또 언급하면서, 이렇게 분명하고 절실하게 반복 설명하였습니다. 그런데도 숙종이 결국 깨닫지 못하였고, 그 뒤로 결국 법령이 폐지되어 해이해지고 사졸들이 오만해서 끝내 당나라 황실이 진흥되지 못하였으니, 그 근원이 필시 여기에서 나오지 않았다고 할 수는 없습니다.

臣按: 肅宗之於一王去榮殺縣令而不正其罪, 賈至旣言之, 韋見素等又言之, 諄復明切如此, 而肅宗竟不悟焉, 其後卒至法令廢弛, 士卒桀驁, 終唐室而不振, 其原未必不出諸此也.

당 의종(唐懿宗)은 동창공주(同昌公主)가 훙(薨)하자 애통함을 금하지 못하고, 의관(醫官) 한종소(韓宗邵) 등 20여 명을 살해하고, 친족 3백여 명을 체포하여 경조(京兆)의 감옥에 가두었다. 평장사 유첨(劉瞻)이 말하기를 "목숨이 길고 짧은 것은 사람의 정해진 분수입니다. 지난번 공주께서 병이 있어 성상께서 깊이 걱정하시자, 한종소 등이 진료할 때 오직 병이 낫기를 바라며 의술을 두루 시행하면서 마음을 다하지 않은 적이 없습니다. 그러나 화복(禍福)은 바꾸기 어려워 결국 차질을 빚었습니다. 그 정상을 따져 보면 또한 딱한데, 노약자 3백여 명을 차꼬 채워 가두었으니, 길 가는 사람들이 혀를 차고 있습니다. 어떻게 이치에 통달하고 천명을 아는 군주로서 포악하고 밝지 못하다는 비방을 받겠습니까? 원컨대 조금 생각을 돌리시어 관대하게 묶인 자들을 풀어 주십시오."라고 하니, 상이 상소를 보고 기뻐하지 않았다.

懿宗同昌公主薨, 悼痛不已, 殺醫官韓宗邵等二十餘人, 收捕親族三百餘人係京兆獄, 平章事劉瞻言以爲: "修短之期, 人之定分. 昨公主有疾, 深軫聖慈, 宗邵等診療之時, 惟求疾愈, 備施方術, 非不盡心, 而禍福難移, 竟成蹉跌. 原其情狀, 亦可哀矜, 而械係老幼三百餘人, 道路嗟歎, 奈何以達理知命之君, 涉肆暴不明之謗. 願少回聖慮, 寬釋係者." 上覽疏不悅.

신은 이렇게 생각합니다. 옛사람이 보통 사람보다 크게 뛰어난 이유는 다른 것이 아닙니다. 자신의 행동을 잘 미루어 생각하였기 때문입니다. 의종은 딸 하나 때문에 의관 20여 명을 죽이고, 친족을 심지어 3백여 명 가두었습니다. 자기 딸의 죽음을 슬퍼할 줄 알면서 남의 죽음은 유독 애통하지 않은 것입니까? 저 2십 명은 모두 부모와 자녀가 있으니, 내가 내 딸이 사랑스러우면, 저의 부모와 자녀 또한 그 아비와 자식을 사랑하는 것입니다. 사람은 귀천이 있지만 아프고 슬픈 정은 한가지입니다. 내 딸이 죽은 것이 그들 때문이 아니니, 만일 실수에서 나왔어도 용서해야 하는데, 하물며 의관이 살릴 수 있는 사람은 죽지 않는 사람일 뿐이고 운수가 다한 사람을 의관이 어떻게 연장한다는 말입니까? 유첨의 말이 통절하였는데도 의종이 깨닫지 못하였으니, 어질지 못했을 뿐아니라, 지혜롭지도 못했습니다.

臣按: 古人所以大過人者無他焉, 善推其所爲而已矣. 懿宗以一女之故而殺醫者二十餘人, 而收捕親族至三百餘人, 知痛吾女之死而人之死獨

不可痛哉? 彼二十人者皆有父母子女, 吾愛吾女而彼之父母子女亦愛其
父與子, 人有貴賤而痛戚之情則一也, 吾女之死非其故, 若出於誤亦在
所宥, 況醫所能生者不死者爾, 數之盡者, 醫豈能延哉? 劉瞻之言痛切
而懿宗不悟, 非獨不仁, 蓋不智也.

　송나라 지화(至和) 연간에, 태상박사 오급(吳及)이 말하기를 "옛사람이
육형(肉刑)을 없앤 것은 사람의 세대를 끊는 것을 무겁게 여긴 것입니다.
지금 환관의 집안에서 다투어 남의 자식을 구하여, 사람의 도리를 끊고
작명(爵命)을 구하니, 어린아이가 무슨 죄가 있어서 형벌을 받고 이어서
요절하는 자가 많겠습니까. 질병이 있어서 요절하는 것은 치세에 부끄
러운 일이고, 죄가 있어도 궁형(宮刑)에 처하는 것은 이전 왕들이 차마 하
지 않았는데, 하물며 병도 죄도 없는 데이겠습니까? 신은 듣건대, 한나라
영평(永平)[23] 시대에 중상시 4명, 소황문 10인이었고, 당 태종(唐太宗)은 1백
명을 넘지 않도록 제도를 정하였습니다. 또한 조종조의 가까운 일에 비
교하자면, 조종조 때의 환관이 모두 몇 명이며 지금은 모두 몇 명입니까?
신이 어리석게도 생각하자면, 태란(胎卵)이 상하면 봉황이 오지 않고, 환
관이 많으면 후손이 자라지 못합니다. 엎드려 바라건대, 덕음(德音)을 트
시고 상세히 금지 조문을 만들어 환관의 진헌을 일체 임시로 파하고, 마
음대로 어린아이에게 궁형을 시키는 것은 무거운 법으로 다스리십시오.
그러면 천심이 반드시 감응할 것이고 성상의 후사도 반드시 넓어질 것이

---

23 영평(永平): 후한 명제(後漢明帝)의 연호로, 58~75년에 해당한다.

니, 복을 부르고 종묘를 안정시킬 계책으로 이보다 우선해야 할 것은 없습니다.

宋至和中, 太常博士吳及言: "古人除肉刑, 重絶人之世也. 今則宦官之家競求他子, 剗絶人理, 希求爵命, 童幼何罪, 陷於刀鋸因而夭死者多矣. 夫有疾而夭, 治世所羞, 有罪而宮, 前王不忍, 況無疾與罪乎? 臣聞漢永平之際, 中常侍四員·小黃門十人, 唐太宗定制無得逾百員, 且以祖宗近事較之, 祖宗時宦官凡幾何人, 今凡幾何人? 臣愚以謂胎卵傷而鳳凰不至, 宦官多而繼嗣未育, 伏望潛發德音, 詳爲條, 禁進獻宦官一切權罷, 擅宮童幼置以重法. 若然, 則天心必應, 聖嗣必廣, 召福祥安宗廟之策, 莫先於此."

신은 이렇게 생각합니다. 오형(五刑) 가운데 궁형이 가장 무겁습니다. 사형(四刑)은 오직 사람의 몸만 해치는 것이지만, 궁형은 사람의 종자를 끊는 것이기 때문에, 비록 사형과 같은 중대한 형벌도 궁형의 참혹함과는 같지 못합니다. 대벽(大辟)이 비록 머리와 몸이 다른 곳에 놓인다지만 한 몸, 한 때에 그치나, 궁형은 위로 선대의 전수를 막고 아래로 후손을 끊으니 한 사람, 한 시대에 그치는 것이 아닙니다. 요즘 세상에는 옛날 궁형이 없고 또한 송나라 사람들이 환관 집안에서 다른 사람의 아들을 데려와 궁형을 가한 뒤 후손으로 삼는 사례도 없습니다. 조종 이래 액정(掖庭: 임금의 가까운 자리)에서 모시는 자는 대부분 군대 가운데 부득이 잡혀온 아이들을 데려다 죽음을 면하게 하고 살려 준 것이니, 지극히 어진 은혜였습니다. 근년에 군민(軍民)의 집안에서, 스스로 자기 아들을 궁형에 처하여 진출하기를 원하는 자가 기전

(畿甸) 근처에 더욱 많습니다. 우리나라는 연경(燕京)에 도읍하여 변경에 매우 가깝고, 여기에서 사는 백성들은 다른 땅에 사는 사람들보다 더욱 유념하여 아끼고 길러서 그들의 인구가 늘어나 근본을 장대하게 채워야 합니다. 한 사람이 그 생명을 잃는 것도 진실로 애석한 일인데, 하물며 천 명, 백 명이 후대를 끊기는 데이겠습니까? 삼가 원하건대, 천지가 생명을 좋아하는 덕을 본받으시어 엄하게 금지제도를 만들어, 이제부터 그 자제에게 스스로 궁형을 한 자는 그 부모와 낳은 집안을 전부 다 변경 수비로 보내고, 사정을 알고 있던 인보(鄰保)는 속벌(贖罰)을 무겁게 내리십시오. 하인을 시킨 주인은 사죄(死罪)로 묻고, 궁형을 당한 자는 번부(藩府)로 나누어 보내 사령(使令)에게 주어 길이 액정에 진입하지 못하게 하십시오. 이렇게 하면 금하지 않아도 저절로 사라질 것입니다. 이 또한 성조(聖朝)께서 천심을 본받고 백성의 목숨을 아끼며 백성의 종자를 내리는 것이니, 이보다 큰 인정(仁政)은 없습니다.

臣按: 五刑之中宮刑最重, 四刑惟殘人之肌體, 宮刑則絶人之種類, 故雖死辟之大不若宮刑之慘, 大辟雖曰身首異處, 然止於一身一時, 而宮刑則上關先傳‧下絶後繼, 非止一人一世焉. 今世無古宮刑, 亦無宋人宦官之家取他人子宮以爲嗣之例, 祖宗以來, 凡人侍掖庭者多取軍旅中不得已所係累之幼稚, 免其死而生之, 至仁之恩也. 近年乃有軍民之家, 自宮其子以求進者, 而在近甸尤多, 惟我國家都燕, 切近邊鄙, 民之生於是者比諸他境尤當加意愛惜而保養之, 使其蕃息以壯實根本, 一人失其生固在所惜, 況千百人絶其後代乎? 伏願體天地好生之德, 嚴爲禁制, 自今有自宮其子弟者罪其父母及其生戶, 全家戍邊, 鄰保知情重加

罰贖, 其主使下手之人問以死罪, 被宮者分送藩府以給使令, 永不許進
入掖庭, 如此, 則不禁自絕矣. 是亦聖朝體天心·惜民命·錫民類, 莫大
之仁政也.

송 고종(宋高宗) 소흥(紹興) 때, 전중시어사 상동(常同)이 논하기를 "사염(私鹽)은 형명(刑名)이 너무 무겁습니다. 의논을 주관하는 신하는 단지 '형이 준엄하지 않으면 두터운 이익을 가져올 수 없다.'고 하는데, 형법을 준엄하게 하고 백성들의 피해를 생각하지 않는 것은 이것이 간신(奸臣)이 하는 짓입니다. 옛날부터 오늘날까지 범죄에 대한 형벌은 반드시 죄의 경중에 맞게 하였으니, 어찌 죄에 등급이 없고 한결같이 중형을 적용할 리가 있겠습니까? 지금 사염 1근에 대해 장척(杖脊: 등허리를 때리는 벌)에 광남(廣南)으로 유배를 보내니, 누군들 다 백 근, 천 근이라는 다량을 만들지 않겠습니까? 조종의 인덕(仁德)은 사람에게 달렸으니, 사람에게 원기(元氣)가 있는 것과 같습니다. 지금 천하의 형세는 병들었다고 할 수 있는데, 어찌 끝내 원기를 손상하고자 합니까? 법령의 시행은 나라의 근본에 관계되는데, 유식한 조정 신하들에게 의논하게 하지 않고 서리들이 문서를 농단하게 하니, 나라의 복이 아닙니다."라고 하였다.

高宗紹興中, 殿中侍御史常同論: "私鹽刑名太重, 主議之臣但曰刑不峻不
足以致厚利, 夫峻刑章而不恤民害, 此奸臣之所爲也. 自古及今, 刑之所犯
必稱罪之輕重, 豈有罪無等降, 一用重刑之理? 今私鹽一斤至杖脊配廣南,
則孰不相率而爲百千斤之多哉? 祖宗之仁德在人, 猶人之有元氣, 今天下之

勢可謂病矣, 奈何遂欲傷元氣乎? 法令之行係乎國本, 不使有識縉紳之士議之, 而使刀筆之吏弄其文墨, 非國之福也."

신은 이렇게 생각합니다. 하늘은 사물을 낳아 사람을 기르니 오로지 임금을 위한 것이 아닌데, 임금은 자기에게 이로운 것을 독점하여 하늘의 뜻에 어긋나니, 소금(鹽)을 금지하는 것도 안 되는데 하물며 나아가 그 죄에 맞지 않는 중형을 시행한다는 말입니까? 상동이 "범죄에 대한 형벌은 반드시 죄의 경중에 맞게 하였다."라는 말은 선왕께서 형벌을 제정한 뜻을 깊이 이해한 것입니다. 후세 법령이 금하는 것이 엄하면 엄할수록 범죄가 더욱 많아졌던 것은 그 죄에 맞지 않았기 때문입니다.

무릇 입법자는 군주이지만, 군주를 인도하여 이 법을 시행하는 것은 좌우의 신하입니다. 법을 시행하는 자가 반드시 모두 어진 마음이 없는 것은 아니고 반드시 모두 군주의 욕심을 따르는 것은 아닙니다. 그들이 법은 엄격한 데서 잘못이 생긴다는 것을 알고 있으며, 백성들이 어리석고, 가난으로 무지하여 법을 무릅쓰고 부득이하여 금법을 범하므로, 그 법을 다 시행하려고 하지 않기 때문에 법이 비록 잠시 시행되어도 오래 시행될 수는 없어 결국 폐지되고 해이해집니다. 이는 인심이 그러하지 않은 것일 뿐 아니라, 천리 또한 그렇게 하지 않은 것입니다. 후세 큰 도둑이 소금 만드는 무리에서 많이 일어난 것은 바로 소금 금지가 지나치게 엄했기 때문이니, 나라를 다스리는 자는 알지 않으면 안 됩니다.

臣按: 天生物以養人, 非專爲君也, 而君專其利己違天意矣, 爲之禁且不可也, 況又爲不稱其罪之重刑哉? 常同謂刑之所犯必稱罪之輕重, 深得先王制刑之意, 後世法令所以禁愈嚴而犯愈多者, 以不稱其罪也. 夫立法者君也, 而導君而爲是法者左右之臣也, 而行法者未必皆無仁心, 未必皆欲從君之欲, 彼見法之過於嚴, 而民之愚而貧無知而冒法·不得已而犯禁, 不肯盡行其法, 故法雖行於暫而不能行之於久而卒歸於廢弛, 此非獨人心之不然, 而天理亦不之然也. 後世大盜多起於鹽徒, 正以鹽禁太嚴, 有國者不可不知.

송 이종(宋理宗) 시대에, 천하의 옥이 그 혹독함을 이기지 못하였으니, 매년 겨울, 여름에 조서를 내려 제형(提刑)이 군(郡)을 돌아다니며 죄수를 판결하도록 하였는데, 제형이 돌아다니는 것을 꺼려 졸이(倅貳: 수령이나 부관)에게 맡기고 졸이는 다시 막료[幕屬]에게 위임하였다. 위임받은 자들은 모두 위복(威福)을 마음대로 행사하여 감사와 군수에게 선물을 보내려고 하였다. 위복을 마음대로 행사하면서 경형(黥刑)을 주고 싶으면 피의자가 경형에 들어갈 이유를 들이고, 죽이고자 하는 뜻이 있으면 사형에 해당하는 죄를 증명하여, 이졸을 소리쳐 부르고 일시를 엄격히 한정하며 문초를 감독하고 결단을 재촉하였다. 또한 형구를 자의로 제작하여 비법으로 백성을 괴롭혔다. 혹 땔나무로 곤장을 만들고 손발을 때리면서 '도시(棹柴)'라고 불렀고, 혹 나무와 새끼줄을 아울러 시행하여 양 무릎에 끼우는 것을 '협방(夾幇)'이라고 불렀다. 혹 노끈으로 머리를 동이고 목설(木楔)을 끼워 '뇌고(腦箍)'라고 불렀고, 혹 뒤로 묶고 땅에 꿇어앉히고 짧고 단단한 나무를 두 정강이 사이로 가로질러 꼬아서 옥졸에게 그 위에서 뛰라고 하는 것을 '초곤(超棍)'이라고 불렀다. 고통이 골수에까지 파고들어 거의 목숨이 끊어질 지경이 되면, 부귀한 집안에서는 조금이나마 죄에 얽혀 들면 그 재물을 활용하였다. 또 월장(月椿)²⁴을 마련한다든가, 호적[版帳]을 돕는다는 명목으로 경중을 묻지 않고 아울러 벌을 과하였으니, 대체로 관에서 그 열을 가지고 서리가 그 백을 낚아 가고, 주현(州縣)에서 왕왕 죽이기를 전담하고 죄인을 구속하여 죽은 뒤에야 끝났다. 심지어 호구와 혼인에 관한 규정의 소송 또한 모두 금지하여, 음식이 불충분하여 굶주려 죽은 자도 있었고, 힘이 없이 청구했다가 침학을 당하여 죽은 자도 있었으며, 소송의 뇌물 때문에 고초를 겪다가 죽은 자도 있었으니, 그것이 발각될까 두려워 미리 병이라고 신고하여, 명목은 '감의(監醫)'이나 실제로는 이미 죽은 것이고, 명목은 '병사(病死)'지만 실은 살해한 것이었다. 도종(度宗) 때 이르러 비록 여러 번 조서를 내려 절실하게 금하였지만 끝내 이기지 못하고 나라가 망했던 것이다.

> 理宗朝天下之獄不勝其酷, 每歲冬夏詔提刑行郡決囚, 提刑憚行, 悉委倅貳, 倅貳不行, 復委幕屬, 所委之人皆肆行威福, 以要饋遺監司郡守, 擅作威福, 意所欲黥則入其當黥之由, 意所欲殺則證其當死之罪, 呼喝吏卒, 嚴限日時, 監勒招承, 催促結款. 而又擅製獄具, 非法殘民, 或斷薪爲杖掊擊手足, 名曰"椊柴"; 或木索並施, 夾兩股, 名曰"夾幫"; 或纏繩於首, 加以木楔, 名曰"腦箍"; 或反縛跪地, 短豎堅木, 交辮兩股, 令獄卒跳躍於上, 謂之

---

24 월장(月椿): 남송(南宋) 때 군수(軍需)를 조달하기 위해서 일정한 세금 이외에 더 징수하던 세전(稅錢)이다.

"超棍". 痛深骨髓, 幾於殞命, 富貴之家稍有冒掛, 動籍其貲, 又以趁辦月樁
及添助版帳爲名, 不問罪之輕重, 並從科罰, 大率官取其十, 吏漁其百, 州
縣往往專殺, 拘鎖罪人, 死而後已, 甚至戶婚詞訟亦皆收禁, 有飮食不充饑
餓而死者, 有無力請求陵虐而死者, 有爲兩詞賂遺苦楚而死者, 懼其發覺先
以病申, 名曰監醫, 實則已死, 名曰病死, 實則殺之. 至度宗時, 雖累詔切責
禁止, 終莫能勝而國亡矣.

신은 이렇게 생각합니다. 송나라는 이종(理宗) 때 이르러 토지가 이미
축소되었고, 가난한 백성들은 살기 힘들어 며칠 안으로 죽을 상황이
었으므로, 다방면으로 보살펴도 오히려 생존하기에 부족할 정도였는
데, 일시의 감사와 수령이 엄한 형벌과 가혹한 법을 시행하여 백성들
의 재산을 적몰하고 백성들의 목숨을 해쳤습니다.

　이종이 재위할 때 바야흐로 도학(道學)을 숭상하기를 사업으로 삼았
는데 허명에 힘쓰고 실효가 없었으니, 이러한 때를 맞아 감사와 수령
노릇하는 자가 어찌 도학을 배우지 못한 부류겠습니까? 요컨대 모두
시대를 추종하여 이름을 좋아하는 관리들이었고, 진심으로 거경궁리
(居敬窮理)에 마음을 두고 사람을 구제하고 사물을 이롭게 하는 자들이
아니었습니다. 마침내 천지의 조화를 상하게 하고 나라의 맥을 앞당
겼으며, 오랑캐의 화를 가져왔습니다.

　아! 어찌 이유가 없겠습니까? 지금 송나라 말기와 멀지 않아, 이른
바 뇌고(腦箍)나 초곤(超棍) 같은 지나친 형구 따위를 세상에는 여전히
답습하여 사용하는 자들이 있습니다. 삼가 생각건대, 나라는 인(仁)으

로 나라를 세웁니다. 바라건대 칙령을 내려 유사들에게 통렬히 금지하도록 하고, 감히 율문(律文)의 신문 곤장[訊杖] 외에 교묘한 의도로 형을 사용하는 자는 '제서를 어긴 율[違制之律]'[25]의 죄를 적용하고, 제작한 자는 중벌을 내리며, 사용한 자는 제명하십시오. 이 또한 천심을 따르고 국맥을 오래가게 하는 하나의 중대한 일입니다.

臣按: 宋至理宗時, 土地已蹙, 窮民殘喘待日而斃, 多方以嫗乳之猶恐不足以存, 而一時監司守令乃爲嚴刑苛法, 以籍民財, 以殘民命, 理宗在位方以崇尙道學爲事, 務虛名而蔑實政, 當是之時, 爲監司守令者豈無學道學之流乎? 要之皆趣時好名之士, 非眞心於居敬窮理以濟人利物者也, 卒至於傷天地之和, 促國家之脈, 而有裔夷之禍也. 嗚呼, 豈無所自哉? 今去宋季不遠, 其淫刑之具如所謂腦箍·超棍之類, 世猶有襲而用之者, 伏惟國家以仁立國, 乞敕有司痛加禁革, 敢有於律文訊杖之外巧意用刑者, 坐以違制之律, 造之者重罰, 用之者除名, 是亦順天心·壽國脈之一大事也.

이상은 '남형의 잘못을 경계함'이다.

以上戒濫縱之失

---

25 제서를 어긴 율[違制之律]: 제서유위율(制書有違律)과 같은 말이다. 《대명률(大明律)》〈이율(吏律) 제서유위(制書有違)〉에 "제서(制書)를 봉행함에 있어 어기는 자는 장(杖) 100에 처하고, 황태자(皇太子)의 영지(令旨)를 어기는 자는 같은 처벌을 하고, 친왕(親王)의 영지를 어기는 자는 장 90에 처하며, 명령의 뜻을 잘못 판단한 자는 각각 3등을 감한다."라고 되어 있다.

찾아보기

구준(邱濬, 1420~1495)

중국 명(明)나라의 유학자, 정치가이다. 자는 중심(仲深), 호는 경대(瓊臺). 구준(丘濬)으로도 쓴다. 현재의 하이난성[海南省] 출신이다. 경제(景帝) 경태(景泰) 5년(1454) 과거에 급제하였다. 한림원(翰林院)의 서길사(庶吉士)로 뽑혀 지리지인 《환우통지(寰宇通志)》, 《영종실록》 편찬에 참여하였다. 예부상서를 지냈고 이어 《헌종실록》 편찬에 참여했으며 문연각 대학사(文淵閣大學士)를 역임했다.

남송 시대 성리학자 진덕수(眞德秀, 1178~1235)의 《대학연의(大學衍義)》를 보충해 《대학연의보(大學衍義補)》 160권을 저술하였다. 이외에도 《세사정강(世史正綱)》, 《가례의절(家禮儀節)》, 《오륜전비충효기(伍倫全備忠孝記)》, 《구문장집(丘文莊集)》, 《경태집(瓊台集)》 등의 저술을 남겼다.

역주자 소개

오항녕(吳恒寧)

현재 전주대학교 사학과(대학원) 교수로 재직 중이며, 인권평화연구원 이사이다.

고려대학교 한국사학과를 졸업하고, 태동고전연구소, 한국사상사연구소 연구원, 연변대학교와 튀빙겐대학교 방문교수, 한국고전번역원 이사를 지냈다.

저서로 《역사의 오류를 읽는 방법》, 《사실을 만난 기억》, 《역사학 1교시, 사실과 해석》, 《실록이란 무엇인가》, 《광해군, 그 위험한 거울》, 《조선의 힘》, 《한국 사관제도 성립사》, 《조선초기성리학과 역사학》 등이 있고, 역서로 《사통(史通)》, 《국역 영종대왕실록청의궤(英宗大王實錄廳儀軌)》, 《문곡집(文谷集)》, 《존재집(存齋集)》 등이 있다. 그 외 논문 50여 편이 있다.

大學衍義補